转型中的守正与创新

"红星新闻"典型案例解析

主　编　操　慧
副主编　尹向东　张诗萌　郑　秋

四川大学出版社

图书在版编目（CIP）数据

转型中的守正与创新："红星新闻"典型案例解析／操慧主编．— 成都：四川大学出版社，2023.10
（媒体融合案例丛书）
ISBN 978-7-5690-6429-2

Ⅰ．①转… Ⅱ．①操… Ⅲ．①新闻工作－案例－中国 Ⅳ．①G219.2

中国国家版本馆CIP数据核字（2023）第207462号

书　　名：	转型中的守正与创新："红星新闻"典型案例解析
	Zhuanxing zhong de Shouzheng yu Chuangxin: "Hongxing Xinwen" Dianxing Anli Jiexi
主　　编：	操　慧
副 主 编：	尹向东　张诗萌　郑　秋
丛 书 名：	媒体融合案例丛书

选题策划：罗永平
责任编辑：罗永平
责任校对：陈　蓉
装帧设计：叶　茂
责任印制：王　炜

出版发行：四川大学出版社有限责任公司
　　　　　地　址：成都市一环路南一段24号（610065）
　　　　　电　话：（028）85408311（发行部）、85400276（总编室）
　　　　　电子邮箱：scupress@vip.163.com
　　　　　网　址：https://press.scu.edu.cn
印前制作：四川胜翔数码印务设计有限公司
印刷装订：四川盛图彩色印刷有限公司

成品尺寸：185 mm×258 mm
印　　张：19
插　　页：1
字　　数：332千字

版　　次：2023年11月 第1版
印　　次：2023年11月 第1次印刷
定　　价：76.00元

本社图书如有印装质量问题，请联系发行部调换

版权所有 ◆ 侵权必究

目录

绪 论 /001

第一章 主题策划

案例 1 庆祝中国共产党成立 100 周年特别策划 /011

案例 2 "喜迎党的二十大"特别报道 /028

案例 3 "喜迎党的二十大"系列海报 /043

案例 4 每天两万步,"走"出双城新坐标
"双城新发现——成渝主流媒体聚焦双城新经济高质量发展"出圈记 /058

案例 5 香港回归 25 周年 |"东方之珠,更加璀璨"系列报道 /069

案例 6 "中老铁路开通一周年"系列报道 /078

第二章 重大新闻

案例 1 "病毒重构的世界"系列评论 /091

案例 2 2020 年新冠疫情报道
——《等待复工的新冠肺炎治愈者:我战胜了疾病 别当我是一颗病毒》/100

案例 3 现场直击!武汉大学中南医院重症隔离病房采用新技术抢救 /111

案例 4 重大突发"川航备降"系列报道 /119

第三章 深度调查

案例 1 《深度调查|全国多地拉闸限电,没有所谓"金融战",原因其实很简单》/133

案例2 《红星调查｜广州医生发帖称"鸿毛药酒是毒药"涉嫌损害商品声誉被警方跨省抓捕》/142

案例3 《郑州地铁5号线"进水口"调查》/152

案例4 "川西虫草产地调查"系列报道/163

第四章 社会民生

案例1 "70万天价药背后之难"系列报道/177

案例2 "的姐"退休年龄之困/187

案例3 "'人生归路'：第一代农民工的晚年岁月"系列报道/196

第五章 特别聚焦

案例1 《谭鱼头老板谭长安：我是如何把百亿资产集团做垮的》/209

案例2 "叶飞举报门"系列报道/218

案例3 "冰岛奇迹"系列报道/226

第六章 公共服务

案例1 "天府成都·十大文化名人"评选活动/237

案例2 2017成都市中小学开学第一课暨"天府学堂"启动仪式/246

第七章 海报设计

案例1 在一组电影质感大片里感受一座城市的"幸福"/261

案例2 跟着成都"跑起来"/272

案例3 成都城市科幻感大片《中国科幻年　从成都出发》/280

案例4 成都烟火味　最抚世人心

　　　——停下脚步看看身边的风景/289

后　记/297

绪　论

坚守导向　立足主业　做强主干　融创价值
——"红星新闻"发展简述

技术与舆论生态的嬗变不断加速传媒格局的变化与重构，将传统媒体拉入转型突围的竞技场。机构重组、流程再造、话语重构等变革需求与贯通内容、渠道的实践进展，共同构成了当下传媒生存与发展的图景。从历时的发展脉络来看，技术带来的现实冲击迫使传统媒体自发加快转型步伐，扎根日益纷杂的新闻事实寻求破题突围之法；就共时语境下的媒体发展而论，复杂多变的舆论生态呼唤媒体精进融合策略，强化思想政治引领，壮大主流舆论声势，综合提升传播效能。"红星新闻"正是由此催生的探索实践。自2017年以来，红星新闻深耕本地、辐射全国，放眼全球，以"大时政""大财经"为主带动内容建设，逐渐探索出从区域主流报纸到新型移动融媒的转型路径，为新时代下传统区域媒体的融合发展提供地区经验与案例参考。

一、在四川：地区主流报纸的借力转型

作为脱胎于纸媒的移动新媒体，红星新闻的诞生源自地区主流报纸《成都商

转型中的守正与创新
——"红星新闻"典型案例解析

报》顺时、应势的借力转型。《成都商报》创刊于1994年，现隶属于成都传媒集团，系以新闻、资讯、创意服务社会的现代传媒机构。自创刊以来，《成都商报》深耕区域新闻，从民生聚焦出发，以专业挖掘深度，据内容融创特色，逐步总结出从市民生活报到地区主流大报的发展经验。2017年，为顺应日新月异的行业变局，把握移动优先浪潮，担当新时代舆论使命，回应受众现实需求，《成都商报》率先展开转型实践，以"放眼全国，深耕区域，专注刚需，借力纸媒"为旨要，改组并推出特色新闻产品——"红星新闻"，向地区新型移动主流媒体的建设愿景迈出探索脚步。作为新生的全国性时政类新媒体，红星新闻生于传统纸媒耕耘沉淀的专业土壤，长于移动互联浪潮开创的发展空间。在定位布局上，红星新闻坚持深挖地方特色，深耕社会时政，用新闻之深度、态度、温度，造就区域新闻地标。在内容侧重上，红星新闻致力诠释主流气质，注重新闻原创，先后打造"红星深度""红星调查""红星评论""红星视频""红星资本局""红星世界观"等重点产品。在做"好新闻"的基础上，红星新闻不忘做"好媒体"，积极承担社会责任，2019年起，多次受中宣部直接指派参与重大舆论斗争和重大主题宣传，为扩大主流价值影响力版图贡献红星力量。当前，红星新闻文图全网年阅读量500亿，视频全网年播放量600亿，传播效能稳居全国前列，成功入选中宣部认定的中国报业深度融合发展创新案例。

二、成网络：新锐时政媒体的融合实践

深耕专业的同时，红星新闻加速推动融合实践。一方面，打通平台思维，建设融媒网络，以"红星云"融媒体平台为技术依托，形成"一端"（红星新闻客户端）、"四微"（《成都商报》官方微博和微信、红星新闻官方微博和微信）、多媒体传播（平台订阅号）的分发矩阵，全平台用户超1.6亿。另一方面，主动把握移动互联趋势下的新闻生产与消费的现实变化，发力视觉革新与品牌建设。2019年12月，红星新闻正式组建视频与视觉中心，将原有视频品牌"成都商报1视频"更名升级为"红星视频"，专注新闻视频和新闻直播，引导广大用户"亲临"新闻现场，直击事实核心，由此延伸出红星连线、红星深度、红星记录、红星世界观、红星动

画、盲盒对话等栏目 IP。同年，依循"大时政""大财经"的发展前瞻，红星新闻推出红星新闻评论频道，综合运用快评、微评、深度评论、专家学者署名文章、视频评论等全媒体手段，聚焦国际国内大政经、成都本地中心工作及社会热点时事，打造兼具广度与深度的新媒体评论品牌。为把握舆论传播特点，发掘垂直领域的新闻势能，2020 年，红星新闻扎根财经资讯，推出财经新闻子品牌"红星资本局"，以大财经（全国、区域的经济发展方向和政策趋势、重大经济政策、事件和活动）＋大公司（互联网科技企业、生活联系紧密的上市公司）为导向，出品多篇深度报道，并逐渐综合资讯平台＋专业细分平台同步的全平台分发体系，探索国内一流的财经品牌的建设思路。

2021 年，红星新闻"深红"视频创作空间投用，内容生产迈入"5G＋8K"的全新发展阶段。立足区域服务全国的同时，红星新闻主动接轨国际，组建国际传播中心，拥抱国际互联网传播大局，以国家站位、全球视野联结、健全中外话语体系，综合提升媒体传播力、引导力、影响力与公信力，推进深度融合，以新时代舆论使命为指引，展开新一轮主流移动新媒体融合发展的路径探寻。

三、创集群：新型主流媒体的路径摸索

2018 年，红星新闻客户端的上线开启了"商报"与"红星"的有机融合。发展至今，背靠成都传媒集团的传媒布局，借力传统纸媒背景与移动互联网络的技术红利，投身日益丰富的新闻实践，红星新闻矩阵逐步发散、拓展，由红星新闻、《成都商报》、成都发布、蓉城政事、成都儿童团、谈资等多产品构成的内容传播集群渐趋成型，多个媒体产品正在联合互动中走向更深度的协作，聚媒体合力形成区域共振，协同摸索新型主流媒体的建设方案。

转型中的守正与创新
——"红星新闻"典型案例解析

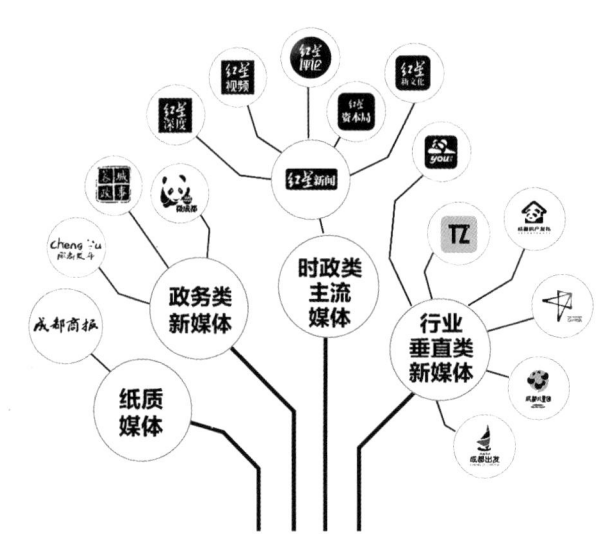

成都商报系新媒体矩阵构架图

集群其他代表性成员

成都发布：成都发布是成都市第一权威发布平台，已成为市委、市政府发布权威声音、集纳社情民意的重要渠道。成都发布注册于 2010 年 6 月 23 日，开创了中国"发布系"政务新媒体先河。成都发布已形成以微博、微信为核心的新媒体矩阵，用户总量超过 2200 万，在全国副省级城市政务新媒体中影响力保持第一。微博用户超 1378 万，是全国首个用户量破千万级的城市政务新媒体，影响力持续保持副省级城市第一，名列微博十大党政新闻之首。微信用户约 600 万，在全国政务微信中位列副省级以上城市第二。成都发布还拥有头条号、抖音、澎湃号、人民号等多个新媒体平台账号。

蓉城政事：蓉城政事微信公众号由成都市政务服务管理和网络理政办公室、《成都商报》共同主办，主要提供和市民生活有关的权威政务信息。目前有粉丝 100 万＋，每天早中晚 3 档发布信息。常设栏目有"网络理政""办实事""疫情防控"等，"民声回音壁""一周民情"等子栏目备受市民喜爱。

谈资：谈资创立于 2014 年，是《成都商报》打造的以原创为第一生产力的新生代智趣内容供应商，触角遍及影视娱乐、生活美学、城市观察、知识人文，扎根成都，布局全国。旗下拥有"成都 Big 榜""谈资成都""谈资视频""谈资有营养"

绪　论

等子品牌，拥有多维度、多渠道、全平台覆盖的新媒体内容生产传播能力，是一个拥有巨型流量的青年聚合体。目前，谈资全网总用户达3000万＋，全网平台流量破500亿，其中"谈资视频"全平台播放量累计200亿＋。谈资不仅扎根60多家全媒体平台，也深入布局短视频领域，遍及抖音、快手、微视等短视频平台，从文娱到生活服务，从娱乐报道到独立IP，均有拓新。

YOU成都：YOU成都是在成都市委宣传部指导下，由成都商报社谈资团队负责整体运营的一款互联网产品，经过五年的迭代升级，不断强化"全国领先的城市生活美学服务平台"定位，以互联网思维为引领，以用户体验为核心，在线上构建了文物与博物馆体系、书店体系、演艺体系、赛事体系、美术空间体系、创意设计空间体系、景区景点体系、公园绿道体系、餐饮咖啡体系，构建了较为完整的文旅融合消费生态，在全国乃至全球范围内传播和引领成都生活美学，让更多的人认识成都、向往成都、爱上成都。当前，YOU成都客户端已汇集成都生活美学点位3600多个，成都特色个性旅游路线1500余条，专项生活美学地图300余张，集纳了23个成都区、市、县专题页面，60多个成都生活美学专题页面，自主开发"YOU在场"小程序。全网用户已超1600万，拥有客户端、微信、微博、抖音、一直播、人民号、新华号、微信小程序、支付宝小程序等全面覆盖互联网主流平台的内容及服务输出矩阵，初步发展为全国领先的城市生活美学服务平台，品牌影响力显著提升。

微成都：微成都定位为成都城市政务新媒体平台，坚持"发现成都另一面，趣解城市新生活"的理念，塑造"微成都里看成都，微成都里最成都"这一用户口碑，自2010年创办至今已形成"在这里读懂成都"这一核心品牌。自2019年8月融入《成都商报》以来，主动拥抱"相加"的物理融合，在媒体融合的背景下适应新形势、新任务，以城市发展尤其是文化发展和城市历史为主题，紧扣全市中心工作，通过精品化、可视化、故事化产品生产，高质量推出原创城市网宣精品爆款。目前，微成都官方微博和微信、头条号、抖音号全平台用户1000万＋，2019年获人民日报社颁发的"全国十大党政新闻发布微博奖"，拓展运维第三方及短视频平台，获今日头条"全国最具影响力市级政务头条号"和"全国最具区域影响力政务抖音号"，在2020年人民网舆情数据中心发布的《2019年政务指数·微博影响力

转型中的守正与创新
——"红星新闻"典型案例解析

报告》中,位列上海发布、成都发布之后,居全国第三。2021 年,微成都官方微博连续 12 个月位居全国政务微博外宣榜前五。

成都儿童团:成都儿童团脱胎于《成都商报》教育工作室,以打造儿童成长教育综合服务平台为目标,以专业、权威、丰富的教育资讯为载体,以"广告+活动+研学产品"为主要业务形态,与 50 多个景区、200 多个机构、2000 多所学校常年联动合作,策划打造了"教育影响城市·成都基础教育年度盛典""教育产业发展大会"等年度行业盛会,连续 6 年策划实施"成都市中小学开学第一课""小升初教育咨询展"等教育活动,开展了"书写成都""萌探遇见博物馆"等亲子活动、"公园城市小小讲解员"志愿服务活动、"成都优秀童谣征集"等多个城市教育 IP 活动,目前拥有"成都儿童团""成都商报教育发布"两大微信公众号,"学长来啦""团妈 gogogo""探校菌""红星教育观"等短视频账号,以及成都儿童团微博、今日头条、网易、搜狐等多个外部平台账号,全媒体用户超过 700 万,每年生产和发布升学资讯、行业报道等各类稿件 3000 余篇,全网浏览量超过 3.3 亿人次,在行业内外具有良好的口碑和超强的影响力。

四川名医:四川精诚名医医疗股份有限公司(简称:四川名医)成立于 2016 年 5 月,在全国传统媒体转型的时代背景下应运而生,是中国传统媒体转型的先锋案例。四川名医新媒体矩阵平台前身是由成都商报社、红星新闻孵化打造的健康融媒体矩阵。为突破公司发展的天花板,2021 年,四川名医踏上"再出发"的历程,由国内首家上市的医药产业互联网企业合纵药易购进行控股,其丰富的上游医药企业资源以及完整的医药供应链条极大地助力了四川名医未来的发展。公司以"深耕区域,覆盖全国"为发展路径,提出了"三引擎驱动发展"的战略:建设健康领域全生态新媒体矩阵、打造健康界活动策划营销平台、开创以"医生 MCN 矩阵建设"为核心抓手的互联网健康新格局。三个引擎相辅相成,旨在立足医疗健康的主业,开启多元化服务,打破企业的边界,充分聚合资源形成平台化效应,从而提高企业核心竞争力。在新医改的背景之下,四川名医积极响应"健康中国 2030 规划",以融媒体传播为主要手段,以"AI+互联网工具"为主要形式,开展对医院、科室及医生的品牌塑造,构建医患之间良好的信息沟通桥梁。全网分发 30 余个平台,全平台用户超 300 万+。主平台"成都商报四川名医",一直位居新榜排名健康领域四川第一。[①]

附：红星新闻发展大事记

2017

2017年1月，由成都传媒集团重点打造、成都商报社具体实施的全国性时政类新媒体"红星新闻"面世。红星新闻上线后，迅速凭借多篇独家重磅新闻作品引发各界瞩目，掀起"红星现象"。

2017年1月，红星新闻官方微博上线。

2017年2月，红星新闻微信公众号上线。

2018

2018年11月，红星新闻客户端上线，以更加权威、快速且优质的原创内容，进一步提升红星新闻的传播力、引导力、影响力与公信力，红星新闻也由成都商报社旗下的二级品牌成长为核心品牌，成为内容生产主阵地和融合传播的主战场。

2019

2019年2月，成都商报社以"红星新闻"为抓手实施深度融合改革，全面推进组织架构调整、生产模式重置及管理规则更新，"红星新闻"生产力、影响力巨大跃升，用户量由年初的500万猛增至4500万。

2019年2月25日，红星新闻客户端6.0版正式上线，品牌LOGO同步升级。

2019年8月19日，开放性内容平台"红星号"上线。

2019年，红星新闻客户端获评全国主流媒体新锐十佳客户端。

2019年，红星新闻获评成都建设全面体现新发展理念的城市改革创新先进集体。

2020

2020年2月23日，"成都商报1视频"正式更名为"红星视频"。

2020年2月26日，"红星评论"微信公众号上线。

2020年3月1日，"红星资本局"微信公众号正式上线。

---

① 以上资料综合自红星新闻微信公众号、红星新闻客户端。

转型中的守正与创新
——"红星新闻"典型案例解析

2020年,"红星新闻"品牌影响力持续攀升,成功入选中宣部认定的中国报业深度融合发展创新案例,红星新闻"深度、态度、温度"的内容标识进一步确立。

2021

2021年4月20日,红星新闻客户端7.1全新迭代。

2021年9月24日,红星视频"深红"创作空间正式投用,红星视频进入"5G+8K"的全新发展阶段。

2022

2022年3月16日,红星新闻五周年影像展"同行向未来"在成都金沙遗址博物馆遗迹馆开幕。

2022年8月8日,成都商报社联合博瑞传播股份有限公司设立红星视频(成都)文化传媒有限公司,红星MCN传播能级和传播口碑实现双向提升。

2023

2023年5月10日,红星新闻共创联盟正式启动。该联盟由红星新闻联合国内8大视频平台及优秀视频创作者代表共同发起成立,旨在生产更多优质视频新闻内容。

2023年,中国外文局公布2022年度"对外传播十大优秀案例"评选结果,成都商报社旗下成都一想网络科技有限责任公司孵化打造的"民乐也疯狂"上榜。

2023年11月,"川西虫草产地调查"系列报道获第33届中国新闻奖(系列报道)三等奖。这是成都商报(红星新闻)第三次斩获中国新闻奖。

2023年,红星新闻全平台用户超1.6亿,传播效能稳居第一阵营。

第一章 主题策划

案例1 庆祝中国共产党成立100周年特别策划

案例2 "喜迎党的二十大"特别报道

案例3 "喜迎党的二十大"系列海报

案例4 每天两万步,"走"出双城新坐标
"双城新发现——成渝主流媒体聚焦双城新经济高质量发展"出圈记

案例5 香港回归25周年 | "东方之珠,更加璀璨"系列报道

案例6 "中老铁路开通一周年"系列报道

案例 1

庆祝中国共产党成立 100 周年特别策划

一、案例简介

2021 年 7 月 2 日，由红星新闻出品的"唱支 rap 给党听"——红色说唱《百年》爆款出圈，短短两三个小时就登上微博热搜榜第一位，并持续霸榜长达四五个小时。一个三分多钟的视频为何能取得如此的传播效果，成为红星新闻庆祝建党 100 周年主题策划取得良好传播效果的一个生动写照？

红星新闻推出的"党的精神　百年传承"庆祝中国共产党成立 100 周年特别报道，运用新媒体手段，创新表达方式，通过数十篇深度报道和精品音视频内容，为受众提供了花式的阅读体验和丰富的学习党史的生动教材。

该策划报道频率高（每周 3～5 篇），跨度长（两个月余），产生了一大批政治站位高、新闻性强、可读性好的优秀之作。从 2021 年 4 月 26 日至 7 月 1 日，共发布了深度图文报道 33 篇，微纪录片 33 部，海报 40 张，知识问答游戏 4 个，专家访谈 3 篇，评论 2 篇，H5 长图产品 2 个，说唱作品 1 首，宣传片 1 部，生动讲述中国共产党百年奋斗与辉煌，弘扬伟大建党精神。截至 2021 年 7 月 2 日，该系列策划在全网阅读和播放量近 5 亿次，产生了很好的传播力和影响力。

同时，作为中宣部指定的"沿着高速看中国"主题宣传活动的四家地方媒体之一，红星新闻自 4 月 1 日起拉开主题宣传大幕。在为期近 3 个月的宣传中，红星新闻充分发挥平台特色，广泛撬动各界各地资源，创新表达精准传播，在策划中牢牢把握"党的盛典、人民的节日"总基调，确定了开放性、参与性、群众性的报道原则，整合商业平台、知名人士、地方政府等各方资源，推出了"跟我走吧""少年中国行""节拍天下"等子策划，通过撬动特定人群和社会各界资源，不仅极大增

转型中的守正与创新
——"红星新闻"典型案例解析

强了报道题材的广泛性、报道方式的多元性，更激发广泛共鸣，达到点面结合、全网传播的成效，极大提升了报道效果。中宣部对此次活动给予了三次阅评表扬，认可红星新闻的策划及表达，点赞"创新传播方式和渠道""宣传推广形式灵活新颖"等。

在这重要历史时刻，《成都商报》全力以赴，将以上内容融会贯通，以百版珍藏特刊献礼百年华诞。报纸封面打破常规，精心设计，以习近平总书记关于建党百年的"金句"为眼，突出"江山就是人民，人民就是江山"；以中国共产党历史展览馆前四幅浮雕"信仰""伟业""攻坚""追梦"为脉，融入版式设计，勾勒出中国共产党的百年奋斗历程；并以"百年大党　恰风华正茂"的大字点亮主题，制作精美，大气磅礴。

珍藏特刊内容分为三大主题，让百年征程积累的精神财富与现实成就交相辉映，让城市发展与人民幸福跃然纸上。百个版面，从文字到形式，都体现了极高的政治站位和视觉效果，满怀激情与豪情，为读者呈现出一首波澜壮阔的史诗。

扫码阅读案例原文

党的精神百年传承！超燃说唱《百年》
庆祝中国共产党成立100周年

"党的精神　百年传承"
特别报道

沿着高速看中国

百年大党恰风华正茂

二、创作札记

（一）"党的精神　百年传承"特别报道

1. 策划思路

2020年底，报社就开始对建党百年策划进行部署，责成多个部门提交专题策划，最终确定由深度报道中心牵头，集合视频、新媒体、都市、国际、财经、体育等各个部门的精锐力量，推出一个高标准、高规格、高站位的重磅策划，力求比肩央视媒体水准。

在众多媒体争相策划的情况下，如何讲好百年奋斗故事，是需要回答好、更要做好的现实课题。但无论以怎样的方式讲故事，政治站位的把握仍是首要。

纵观全国媒体的策划，大多争相回望中国共产党的奋斗路、斗争史，着眼于一般性的历史回顾，往往着重量的堆积，而缺乏内在理论支撑和联系。

2021年1月，时任报社总编辑李少军多次开会对此进行专题研究，认为党的十八大以来，习近平总书记多次在谈及中国共产党人的精神时指出，"在一百年的非凡奋斗历程中，一代又一代中国共产党人顽强拼搏、不懈奋斗，涌现了一大批视死如归的革命烈士、一大批顽强奋斗的英雄人物、一大批忘我奉献的先进模范，形成了一系列伟大精神，构筑起了中国共产党人的精神谱系，为我们立党兴党强党提供了丰厚滋养"，这一论述可以作为我们策划的核心和依据。

李少军强调，党的精神是中国共产党人精神世界的反映，是践行为人民谋幸福、为民族谋复兴的初心使命，是激励我们砥砺前行的强大精神动力。最终会议确定，以不同历史时期中国共产党的精神代表人物为核心，用文图、视频、动画、H5等多媒体报道方式，深度讲述中国共产党人的精神传承故事。

党史报道，既要讲历史，又要讲政治。其一手资料必须要有权威来源和根据。

深度报道中心主持工作的副主编蓝婧和记者任江波通过反复的资料查阅和梳理，初步确定了本组策划的重要参考文章——北京市习近平新时代中国特色社会主义思想研究中心特聘专家、中共中央党史研究室第二研究部原副主任齐彪教授发表

的《中国共产党精神及其谱系探析》一文。该文作为党的精神的重要阐释，初步列举了40余种党的精神。同时，中共党史出版社出版的"中国共产党革命精神系列读本"中的24种精神也被纳入策划所用的参考资料。

全国政协十三届四次会议第二场"委员通道"采访活动期间，全国政协委员、中央党史和文献研究院原副院长吴德刚在回答记者提问时说，过去几年，中央党史文献研究院研究梳理了中国共产党人在不同时期地区和领域形成的革命精神，总共有91种，且仍在继续梳理中。

是面面俱到还是精挑细选？若挑选以怎样的标准进行？哪些入选，哪些又可以放弃？这都是非常考究的问题。

经过和分管领导蒋勇多次讨论，我们最终确定以习近平总书记正式讲话中提及过的重要精神为依据，以《中国共产党精神及其谱系探析》和"中国共产党革命精神系列读本"为基础，将上述权威来源交叉印证，来进行筛选。红星新闻以此作为此次策划的核心和依据，最后侧重报道的33种精神全部来源于党的十八大以来习近平总书记在讲话、批示中的高度概括、深刻提炼，具有高度的权威性和准确性。

2. 执行过程

党的精神内涵十分广阔，时间上纵跨新民主主义革命时期、社会主义革命和建设时期、改革开放和社会主义现代化建设时期、中国特色社会主义新时代四个历史时期，每个时期选择哪些精神、比重如何权衡，人物如何选择、哪些最具代表性又有可操作性，这一系列细节都需要反复考量。

经过查找大量历史资料，我们从每种精神所代表的人物中筛选出多个备选人物，再一一进行比较，精挑细选出33种精神及人物进行重点报道，最终所选取的人物可以说兼具了代表性与故事性。比如，长征精神中，选取与党同龄的百岁女红军战士；抗战精神中，确定经历百团大战的八路军老战士；雷锋精神中，那张知名照片中和雷锋一起读书的女孩，如今已是一个孜孜不倦宣讲雷锋精神的老人；劳模精神中，新中国成立后的首批全国劳动模范，受到毛泽东、周恩来、习近平等多位领导人的接见；抗疫精神中，习近平总书记接见的抗击新冠肺炎疫情的"感动中国人物"快递员……

确定了人选之后，要顺利地联系采访、完成拍摄也非易事。比如对于长征精神，目前能够找到的在世女红军数量屈指可数。记者郭懿萌经过多方打探，终于找到两位仍在世的百岁女红军，由于老人身体欠佳，做了很多工作才得以完成拍摄。在采访完半个月之后，其中一名四川籍女红军李鸿翔于2021年4月6日凌晨在成都市逝世，享年101岁。

确定了人选还不够，为保证专题报道的权威性和准确性，必须聘请权威的党史研究专家进行政治把关。为聘请到真正的重磅专家，报社在政策上给予了非常大的支持。最终在不懈努力下，我们请到了中共中央党史研究室第一研究部原副主任、研究员，中国中共党史学会常务理事李蓉；中国人民大学马克思主义学院教授、中国人民大学习近平新时代中国特色社会主义思想研究院副院长王向明两位重磅专家担任顾问，全程参与采访报道及视频拍摄，并进行权威解读。

中国共产党的精神贯穿100年历史长河、内涵丰富，但因为高度的提炼和概括，对读者来说难免抽象。在保证政治思想高度的同时，如何让严肃的主题宣传"活"起来，让读者能读下去、看下去，是策划者需要解决的重要问题。

红星新闻注重将抽象的精神具象化，精选出33种精神的代表者或传承者，运用人物报道和故事化的方式，让每种精神都以通俗易懂、喜闻乐见的方式呈现，把深奥的精神内涵通俗化，把主题宣传的传播立体化，使民众在阅读人物故事的过程中，不知不觉受到精神的洗礼，实现价值传播。其中记者杜玉全采访的"两路"精神篇，选取出生在青藏线上的"路二代"郭长青，通过细致、深入的采访和写作呈现出一名"路二代"眼里的父亲和建设者两个角色的复杂联系，讲述了一个"怕苦""排斥""梦想从军"的儿子从几次试图冲破父亲"阻拦"的青年，转变为奉献自我、扎根在青藏高原并最终成为"公路人"的故事。该报道有矛盾冲突，有细腻的转变，有精神的升华，充分地体现了两代人对公路的建设、养护，以及割不断的特殊感情。

33篇报道全部都是采用现场面对面、实地探访的方式，结合时代背景和历史资料，深度挖掘人物身上所蕴含的精神内涵，展现党的精神的历史传承。为了加强视觉表达效果，报道组还设计了33种精神的海报，采用历史老照片、采访人图片等，将内容具体化、视觉化，整体海报设计感强、气势磅礴。

转型中的守正与创新
——"红星新闻"典型案例解析

与33篇文图报道同时推出的33个3~5分钟的微纪录片，将实拍素材与历史资料、影视画面相结合，向观众们完整展现了党的精神内涵。视频产品利用自身"更富冲击力"的特点，综合利用特效和音效，将党的精神谱系内容完整地呈现出来，展现了中国共产党人的信仰、理想和精神态度，极大地鼓舞和激励了受众。

在前方，视频记者与文字记者深度合作，一起拍摄了精美的画面、采访到翔实的资料，为"党的精神谱系"这一图景搭建了视频骨架；在后方，责任编辑和视频编辑通过梳理故事线、查阅历史资料来进一步完善纪录片脚本，在剪辑中，实拍素材与历史资料、影视画面相结合，形成了精神昭示—历史回顾—当事人说—专家访谈—精神升华这一闭环逻辑，使视频的品质和整体观感得到进一步提升。

系列片制作精良，品质感较高，获得了业内的广泛好评。在全网平台播放量突破5000万次，形成了规模声势，也收获了受访人、观众的一致好评。

3. 社会效果

该策划报道频率高（每周3~5篇），跨度长（两个月余），产生了一大批政治站位高、新闻性强、可读性好的优秀之作。从2021年4月26日至7月1日共发布深度图文报道33篇，微纪录片33部，海报40张，知识问答游戏4个，专家访谈3篇，评论2篇，H5长图产品2个，说唱作品1首，宣传片1部，生动讲述中国共产党百年奋斗与辉煌，弘扬伟大建党精神。截至2021年7月2日，该系列策划在全网阅读和播放量近5亿次，产生了很好的传播力和影响力。

值得一提的是，为了在较为严肃的主题下力争寓教于乐，同时让读者学有所得，深度报道中心负责人蓝婧和新媒体编辑中心、视频视觉中心多次进行头脑风暴，确定了多个颇具互动性、创新性的新媒体产品。

其中红星新闻原创出品的"唱支rap给党听"——红色说唱《百年》一经推出，在网络上引发热烈反响。该说唱产品将党的百年历史与红色说唱有机结合，以中国共产党人的33种精神为主线，串联起这一百年的非凡奋斗历程，配以展现百年历程中重大事件的影视画面，音乐激昂、传唱度高。用说唱的形式呈现中国共产党人的精神谱系，更贴近当下青年人的音乐喜好，让党的百年历程在互联网上变得"鲜活"，成功"出圈"。

截至2021年7月2日，该说唱产品在微博平台播放量超700万次；微博话题

"唱支 rap 给党听"一度成为热搜第一,话题阅读量达 3.8 亿,相关讨论超 10 万,转评赞量超过 20 万;在抖音、快手热榜上也同样登顶,话题量超千万。

而"沿着高速看中国"主题报道,获得中宣部三次专题阅评表扬;中共中央党校《学习时报》也刊发文章以近千字内容表扬红星新闻在此次主题宣传中的创新。

(深度报道中心副主编蓝婧)

(二)超燃说唱作品《百年》

2021 年,中国共产党成立 100 周年,百年征程波澜壮阔,百年初心历久弥坚。在中国共产党百年华诞之际,红星新闻重磅推出"党的精神 百年传承"庆祝中国共产党成立 100 周年特别报道,通过影、声、图、文,立体书写中国共产党人的动人故事,深度讲述建党百年的奋斗与辉煌、光荣与梦想。

2021 年 7 月 1 日,红星新闻重磅推出系列报道的特别视频产品——超燃说唱《百年》,将党的百年历史与红色说唱有机结合,形式新颖、制作精良。7 月 2 日,该作品以高度提炼的"唱支 rap 给党听"话题在各大互联网平台分发推广,引发热烈反响,长时间占领多个平台热搜榜第一,受到广泛赞誉。

1. 策划思路

"建党百年"是 2021 年党和国家最重大的政治主题。做好建党 100 周年的宣传工作,用实际行动迎接党的百年华诞,是挑战,更是机遇,是彰显新闻媒体政治站位和新闻品质的重要课题。在报社党委的引领和支持下,由新媒体编辑中心主任刘杜鹃、视频与视觉中心副主编郭广宇、责编王卓然等牵头的策划团队一拍即合,选择采用当下最流行的说唱形式,呈现中国共产党人的精神谱系,以当下青年人喜闻乐见的方式,还原中国共产党带领中国人民走过的奋斗历程、取得的辉煌成就。

2. 执行过程

(1) 词曲谱写

作品歌词涉及历史事件多、时间跨度长,难度颇高。为了准确、全面地覆盖党的精神谱系,词曲作者、记者费腾专门去读了党史,熟悉各个历史阶段的重大事件,梳理创作脉络,在此过程中也为故事中先辈的精神所感动,激发出歌词创作灵

转型中的守正与创新
——"红星新闻"典型案例解析

感,以中国共产党人的33种精神为主线,串联起这一百年的非凡奋斗历程。在谱曲上,报道组不停地尝试找韵脚,既要"燃",也要"稳",不断地探索和尝试,反复地调整和修改,经过细致入微地打磨,最终形成了说唱《百年》的定版。

(2) 视频剪辑

《百年》的视频剪辑,也是它打动人的关键之处。视频编辑马洪宇围绕歌词检索了海量影视素材,为了保证素材来源准确,所选用的历史事件的画面皆来自已公映的电影与电视剧。在剪辑上,对于视频前奏,制作者特意选用影视剧中一些比较"燃"的台词,配合画面,营造出热血气氛。同时,视频画面的切换与音乐的节奏相融合,在歌曲中间按照需求加入历史声音烘托背景,营造更好的沉浸感。

(3) 作品推广

作为作品的"最后一公里",运营推广至关重要,直接关系到作品最终的传播效果。微博运营编辑袁明才从经典红色歌曲《唱支山歌给党听》中受到启发,联想到"唱支 rap 给党听"这一话题词,继承当中再创新,话题词朗朗上口、易于传播、延展丰富,成为冲击热搜的关键。运营方面,抓好发力点,技巧化、精准化运营,反复与平台交涉争取资源;同时,广泛同包括央视网等在内的央媒、《浙江日报》等省媒、《南方都市报》等地方媒体展开联动;不断丰富话题页面内容、提高网友互动参与、提升各项数据要素,多措并举,最终成功登上新浪微博全国热搜榜第一位。编辑对该作品"豹尾式"运作成为其最终高光亮相的关键。

3. 社会效果

党的历史是最生动、最有说服力的教科书。正如歌词所唱,从1921年到2021年,百年沧桑,时代巨变。从望志路到嘉兴南湖的红船,中国共产党的伟大故事开始流传;百年披荆斩棘,百年风雨兼程,我们从积贫积弱到站了起来,从迅速发展到国富民强。中国发生了巨变,不曾改变的,是中国共产党的精神。

(1) 作品呈现

红星新闻此次推出的《百年》视频作品,将党的百年历史与红色说唱有机结合,以中国共产党人的33种精神为主线,串联百年的非凡奋斗历程。视频配以展现百年历程中重大事件的影视画面,音乐激昂、传唱度高,以更贴近当下青年人的方式,还原中国共产党带领全国人民走过的奋斗历程、取得的辉煌成就。

(2) 数据表现

《百年》说唱产品在微博平台播放量达 768 万次，微博话题"唱支 rap 给党听"拿下全国热搜第一，话题阅读量达 3.8 亿，相关讨论超 10 万，转评赞量超过 20 万；在抖音、快手热榜上同样登顶，话题量超千万；在网易云音乐平台，收获留言近 3000 条，词曲演唱作者、记者费腾也在一天时间内收获上千名粉丝，成功"出圈"，网友纷纷为其打 call。可见，好产品更需要好的话题。在微博平台上，优质话题对题材传播起到的关键作用非常明显。

在庆祝建党百年这个关键时间节点，在相关庆祝、献礼热搜话题被央视新闻、《人民日报》、新华社等央媒占据主要位置，各地方媒体主要以转载央媒为主要表达方式的情况下，红星新闻在全国地方媒体微博中一枝独秀，长时间占据热搜第一，凸显了红星新闻在特殊时刻的使命感，提升了红星新闻的品牌影响力。

(3) 多方评价

中央政法委机关报《法制日报》、《中国日报》、《中国教育报》、央视网、解放军新闻中心"中国军视网"、东部战区官方微博、《浙江日报》、《大众日报》、《南方都市报》、《深圳特区报》、《新闻晨报》、《贵阳晚报》等众多媒体及其他知名博主转发该视频或参与该话题互动。

许多网友也纷纷点赞，有网友认为"用新时代的形式传承党的精神，太棒了！""唱出了中国新青年的心声！"有的直言听得"热泪盈眶""激动得不行了！"

（新媒体编辑中心主编刘杜鹃、责编袁明才，视频与视觉中心副主编郭广宇）

三、专业评析

贯通时代脉搏，书写融媒创意

2021 年是中国共产党建党一百周年，作为时代强音与历史见证，各大媒体纷纷围绕"建党百年"进行专题策划。红星新闻派出数十路深度报道记者，奔赴全国各地，深度对话党的精神代表人物与讲述者，重磅推出"党的精神　百年传承"庆

转型中的守正与创新
——"红星新闻"典型案例解析

祝中国共产党成立100周年特别报道。该专题策划通过影、声、图、文，立体书写中国共产党人的动人故事，以高品质、全维度、深融合、强效果和真情感深度讲述建党百年的奋斗与辉煌、光荣与梦想。

一、品质高：推出微纪录片，突出视觉魅力

从2021年4月26日至7月1日，红星新闻"党的精神 百年传承"特别报道共发布深度图文报道33篇，配以微纪录片33部，生动讲述中国共产党百年奋斗与辉煌，弘扬伟大建党精神。其间，深度报道与微纪录片组合发力，以整齐划一、底蕴深厚的视频模板和资料丰富、画质精良的视频品质，将实拍素材与历史资料、影视画面相结合，声情并茂地展现属于中国共产党历史征程的时代精神。

如在对抗震救灾精神的回溯过程中，微纪录片以《唐山大地震》电影片段引入灾难历史，随后对接轮椅网球运动员郭瑞珊的个人采访与人生经历，包括其作为唐山大地震幸存者参与汶川大地震救援工作的片段，不仅串联起人物本身的成长轨迹，更将抗震精神接续起来。在对探月精神、载人深潜精神、脱贫攻坚精神等具体话题的呈现上，微纪录片都用以小见大、时代接力的方式突出民族精神的连续性，33篇深度报道以中国共产党人的精神为主线，串联起一百年的非凡奋斗历程。微纪录片还配以展现百年历程中重大事件的影视画面和新近采写素材，不仅适应当前短视频传播的媒介发展趋势，还以更高的站位、更好的内容展现媒体机构的策划力与执行力，声画合一，极具视觉冲击力。

二、维度全：搭建系统架构，丰富报道视角

从前期策划到实地采访再到后期制作，"党的精神 百年传承"专题报道紧紧围绕"党的精神谱系"搭建内容创作骨架，并以新民主主义革命、社会主义革命和建设时期、改革开放和社会主义现代化建设时期以及中国特色社会主义新时代进行历史分区，甄选具有重要价值与时代特色的精神矩阵，围绕"精神昭示—历史回顾—当事人说—专家访谈—精神升华"这一闭环逻辑进行专题制作。其中，既有镌刻于历史潮流中的长征精神、雷锋精神等，也有反映时代特色的抗疫精神、脱贫攻坚精神、航天精神等，以史为鉴，砥砺创新，共同组合成维度多、内容全的系列专

题报道。

此外，红星新闻还积极转载《人民日报》、海外网、央视新闻等主流媒体优质内容，如转载《人民日报》评论《大力弘扬"西迁精神"，到祖国最需要的地方建功立业》，与国家主流媒体共筑中国共产党人的精神谱系，通过媒体联动丰富报道视角，取长补短，为建党百年纪念性报道集群增加了一大批政治站位高、新闻性强、可读性好的优秀之作。

三、融合深：借鉴成功案例，凸显宣传格局

随着媒介发展，创新融合已经上升为国家战略。充分运用 VR、AR、MR 和流媒体、超高清等技术，发挥报、网、端、微齐备的立体传播格局，适时推出全息化、可视化及沉浸式、交互式的纪念性报道专题，能够满足不同用户的信息消费需求。在"党的精神　百年传承"系列专题策划期间，红星新闻深度报道中心结合《中国共产党精神及其谱系探析》、"中国共产党革命精神系列读本"以及中国共产党人在不同时期和领域形成的 91 种革命精神名录进行创作，以时代精神图谱为蓝本，多角度调用现有媒介工具与文化资源，从源头出发结合实地采访与文献资料组织文本。其中，红星新闻所借鉴的主流媒体报道不仅为该专题奠定了政治基调，也从视频模式、文字特色和融媒技术等方面提供了指导框架。

在此基础上，红星新闻不仅立足本土，更纵观过去和现在，充分利用建党百年的政治节点与文化窗口，对全国范围内优秀精神财富及其代表人物进行合理媒介再现，统筹运用政府、社会和文化的力量，做强"文化＋"，做实"＋文化"，形成内涵丰富、人物立体、故事鲜活的宣传格局，以技术融合深化媒介融合与文化融合，让更多川内外读者感受到时代精神的宝贵价值，以立体式、多角度的传播方式向全世界展现中华民族源远流长的发展历史与强力跳动的精神脉搏。

四、效果强：网络运营模式，强化报道心智

在长达两个多月的宣传周期中，"党的精神　百年传承"专题报道以每周 3~5 篇的频率及时更新，在全网阅读和播放量近 5 亿次，产生了强大的传播力和影响力。结合报道中的微纪录片生产传播模式，尽管该专题策划以主流媒体制式进行内

转型中的守正与创新
——"红星新闻"典型案例解析

容转化,但其内里的周期性和产品的多样性已然与短视频生产模式相对接,并通过形制一致的头图、文本结构与视频叙事模板,形成了属于专题报道本身的特定传播议程,包括历史老照片、采访人物图片、经典影视画面等,都能将宝贵的精神财产具象化、视觉化,以深度挖掘人物精神的传统采访写作技巧联通互联网势能。

在此过程中,"党的精神 百年传承"专题报道以互联网空间为创新试验平台,推广中国共产党精神财富,以丰富多样的文本内容凸显百年历程的重要价值与现实意义。其一,借深度报道展开线上线下联动,以传统媒体机构的采写优势重点把握"铭记历史,面向未来"的发展愿景;其二,系列报道始终注重将策划理念实际落地,强调纪念性报道的现实意义,从新闻价值出发夯实专题报道的传播效能;其三,借媒体视角关注个体和群体发展命运,真正强化大众媒介的公共站位与社会责任,系统统筹现有文化资源,多点位实现精神矩阵全覆盖;其四,熟练运用新媒体空间叙事动线,在现有报道框架中适度求新求变,凸显红星新闻本身的媒体心智与创新思维。

五、情感真:创新生产手段,回应民族共识

作为全国性的政治议题与文化盛宴,建党百年系列报道具有极高的历史站位,是展现国家形象、促进国家发展、振奋民族精神的重要载体。为充分发挥"党的精神 百年传承"专题报道的传播效能,红星新闻以深厚的民族情感为内在机理,聚焦时代伟大征程,以时代精神凝聚民族自信,见证并助推全面建设社会主义现代化国家的又一新征程。为强调大国自信与人民群众参与度,贯穿百年的精神图谱皆从群众中来,又到群众中去,将个人意志、国家利益与民族精神共同汇入中国共产党艰苦奋斗、蓬勃发展的伟大历史进程中。

在最终形成的报道体量上,"党的精神 百年传承"专题报道共推出33组微纪录片式深度报道,40张新闻海报,4个知识问答游戏,3篇专家访谈,2篇新闻评论,2个H5长图,1首说唱作品和1部宣传片。其中,"唱支rap给党听"——红色说唱产品《百年》一经推出,在网络上引发热烈反响,短短两三个小时就登上微博热搜榜第一,以喜闻乐见的方式把深奥的精神内涵通俗化,把主题宣传的传播立体化,使民众在阅读人物故事的过程中不知不觉受到精神的洗礼,实现价值传播。

此外，专题中着力设计的 40 张新闻海报将"1921""2021""红船"与各种历史照片等特色元素进行丰富变体，呈现出内容创作的视觉张力。而作为互动手段的知识问答则成功调动读者的参与热情，以创新新闻报道形式为触手，强化蕴藏于广大受众心理认识图式中的情感共鸣与民族认同。整个专题策划不仅获得了业内人士的广泛好评，也以声势浩大的报道规模被受访者与读者认可，让党的百年历程在互联网上变得生动、鲜活，最终成功"出圈"。

（夏迪鑫）

唱响时代旋律，回顾百年征程
——评析红星新闻说唱作品《百年》

超燃说唱作品《百年》是红星新闻于 2021 年 7 月 1 日推出的"党的精神　百年传承"庆祝中国共产党成立 100 周年特别报道中的视频产品。《百年》以当下青年人喜闻乐见的说唱形式，还原了中国共产党带领中国人民走过的奋斗历程以及取得的辉煌成就。作品以中国共产党人的精神为主线，以不同历史时期中国共产党的精神代表人物为核心，用歌词串联起百年奋斗历史，视频配以重大历史事件的影视画面，从视觉和听觉两个方面营造热血氛围，使受众沉浸其中。《百年》以其新颖的创作形式和丰富的内容表现成功"出圈"，凸显了红星新闻庆祝建党百年的使命感，提升了红星新闻的品牌影响力。

一、以史为鉴，讲述党的精神

2021 年是中国共产党建党 100 周年，在这个特殊时刻，多家媒体都在精心策划相关报道。从全国各媒体的报道内容来看，大多数媒体着眼于回顾中国共产党的奋斗史，注重量的堆积。习近平总书记在党史学习教育动员大会上强调："在一百年的非凡奋斗历程中，一代又一代中国共产党人顽强拼搏、不懈奋斗，涌现了一大批视死如归的革命烈士、一大批顽强奋斗的英雄人物、一大批忘我奉献的先进模范，形成了井冈山精神、长征精神、遵义会议精神、延安精神、西柏坡精神、红岩精神、抗美援朝精神、'两弹一星'精神、特区精神、抗洪精神、抗震救灾精神、

转型中的守正与创新
——"红星新闻"典型案例解析

抗疫精神等伟大精神，构筑起了中国共产党人的精神谱系。"① 因此，红星新闻选择以不同历史时期中国共产党的精神代表人物为核心，深度讲述中国共产党人的精神传承故事，在保证党史报道必须具备的政治站位的同时，选择了更具象的党的精神这一侧面来讲述党的百年奋斗故事。党史报道既要讲历史，又要讲政治。为保证资料的权威性，红星新闻通过反复的资料查阅和梳理，确定以习近平总书记正式讲话中提及过的重要精神为依据，以《中国共产党精神及其谱系探析》和"中国共产党革命精神系列读本"为基础。报道内容和依据来源于党的十八大以来习近平总书记在讲话、批示中的高度概括、深刻提炼，具有高度的权威性和准确性。

二、独特切入视角，兼具故事性与代表性

党的精神内涵十分广阔，时间上纵跨新民主主义革命时期、社会主义革命和建设时期、改革开放和社会主义现代化建设时期、中国特色社会主义新时代四个历史时期，每个时期的精神各有不同。红星新闻从大量历史资料中选取了33种精神及人物进行报道，包括长征精神、抗战精神、抗美援朝精神、雷锋精神、劳模精神、抗疫精神，等等。报道画面与人物和故事相呼应，有五四运动学生游行、嘉兴南湖中国共产党成立、抗日战场英勇无畏的战士、南昌起义打响第一枪、红军长征、井冈山革命根据地建立、百团大战、百万雄师过长江、中华人民共和国成立、抗美援朝、两弹一星、改革开放、神舟飞船、抗击疫情等，以相关人物表现为主，兼具故事性与代表性。

三、具象传播内容，加强可读性

红星新闻将精选出的33种精神的代表者或传承者用故事化的方式在歌词中直接、简洁地呈现出来，通俗易懂。例如在歌词中，长征精神对应着"四渡赤水巧渡金沙翻过雪山草地"，抗战精神对应着"中华民族团结一致抵抗残暴入侵"，抗美援朝精神对应着"那一年英勇奔赴抗美援朝的战火"，劳模精神对应着"焦裕禄的迎难而上和艰苦奋斗"，抗疫精神对应着"当疫情来袭众志成城齐心协力"……将百

---

① 习近平：《在党史学习教育动员大会上的讲话》，《求是》2021年第7期，第4—17页。

年的风雨磨难、艰难坎坷以及艰苦奋斗、伟大成就都以短句的形式串联起来。歌词把深奥的精神内涵通俗化，把主题宣传的传播立体化，使民众在欣赏视频和歌曲的过程中不知不觉受到精神的洗礼，实现价值传播。

四、创新表现形式，提升视听效果

建党 100 周年的宣传工作，是彰显新闻媒体政治站位和新闻品质的重要课题。讲述好百年历程，既要展现气势恢宏，又要让叙述变得"鲜活"。红星新闻采用当下流行的说唱形式，将党的精神谱系、各个历史阶段的重大事件串联在歌词中，以当下青年人喜爱的方式，还原中国共产党带领中国人民走过的奋斗历程。在谱曲方面，采用了单押、双押等韵脚，以短句为主，听起来朗朗上口，"燃"与"稳"并存。画面剪辑也是作品呈现的重要部分，作品《百年》的画面内容均与歌词内容相呼应，其中历史画面均选自已公映的电影与电视剧，保证了素材来源的准确性与完整性。让人眼前一亮的是在前 30 秒的前奏中，选用了一些影视片段中的超燃台词，在开头部分设置了一个"小高潮"，让观众快速沉浸其中，迅速营造出热血氛围。同时，视频画面的切换与音乐的节奏相融合，在歌曲中间按照需求加入历史声音烘托背景，带来更好的沉浸感。作品《百年》歌词创作、谱曲和画面剪辑三个方面相互配合，通过影、声、图、文，立体书写中国共产党人的动人故事，深度讲述建党百年的奋斗与辉煌、光荣与梦想，形式新颖，制作精良。

五、多元渠道推广，扩展内容辐射

运营推广是作品得以传播的"最后一公里"。红星新闻的微博运营从经典红色歌曲《唱支山歌给党听》中受到启发，创建了"唱支 rap 给党听"这一话题词，继承当中再创新，话题词朗朗上口、易于传播、延展丰富。这一具有新意的话题词也为作品《百年》冲击热搜锦上添花。在推广方面，红星新闻与央视媒体、省级媒体以及地方媒体展开联动，各媒体的评论与转发也使其作品受众覆盖面扩大。与此同时，歌曲上传到网易云等音乐平台，收获了大量网友的收藏和评论，实现了社交平台与功能平台的联合推广。红星新闻充分利用互联网的技术优势、发布平台的平台优势，通过设置话题、联合多家媒体转发评论等措施，使得《百年》这部作品在众

转型中的守正与创新
——"红星新闻"典型案例解析

多献礼作品中脱颖而出。

六、多措并举，实现影响力最大化

《百年》作为庆祝中国共产党成立100周年的融媒体报道产品，在主题选取、内容创作、表达形式和运营方式上都有独特之处。在主题选取上另辟蹊径，选择"党的精神"这一重要侧面，借助具象化的相关历史事件的"语言描述"和"画面描述"表现出来，配以当下火爆的说唱形式，在全国地方媒体微博中一枝独秀，短短两三个小时就登上微博热搜榜第一，并持续霸榜长达四五个小时。中央政法委机关报《法制日报》、《中国日报》、《中国教育报》、央视网、解放军新闻中心"中国军视网"、东部战区官方微博、《浙江日报》、《大众日报》、《南方都市报》、《深圳特区报》、《新闻晨报》、《贵阳晚报》等众多媒体及知名博主转发该视频或参与该话题互动。《百年》视频产品在微博平台播放量达768万次，话题阅读量达3.8亿，相关讨论达10.4万，转评赞总数超过20万；在抖音、快手热榜上同样登顶，转评赞近10万，话题量超千万；在网易云音乐平台，该作品收获留言近3000条，词曲演唱作者、记者费腾也在一天内收获上千个粉丝，成功"出圈"，实现了《百年》这部作品传播力、影响力的最大化，同时凸显了红星新闻在特殊时刻的使命感，提升了红星新闻的品牌影响力。

视频产品最大的特点便是其直接的冲击力，说唱作品《百年》综合利用特效和音效，通过影、声、图、文相结合的形式，将党的精神谱系内容完整地以视听方式呈现出来，展现了中国共产党人的信仰、理想和精神态度，极大地鼓舞和激励了受众。红星新闻推出的建党百年献礼作品《百年》，兼具历史性与政治性，用十分新颖的说唱形式把"党的精神"的传播立体化、具象化，体现出极高的政治站位和极强的视觉效果，使受众在欣赏视频和歌曲的过程中了解党的百年历程，为受众提供了新颖的视听体验和学习党史的生动教材。

（杨钰琳）

四、延伸案例

《新京报》:《50 款海报,串起〈新京报〉建党百年礼赞》

川观新闻:《震撼百年穿梭动画 | 请做我的入党介绍人》

转型中的守正与创新
——"红星新闻"典型案例解析

■ 案例 2

"喜迎党的二十大"特别报道

一、案例简介

党的二十大,是 2022 年最重要的大事,围绕喜迎党的二十大的宣传报道,红星新闻高扬主旋律,通盘谋篇布局,借助成都发布、红星新闻一体化运营优势,依据产品定位,实现差异化表达,多个作品可圈可点。连续推出"美丽中国·和谐共生——'我们的国家公园'"特别报道、"我家门前——殷殷嘱托,民心答卷"主题报道以及"江河奔腾看中国｜我在水一方"特别策划等多个大型专题策划。

其中,"美丽中国·和谐共生——'我们的国家公园'"特别报道,主旨是在党的二十大到来之际,在国家公园成立一周年之际,讲好习近平总书记生态文明思想的故事。

记者兵分 5 路,前后历时 2 个多月,深入五大国家公园腹地,首次全面生动展现了国家公园的风貌。但报道并非仅止于此,而是从公园里的"人"这样的小切口进入,围绕人地和谐、原住居民绿色发展转型、创新生态补偿机制等相关主题,剖析国家公园建设中的探索和难题。更邀请国家林草局、国家公园研究院院长唐小平等国家公园体制起草者、试点评审专家学者,同时和五大国家公园管理局的局长、副局长一一对话,为人与自然和谐共生找到答案。

整组报道共推出 30 余篇深度报道、20 个优质视频、50 余张精美海报,获得了国家林草局、各大国家公园管理局、专家教授和业内同行的高度评价,全网阅读和点击量达 20 万＋。

而由成都发布、红星新闻联合出品的"我家门前——殷殷嘱托,民心答卷"主题报道,以记录践行嘱托十年间的成都故事,阐释习近平新时代中国特色社会主义思想在成都的生动实践为主旨。报道从 2022 年 7 月启动，多路记者分别采访了讲解员、村民、经理人、船夫等 10 位普通成都市民，通过他们对自家门前一条路、一座桥、一座地铁站、一个公园 10 年变化的深情讲述，展示城市发展在生活中的点滴投射。主题报道入选《二十大宣传舆情要览》（中宣部内部专项参阅简报）。此前，该报道亦获市委主要领导点赞表扬——"报道角度选得好，小切口大时代，市民视角看新时代成就"。

"江河奔腾看中国｜我在水一方"特别策划则是在 2022 年国庆前后推出的大型自主策划。作为参与"江河奔腾看中国"主题宣传活动的四家地方媒体之一，红星新闻的"江河奔腾看中国｜我在水一方"自主策划表现亮眼。为期十余天的集中报道期内，红星新闻充分发挥平台特色，广泛撬动各地各界资源，创新表达、精准传播，重点推出"江河奔腾看中国"系列直播、"大江大河推荐官"互动活动、"元元水视界"每日主播 Vlog、"我在水一方"文图报道、"画说江河"SVG 交互设计等产品，通过直播、视频、文图、长图、海报等融媒体传播方式，制作并发布一批精品产品，取得良好的报道效果，为迎接党的二十大召开营造了热烈氛围。

整组报道，红星新闻客户端、微博微信、今日头条、腾讯、网易、凤凰网、搜狐、新浪、人民网、视频号、抖音、B 站等全平台账号，共推出稿件、视频、直播总计 120 余条（场），全网总阅读量超 1 亿。

扫码阅读案例原文		
"美丽中国·和谐共生——'我们的国家公园'"特别报道	"我家门前——殷殷嘱托，民心答卷"主题报道	"江河奔腾看中国｜我在水一方"特别策划

转型中的守正与创新
——"红星新闻"典型案例解析

二、创作札记

（一）"美丽中国·和谐共生——'我们的国家公园'"特别报道

1. 策划思路：依托习近平总书记生态文明思想进行的喜迎二十大重点策划

2021年10月12日，在联合国《生物多样性公约》第十五次缔约方大会上，习近平总书记正式宣布设立三江源、大熊猫、东北虎豹、海南热带雨林、武夷山等第一批国家公园。

在第一届国家公园论坛开幕时，习近平总书记在贺信中指出，中国实行国家公园体制，是中国推进自然生态保护、建设美丽中国、促进人与自然和谐共生的一项重要举措。

第一批国家公园正式设立，标志着我国的国家公园体制重大制度创新落地生根，标志着国家公园事业从试点阶段转向了快速发展的阶段。在全面推进生态文明建设的背景下，建立国家公园是如何考虑的？国家公园怎样加强自然生态系统和生物多样性保护、促进人与自然和谐共生？今后国家公园建设如何继续推动？

在国家公园成立一周年之际，红星新闻深度报道中心推出"美丽中国·和谐共生——'我们的国家公园'"大型专题报道，走进五大国家公园一睹其姿采与风貌，深度理解国家公园建设的难题和探索，深度探寻人与自然和谐共生的答案。

2. 执行过程：深度报道生动，重磅专家齐聚论坛

深度报道中心派出五路记者，深入五大国家公园腹地——记者王语琤、卢燕飞前往大熊猫国家公园，记者蔡晓仪、王震华前往三江源国家公园，记者任江波、罗丹妮前往武夷山国家公园，记者李文滔、陈怡帆前往东北虎豹国家公园，记者罗梦婕、宋昕泽前往海南热带雨林国家公园，还有视频记者王红强、摄影记者陶轲等，前后历时两个多月，和巡护员、监测员等一同探索原始森林、冰川雪原等无人之境，克服高原缺氧、蛇蚁蚊虫、猛兽出没等困难，起早贪黑采访，带回第一手文字和视频资料。

报道聚焦国家公园的人与自然的关系，回答什么是国家公园，国家公园的诞生历程，从其主要功能、理念和目标等进行剖析，围绕人地和谐、原住居民绿色发展转型、创新生态补偿机制等相关主题，剖析国家公园建设中的探索和难题，为人与自然和谐共生找到答案。

此次报道还邀请到了国家公园研究院院长、国家林草局调查规划院副院长唐小平等重磅专家参与，通过高端访谈形式，采访国家公园体制试点评审专家、国内最早开展国家公园研究和实践的学者，围绕国家公园设立的国家立场、系统思维、科学布局进行深度剖析。

3. 社会效果：新媒体产品丰富、精美，广受业内赞誉

为更加生动、形象展现国家公园的样貌，此次报道采用实时融媒体形式，记者通过短视频、照片、日记等多种方式，带领全国网友身临其境，感受国家公园的多姿多彩。同时，对每个公园推出一组微纪录片，生动展现国家公园人与自然和谐共生的美好主题。

此次报道同步推出5组海报。对实景照片进行艺术加工处理，多样化的动物、人文景观，水墨、工笔、国潮、拼贴、扁平化，5组海报在统一的主题之下风格迥异、恢宏大气，充分体现我国对生态环境及生物多样性的重视和保护，极大提升报道品相。编辑还提前查阅文献、资料，重新形成稿件思路及框架，从多篇千字长文素材中提取精华，精编5篇微信融媒体产品，吸引客户进行商业植入。

整组策划共推出30余篇深度报道、20个优质视频、50余张精美海报，获得了国家林草局、各大国家公园管理局、专家教授和业内同行的高度评价，全网阅读和点击量达20万＋。

(深度报道中心副主编蓝婧)

(二)"我家门前——殷殷嘱托，民心答卷"主题报道

1. 策划思路：讲述家门前的变化，以小切口反映大时代

党的十八大以来，习近平总书记先后3次到四川考察，为四川发展把脉定向。为迎接党的二十大胜利召开，成都发布、红星新闻于2022年7月起联动推出"我

转型中的守正与创新
——"红星新闻"典型案例解析

家门前——殷殷嘱托,民心答卷"主题报道。沿着总书记的脚步,讲述成都人"我家门前"的兴隆湖、战旗村、龙泉山、铁路港、天府粮仓、黄龙溪、曹家巷等近十年来的变化,从个人感受发展到城市发展变化,记录践行嘱托十年间的成都故事,以小切口反映大时代,阐释习近平新时代中国特色社会主义思想在成都的生动实践。

从党的十八大到党的二十大胜利召开,要记录践行嘱托十年间的成都故事,从哪些切口切入、人物如何选择、视频又当如何表达等系列细节都需反复考量。

经过反复讨论,我们最终确定沿着总书记的脚步,从最具代表性的领域筛选出多个备选人物,再一一比较,精挑细选出 10 位人物进行重点报道,最终所选取的人物兼具代表性与故事性。如,见证兴隆湖之变的天府新区规划厅讲解员王文莹,见证铁路港带动成都越来越开放的亚蓉欧国家(商品)馆法国馆负责人徐丹丹,新时代打造更高水平"天府粮仓"的参与者王伶俐,讲述成都交通故事、反映时代变迁的成都交通文史专家张建,等等。

此组报道定位为融媒体报道,视频也是重要表达形式。在视频制作上,我们花费了大量心思。视频以人和城为主体,由讲述者娓娓道来,道出十年来的非凡变化。在制作上,视频设计的总体思路是简单、大气、得体,既要表达中心工作,也要接地气。整个视频设计突出了"变化"二字,将兴隆湖、战旗村、龙泉山、铁路港、天府粮仓、黄龙溪、曹家巷的新旧对比进行了充分展现。在片头与海报设计上,采用毛笔手绘的方式,用三个场景的定格漫画,利用照片、推门过渡到新场景,最后将画面停留到讲故事的人物上,将各类元素完美糅合在一起,恰如其分地体现了"我家门前变化"的主题。

2. 执行过程:深度报道通俗易懂,专题视频制作精良

如何让严肃的主题宣传活起来,让读者读下去、看下去,是策划者需要解决的重要问题。我们注重将抽象的精神具象化,将大的变化小切口化,精选出 10 位代表性人物,包括天府新区规划馆讲解员、交通文史作家、自然教育者、社区营造者等各行各业的成都人,运用人物报道和故事化的方式,将成都十年之变以通俗易懂、群众喜闻乐见的方式呈现出来,把主题宣传的传播立体化,使民众在阅读人物故事的过程中,不知不觉受到精神的洗礼,实现价值传播。

在表达上，每篇均突出"变化"二字，以此串联成都十年来各领域的发展成就。报道语言极具特色，行文流畅，可读性强。比如"天府粮仓"篇，选择了崇州市农民王伶俐。记者通过细致、深入的采访和写作，呈现了一名"农二代"眼中"90后"与"农民"两个角色的复杂联系，呈现出一个"怕苦""排斥农村"的女孩儿从试图离开家乡，到回乡接班并最终成为农业职业经理人的转变。有矛盾冲突，有细腻的转变，也有精神的升华，充分体现了两代人投身农业的变化，以及对农村割不断的特殊感情。又如"共建共治共享"篇，选择了曹家巷的"建二代"阚锐。记者通过深入采访和写作，呈现了一个网红社区从"老大难"到打卡地的进阶史。其间穿插受访者与女儿生活、思想的变化，体现"新的社区，新的符号，新的连接，最终所指向的都是新的选择"的主题，展现"人民城市人民建，人民城市为人民"的深刻内涵。

11篇报道都采用现场面对面、实地探访的方式，结合时代背景和历史资料，以人物故事反映时代之变，阐释习近平新时代中国特色社会主义思想在成都的生动实践。

与11篇图文报道同时推出的11部2~5分钟的视频短片，将采访素材、航拍素材与历史资料相结合，向观众们完整呈现了成都人家门前的十年之变。视频短片更富冲击力、更具现场感，综合利用动画、特效和音效，通过受访者的深情讲述，将十年来的变化以及成都人的获得感、幸福感呈现出来，展示城市发展在市民生活中的点滴投射，凸显新时代城市发展取得的新成就，展现了习近平新时代中国特色社会主义思想在成都的生动实践。

在前方，视频记者与文字记者深度合作，进行实地走访、访谈对话，拍摄了翔实的采访素材，为"我家门前"系列报道搭建了视频骨架；在后方，责任编辑和视频编辑通过梳理采访内容、查阅历史资料与相关影像素材，进一步完善了短片脚本，设计人员与动画编辑为每一部短片量身定制了精美的动画片头；在剪辑中，将实拍素材、历史资料、航拍画面与手绘动画相结合，形成了动画引入—当事人说—历史回顾—十年之变—未来展望的闭环呈现，让视频既具光影之美，又添画面灵动之美，使作品的品质和整体观感得到进一步提升。

转型中的守正与创新
——"红星新闻"典型案例解析

3. 社会效果：产生一批优秀作品，入选中宣部《二十大宣传舆情要览》

该组策划报道跨度长，多精品，产生了一大批政治站位高、新闻性强、可读性好的优秀之作。从 2022 年 7 月 4 日至 10 月 14 日共发布了深度图文报道 11 篇，短视频 11 部，海报 10 张，从多个角度展现了新时代成都发展的新成就，凸显人民群众获得感、幸福感实实在在的提升。

在选点上，持续聚焦成都中心工作。这组报道精心选取兴隆湖、战旗村、龙泉山、成都国际铁路港等典型点位，内容涵盖公园城市建设、乡村振兴、锦江水治理、交通枢纽、社区治理等 10 个方面，以人物故事牵引中心工作话题，深入展现新时代成都发展之变。

在表达上，创新使用融媒体表达方式。该组报道在形式上糅合图文、视频、动画、手绘等多种形态，既保证了故事的生动呈现，也实现了形式上的亲切可读，借文字洗练之美，用视频光影之美，以动画灵动之美，给受众沉浸式的直观感受。

在传播上，移动互联推动广泛传播。系列报道在红星新闻、成都发布全平台刊发后，被人民网、光明网、国际在线等媒体转发 10 余次，系列报道全网阅读量超 3000 万。其中，系列短片在形式上融合视频、动画、手绘、航拍等多种形态，既保证了故事的生动呈现，也实现了形式上的亲切可读，制作精良，品质感高，获得了社会广泛好评，在全网累计播放量超 500 万次，形成了规模声势。部分视频获得学习强国平台转载推荐，实现成都十年生动实践的有效"出圈"。该组报道成功入选中宣部内部专项参阅简报《二十大宣传舆情要览》，实现成都十年生动实践的有效"出圈"，是迎接党的二十大报道中既"叫好"又"叫座"的精品。

（成都发布政务融媒体中心主编谢佳君、副主编叶燕、责任编辑周霖）

（三）"江河奔腾看中国｜我在水一方"特别策划

1. 策划思路：突出地方特色，充分展现城市动能

在"江河奔腾看中国｜我在水一方"特别策划中，作为地方媒体，红星新闻按照差异发展、协同高效的原则与央级媒体错位传播，在视频及直播中突出地方特色，充分展现城市动能。国庆假期期间，红星新闻策划推出两个系列主题（江河奔腾看中国·云赏大江大河、江河奔腾看中国·水润锦官城），总计13场直播。

其中"江河奔腾看中国·水润锦官城"由红星新闻、成都发布携手江河沿岸区（市）县融媒体中心执行，连续六场直播，从白天到夜晚，展现沿河两岸流光溢彩的美景和夜色，让观众从江河美景中感受到城市发展的蓬勃动力，夜色江河成为观众热议焦点，不同视角下的城市之美充分展现。

"江河奔腾看中国·云赏大江大河"则由红星新闻直播团队聚焦京杭大运河、黄河、长江、嘉陵江、赤水河等，积极展现沿江巨变的美好画卷。

红星新闻的直播镜头，不仅展现江河澎湃，更通过聚焦江河沿岸生活的人民视角，从长江生态之变、黄河民生之变、嘉陵江护渔人之变等多维视角，让直播沾泥土、带露珠、冒热气，将重大主题宣传与百姓生活拉近距离，取得显著的宣传效果。为保证效果，直播着重快慢结合，将主播出镜的主题直播和展示江河美景的慢直播相结合，国庆假期天天不断档，充分保证直播效果和在线人数。

2. 执行过程：整合社会资源增强互动性，人人都是"推荐官"

媒体融合发展既是不同媒介形态的融合，也包括组织架构的融合。红星新闻执行团队在"江河奔腾看中国｜我在水一方"的策划中确定了开放性、参与性、群众性的报道原则，整合商业平台、知名艺人、地方政府等各方资源，推出了"大江大河推荐官"子策划。执行团队通过撬动特定人群和社会各界资源，极大增强了报道题材的广泛性、报道方式的多元性，更激发广泛共鸣、点面结合、全网传播，极大提升了报道效果。

2022年9月28日起，红星新闻面向全球征集大江大河推荐官，邀请到包括歌手李宇春，演员陈坤、袁弘，最美黄河治理人王远见、长江科考队科学家郝玉江，奥运冠军徐梦桃、游泳世界冠军叶诗文，钱塘江喊潮人钱新坤、长江保护人杨欣，《大江大河》剧组主创侯鸿亮等十余组和江河有深度联系的嘉宾作为"大江大河推荐官"，并通过海报、短视频、文图等新媒体产品，为中国各地的主要江河找到各自"代言人"。借力名人效应，"大江大河推荐官"在新浪微博、抖音、B站等头部平台专题式展出，带动读者通过在国庆假期深度关注中国大江大河，感慨中国城市发展和生态环境之变，形成良好社会效应。

推进过程中，红星新闻一方面利用自身资源广泛对接各地、各部门和明星资源，另一方面积极撬动抖音、快手、微博等头部平台。微博话题"大江大河推荐官""李宇春邀你推荐大江大河""陈坤邀你推荐祖国大江大河"等系列相关话题浏览量超4000万。其中，红星新闻主持的话题"李宇春邀你推荐大江大河"登上微博热搜，单个话题阅读量达3138.5万，单条微博转评赞超1.6万。

3. 社会效果：突出人文叙事、注重创新表达，小切口反映大时代

作为新兴主流媒体，小切口、故事化、柔性表达一直是"红星特色"。此次宣传报道中，为了让主题更有吸引力与感染力，红星新闻精心把握"小切口，大叙事""小人物，大时代"两组逻辑，打破用户对传统主题宣传的刻板印象。

一是在报道上着笔于人，反复以人的视角，讲述党的十八大以来河湖生态修复、完善治理体系、生态环境向好，人民群众对优美生态环境的需要得到不断满足的故事。我们结合地域优势，精选长江流域的岷江、金沙江、嘉陵江、赤水河、大渡河、三江源沱沱河、京杭大运河七大点位，以深度文图报道、微纪录片的形式聚焦水系之变。《90后跑船夫妻档：大运河成就了我们的大家庭》《我在水一方⑤｜十年禁渔！渔民转型护渔人：嘉陵江养育我，现在我守护它》等作品，通过充满烟火气的日常，展现河流蓬勃向上的生机，刻画巨变背后的生态保护之力。

二是在产品上着力于IP，以红星新闻新兴孵化的时政记者IP"元元"为载体，在活动期间推出"元元水视界"每日主播推荐Vlog，以主播视角优选沿途最有代表性的点位，进行直播、航拍、微视频等多维度视频传播。"元元水视界"主播Vlog的传播形态获得广大用户特别是青年群体的积极反馈，不少年轻观众在弹幕区反馈，"通过观看短视频，更想要去祖国的江河边走一走看一看"。红星新闻以青年主播之视角，描绘江河之美，记录时代之变，让更多中国青年在播与看的互动中，读懂中国故事，传播中国声音。

红星新闻客户端、新浪微博、微信、今日头条、腾讯、网易、凤凰网、搜狐、人民网、抖音、哔哩哔哩等全平台账号，共推出稿件、视频、直播120余条（场），全网总阅读量超1亿。

（深度报道中心副主编赵倩）

三、专业评析

与时代同频 展媒体匠心

党的二十大是全党在历史关键时期召开的一次重要会议，是全国人民政治生活的一件大事，备受瞩目。全国媒体高度重视对党的二十大的宣传报道，竞相推出专栏、专题、系列报道聚焦会议内外。红星新闻在党的二十大召开前推出的"美丽中国·和谐共生——'我们的国家公园'"特别报道、"我家门前——殷殷嘱托，民心答卷"主题报道以及"江河奔腾看中国"特别策划表现抢眼，以精心的策划、巧妙的视角、特色的内容、创新的表达与深度的融合锤炼新闻精品，反映新时代的成就与变化，为会议召开营造了良好的舆论氛围。

一、精心筹划，整合资源，形成报道声势

红星新闻对党的二十大预热报道进行了充分准备与统筹计划，深刻领悟我们党团结全国各族人民在过去十年间取得的伟大成就，并结合地区特点与特色，形成了多个立意深远、主旨鲜明、深度优质的主题策划，回应时代关切，引发社会关注。如"美丽中国·和谐共生——'我们的国家公园'"特别报道，聚焦我国生态文明建设的重要成就；"我家门前——殷殷嘱托，民心答卷"主题报道，关注习近平新时代中国特色社会主义思想在成都的实践故事；"江河奔腾看中国"特别策划，带领民众感受与体悟江河澎湃背后的生态之美与城市之变。

"美丽中国·和谐共生——'我们的国家公园'"特别报道节选（红星新闻 供图）

转型中的守正与创新
——"红星新闻"典型案例解析

针对此次主题策划，红星新闻对报道思路、采访方式、呈现形式与人员安排等进行整体计划与周密部署，有效发挥策划在重大主题新闻报道中的统筹优势，最大限度地优化资源配置，提升报道效果。如"美丽中国·和谐共生——'我们的国家公园'"特别报道，派出五路记者分赴五大国家公园独家探访，以高端访谈形式融入知名专家的深度解读，并以实时融媒体形式生动呈现，通过资源的优化整合提升报道价值；又如"江河奔腾看中国"特别策划善于整合商业、名人及政府等多方资源，与成都发布、江河沿岸区（市）县融媒体中心联动合作，带动多方主体广泛参与，延伸了新闻热度，拓展了报道声势。

二、以小见大，构建场景，引发共情共鸣

重大主题宣传报道在传统意义上以宏大叙事、严肃内容与宏观视角为主要特点，通常突出宣传效果，但相对的也会令报道感染力和可读性欠佳。红星新闻此次推出的专题报道突破传统的主题报道宣传定式，找准报道切入点——新闻中的"人"，以小见大，即从小人物身上观察大时代，巧妙实现"硬题材"的"软着陆"。如"江河奔腾看中国"特别策划从生动鲜活且充满个性的人物着笔，深情讲述生态环境逐渐向好的故事；"我家门前——殷殷嘱托，民心答卷"主题报道从众多备选人物中挑选具有典型性与代表性的十位人物，将十年城市巨变这一"大主题"嵌入具体可感的人物"小故事"之中，具化"大处着眼，小处落笔"的报道构思；"美丽中国·和谐共生——'我们的国家公园'"特别报道立足"公园里的人"这一小切口，深度解析人与自然和谐共生的大问题。

此次主题报道所选择的"大江大河""我家门前"及"我们的国家公园"均是以具体的空间为基点，叠加场景化元素呈现百姓生活日新月异的变化。将承载时代记忆的"大江大河"、嵌入日常生活的"我家门前"和反映生态保护成效的"我们的国家公园"作为切入视角与叙事线索，推动新闻的延展，唤醒历史记忆，形成今昔对比，打通过去与现在，有效串联起十年间的变革与成就。这些为人们所熟悉的地方，以得天独厚的空间接近性吸引受众关注，透过人与地方的故事书写今天的故事，激发人们对新时代新成就的价值认同。

"我家门前——殷殷嘱托，民心答卷"主题报道节选（红星新闻 供图）

三、立足本地，突出深度，彰显精品追求

红星新闻在此次党的二十大重大主题报道的策划中注重差异化定位，在内容布局上注意将重大主题报道与本地实际有机结合，立足变迁，深挖本土题材，借助人们所熟知的地方、人物与事件，制作出众多入耳入心、接地气、有温度的内容产品。"我家门前——殷殷嘱托，民心答卷"主题报道沿着习近平总书记在成都走过的足迹，从成都人"我家门前"的兴隆湖、战旗村、龙泉山、铁路港、天府粮仓、黄龙溪、曹家巷中精选 10 位典型人物，讲述成都人民过去 10 年的成就感、获得感、幸福感。该主题报道成功入选中宣部内参，得到多家媒体转载，是以优质内容锻造新闻精品的有效尝试。

与此同时，此次主题报道中还体现了红星新闻强烈的精品意识与人文追求——不仅在选题寻找上另辟蹊径，独家关注我国五大国家公园；而且在深度挖掘上深耕细作，精心打磨系列报道中的每一个新闻作品。尤其是"美丽中国·和谐共生——

转型中的守正与创新
——"红星新闻"典型案例解析

'我们的国家公园'"特别报道,派出多路记者分赴各大公园,耗时两个多月,克服各类困难,深入雪山丛林,全方位、多角度探寻人与自然和谐共生的问题;同时邀请专家学者加以解读与剖析,增厚报道深广度,提升报道影响力。特别报道共推出30余篇深度报道、20个优质视频和50余张精美海报,以规模化立体传播铸就传播阵势,以集群化的优质产品铸造品牌效应,取得了显著的传播实效,获得了业内同行与专家学者的高度赞誉。

四、全媒发力,创新表达,强化视觉传播

红星新闻在党的二十大主题宣传中充分发挥融媒体传播优势,综合应用多元化的传播手段与传播符号,为受众营造可视、可听、可感的感官体验。报道集纳文图、长图、海报、动画、直播、视频等多种传播形态,利用丰富多彩的视觉元素,带领观众全方位、沉浸式亲临新闻现场,感受自然之美与时代之变。同时,红星新闻借力一体化运营优势,将党的二十大主题报道在红星新闻、成都发布同步发布,覆盖微信、微博、抖音、哔哩哔哩、人民网、视频号、今日头条、红星新闻客户端等全媒体账号,实现矩阵式传播,最大化地释放传播潜能,扩大社会影响力。

值得一提的是,红星新闻在此次主题报道中主打轻量化传播,频繁征用微视频、微纪录片、Vlog 等传播形态,适应视频化的信息接受趋势,满足受众碎片化、移动化的观看需求,极大延伸了报道触角,扩展了传播范围。例如,"江河奔腾看中国"特别策划以新颖有趣的多元化报道手段,打好重大时政报道创新表达的"组合拳"。首先是推出多场由主播出境与江河美景展示相结合的直播节目,视听并举带领观众感受江河美景,激发爱国情怀。其次是借助新兴孵化的时政记者 IP "元元",推出"元元水视界"每日 Vlog,以年轻受众喜闻乐见的方式传播中国故事。最后是巧借明星效应,在微博推出"大江大河推荐官""李宇春邀你推荐大江大河""陈坤邀你推荐祖国大江大河"等系列相关话题,成功掀起传播热度,有效提升传播效能。

"江河奔腾看中国"主题报道节选(红星新闻 供图)

五、生动呈现,深入阐释,培树生态意识

党的十八大以来,以习近平同志为核心的党中央将生态文明建设摆在全局工作的突出位置,我国生态环境保护由此发生历史性、转折性、全局性变化。十年间,美丽中国建设迈出重大步伐,"绿水青山就是金山银山"的理念得到生动践行,取得重大成就。红星新闻在党的二十大专题报道中聚焦生态文明建设成果,以国家公园、大江大河和我家门前为报道点位,以生动鲜活的呈现方式记录人与自然和谐共生的动人故事,深入阐释全面推进生态文明建设的具体举措、面临困境与未来方案。

红星新闻的此次报道是新型主流媒体依托全媒体传播优势创新重大主题宣传报道的有益尝试。具体而言,系列报道先用极富视觉震撼力的多元传播手段吸引受众关注,再借力深度阐释引发理性思考,于潜移默化之中缩小人与自然的距离,记录生态环保故事,传播生态环保理念。其间,红星新闻记者奔赴祖国各地,以媒体匠心打磨"带露珠、冒热气"的新闻作品,在绿水青山间践行"四力"。当然,红星新闻以生态文明建设为突破口为党的二十大预热,对内有助于展示生态环境保护成

就、培养树立生态环境保护意识，对外有益于讲好中国生态环境保护的故事、传播中国生态环境保护的声音。

（高敏）

四、延伸案例

《新京报》：《我家门前｜喜迎二十大系列报道》

案例 3

"喜迎党的二十大"系列海报

一、案例简介

为迎接党的二十大胜利召开,《成都商报》推出喜迎二十大系列产品:"江河奔腾看中国"特别策划、"美丽中国·和谐共生——'我们的国家公园'"特别报道、"我家门前——殷殷嘱托,民心答卷"主题报道。

其中,"江河奔腾看中国"系列产品在中宣部的指导下完成并推出,整体内容以长江"共抓大保护,不搞大开发"为背景,采用手绘长图 SVG 交互及海报形式,介绍了长江流域基于禁渔退捕、岸线整治、污染防治、船舶改进、规范采砂等措施,迅速恢复生机和容颜的过程。

"美丽中国·和谐共生——'我们的国家公园'"特别报道于国家公园成立一周年之际推出,以 5 组精品稿件和海报形式,分别介绍了三江源国家公园、武夷山国家公园、大熊猫国家公园、海南热带雨林国家公园、东北虎豹国家公园,立体展示了国家公园的秀丽风景。

此外,成都发布、红星新闻联合出品"我家门前——殷殷嘱托,民心答卷"主题报道,入选《二十大宣传舆情要览》(中宣部内部专项参阅简报)。该组报道在形式上糅合图文、视频、动画、手绘等多种形态,既保证了故事的生动呈现,也实现了形式上的亲切可读,借文字洗练之美,用视频光影之美,以动画灵动之美,给受众沉浸式的直观感受。

MEDIA CASE STUDY

转型中的守正与创新
——"红星新闻"典型案例解析

扫码阅读案例原文

江河奔腾看中国｜出发吧！
超美长图"画说江河"

我国第一个热带雨林
国家公园，它来了！

守护森林王者
最后的栖息地

这座茶山里的国家公园，
更是世界生物之窗！

三江源国家公园来了！世界上
最后一片高原净土

全国唯一！这个公园
为它而建

"我家门前——殷殷嘱托，
民心答卷"主题报道

"江河奔腾看中国"SVG交互长图截图(红星新闻 供图)

转型中的守正与创新
——"红星新闻"典型案例解析

"美丽中国·和谐共生——'我们的国家公园'"特别报道（红星新闻 供图）

046

"我家门前——殷殷嘱托，民心答卷"主题报道（红星新闻 供图）

二、创作札记

（一）"江河奔腾看中国"特别策划

1. 策划思路

"长江之水天上来，江河奔腾看中国"，融媒体产品整体内容以长江"共抓大保护，不搞大开发"为背景，介绍我国长江流域迅速恢复生机和容颜的过程。这是一个宏大的主题，针对这个选题，编辑第一时间就在思考如何在这一主题之下做出让受众喜欢的作品。首先，一定要选择更新颖的形式；其次，文案一定不能死板。为此，编辑策划了手绘长图 SVG 交互及名人推荐官海报，形式极具创意。同时，以小切口介入，把选题落到实处，气势恢宏，充分彰显媒体品相。

转型中的守正与创新
——"红星新闻"典型案例解析

2. 执行过程

一是开门见山。好的产品应该在开篇抓住受众的眼球,于是编辑结合主题"魔改"了诗句,将"黄河之水天上来,奔流到海不复回"变成"长江之水天上来,江河奔腾看中国",诗句伴随着长江从天上奔泻而出,气势恢宏。

二是画面排版重逻辑性。在排版上,画面根据长江流域四川段地形展开,从中华水塔三江源奔流至嘉陵江。在长图的处理上,将实景与手绘相结合,通过SVG交互及动画形式,让整个画面更形象、生动,提升了受众的接受度与好感度。

三是文案精练凸显主题。对于长江的治理和开发,编辑发现大部分文案都是政策类报告,这种文字放在画面上会非常突兀,与整体画面不和谐。因此,编辑反复提炼,力求用接地气的语言,将画面和文案完美融合。

巫梦琦(策划)与陈明月(设计)核对"江河奔腾看中国"海报(红星新闻 供图)

(二)"美丽中国·和谐共生——'我们的国家公园'"特别报道

1. 策划思路

国家公园成立一周年之际,红星新闻推出喜迎二十大之"美丽中国·和谐共生——'我们的国家公园'"特别报道,重点策划推5篇精编稿件及5组海报。精编稿件方面,编辑整合文献、资料及过往报道,形成稿件思路及框架,采用大量精美图片,并从记者多篇千字长文素材中提取精华,做成一篇篇符合新媒体传播的微信文章。海报方面,设计对实景照片进行艺术加工,使五组海报在统一的主题之下风格迥异、恢宏大气,充分体现我国对生态环境及生物多样性的重视和保护,极大提升报道品相。

2. 执行过程

一是稿件重组。编辑提前查阅文献、资料及过往报道,重新形成稿件思路及框架,从长文素材中提取精华,做成符合新媒体传播的微信文章。从国家保护,到一代代科研工作者的努力,用具体的数据作为支撑,体现我国在保护野生动物、构建人与动物和谐生存方面取得的重要成果,更体现国家对生态环境的重视和长远布局。

二是精选图片。依据不同国家公园的特点,设计在选择时优中选优,精心挑选了极具代表性的实景图片,小到物种多样性,大到环境壮丽,立体展示了国家公园的秀丽风景。

三是重新设计。在统一的主题之下,设计对实景照片进行艺术加工,将5组海报分为5种不同的风格:大熊猫国家公园采用中国传统的水墨风,三江源国家公园采用工笔风雕刻出高原生态美景,武夷山国家公园搭配国潮绘画技法相得益彰,东北虎豹国家公园用拼贴风彰显虎豹霸气感,海南热带雨林国家公园选择扁平化风格。

李之英(设计)与张译文(设计)讨论国家公园海报视觉风格(红星新闻 供图)

转型中的守正与创新
——"红星新闻"典型案例解析

(三)"我家门前——殷殷嘱托,民心答卷"主题报道

1. 策划思路

为喜迎党的二十大,成都发布、红星新闻联合出品"我家门前——殷殷嘱托,民心答卷"主题报道,通过10篇报道,10组精品产品,向观众完整呈现了成都人家门前的十年之变。前方,记者进行实地走访、访谈对话,为"我家门前"系列报道搭建了骨架;后方,成都发布政务融媒体中心设计团队第一时间考虑如何保证故事的生动呈现,同时实现形式上的亲切可读,策划了系列海报及动画产品,形式新颖,主题明确。在立意上,以小切口展现大时代;在选点上,持续聚焦成都中心工作。

2. 执行过程

成都发布政务融媒体中心设计团队通过对大量设计形式的筛选,最终确定了水墨漫画的方式,简洁、凝练,给人耳目一新的感觉。寥寥几笔,生动、形象地勾勒出成都人的安逸生活和公园城市的幸福底色。画面轻松,有娓娓道来之感,赋予报道强烈的故事性。结合不同的人物主题,表现他们家门前一条路、一座桥、一座地铁站、一个公园10年的变化,为整个产品注入了血肉。海报浓缩了整篇报道的主旨,内容涵盖公园城市建设、乡村振兴、锦江水生态治理、交通枢纽、社区治理等10个方面。

在此基础之上,设计团队为每一个主题量身定制了精美的动画,通过"开门"的形式转换新旧场景,给人穿越之感,让人身临其境地感受成都10年的巨大变化,给报道增添灵动之美。

(四)社会效果

"江河奔腾看中国"系列产品发布后,受到网友广泛关注,运营编辑精准抓住名人效应,"李宇春邀你推荐大江大河"话题海报登上文娱热搜榜28位,阅读量达3142万,单条互动达1.6万+,充分提升红星品牌影响力。

"美丽中国·和谐共生——'我们的国家公园'"特别报道深受网友喜爱,5组稿件及海报用极具张力的画面语言讲述了国家公园建设为全球生物多样性保护所贡献的中国力量，在全球生物多样性保护和可持续发展中体现中国担当，引发民族自豪感。

"我家门前——殷殷嘱托，民心答卷"主题报道时间跨度长，产生了一大批政治站位高、新闻性强、可读性好的优秀之作。海报从多个角度展现了新时代成都新成就，凸显人民群众获得感、幸福感实实在在的提升。系列策划在全网阅读和播放量近3000万，产生了良好的传播力和影响力。

（新媒体运营中心刘杜鹃、李端阳、巫梦琦，成都发布政务融媒体中心唐倩）

三、专业评析

主题聚焦　角度精选

融媒矩阵助推重大主题报道新传播

一、主题：着眼时代变化，聚焦报道共性

对于新闻报道而言，新闻主题就好比将所有报道要素串起来的绳索，统领着新闻报道的写作。

主题像一根红线，贯穿全篇，统率全文，成为全文的中心思想。一方面，主题是纲，有了纲，丰富而复杂的材料就可以变得条理清楚、主次分明，就能突出本质，成为一体；另一方面，一篇文章质量的高低、价值的大小、作用的强弱，主要是看其主题深刻不深刻，给人们的指导作用大不大，而其他的，如材料、结构、语言、表达方式等，都必须受主题的统领，为表现主题而服务。从各种素材来说，它的取舍、结构的安排、语言的运用，以及标题的拟定，都必须根据主题表现的需要来确定。否则，要么无所适从，会被材料淹没；要么杂乱无章，废话连篇，不能使

转型中的守正与创新
——"红星新闻"典型案例解析

读者形成明确的概念。这样的作品,不能起到应有的作用,也就失去了它的意义。①

而对于重大主题性报道,学界有着这样的解释:传统媒体中主题性报道是正确引导舆论的主要途径,也是我国新闻传播的特色形式。主题性报道通常弘扬的是主旋律,体现的是更为鲜明的政治属性,主要是针对现阶段的社会热点和亮点进行报道。新闻主题性报道中涉及的新闻事件取舍是围绕和紧扣主题来进行的。②

综上所述,把握新闻主题,聚焦报道背后的共性是做好重大主题性报道的前提。红星新闻在围绕喜迎党的二十大的宣传报道中,紧扣报道主题,推出"美丽中国·和谐共生——'我们的国家公园'"特别报道、"我家门前——殷殷嘱托,民心答卷"主题报道以及"江河奔腾看中国｜我在水一方"特别策划等,将不同侧重的报道连接起来,立足本地,高扬主旋律,展现新时代。

（一）从大江大河看中国发展

中国是江河大国。江河联通,不仅是地理上的紧密,还是河岸人民的交汇。从大江大河的基础设施建设、人民生活风貌、经济发展等各个方面都可以看出中国这些年的变迁与发展。红星新闻作为地方媒体,自主策划了"江河奔腾看中国｜我在水一方"相关报道。在紧紧围绕"喜迎二十大"报道主题的同时,红星新闻选择立足本地,贯彻"差异发展、协同高效"的报道原则,与央视媒体打"配合战",进行错位宣传,形成了自上而下、自总体到局部的宣传格局,紧扣新闻主题,做出凸显地方特色的融媒体报道。

（二）以国家公园展生态风貌

在全面推进生态文明建设的背景下,国家公园体制重大制度得到进一步创新,这是中国推进自然生态保护、建设美丽中国的重要举措。红星新闻抓住这一重点,紧密围绕"人地和谐　自然生态"的报道重点,走进五大国家公园,展现人地自然的风貌。在"美丽中国·和谐共生——'我们的国家公园'"特别报道中,生态文明这一报道主题与总体策划的"喜迎二十大"报道主题形成了呼应关系,从人地和

---

① 何少华:《新闻主题的提炼与深化》,《新闻爱好者》2009年第12期,第68—69页。
② 任贵珍:《媒体融合背景下如何创新电视新闻主题性报道》,《当代电视》2017年第6期,第70—71页。

谐的关系发展看我国为自然环境保护所做出的努力与贡献。

（三）观本地百姓谈十年变迁

对于城乡变迁，生活于其中的居民是最有体会的。红星新闻在"我家门前——殷殷嘱托，民心答卷"主题报道中，就紧扣"民生"这一报道主题，以记录的形式与百姓的讲述呈现十年间成都的城市变化，展现了"人"与"城"的紧密联系。这组报道生动阐释了习近平新时代中国特色社会主义思想在成都的生动实践，立足本地，配合"喜迎二十大"的总体主题，小主题与大主题交相辉映，展现了十年来成都地区的城市现代化进程，也成功使得"硬"主题"软"着陆，拉近了与读者的距离，让读者读来更具亲切感。

二、角度：立足小切口，展现大时代

新闻角度是指记者发现事实、挖掘事实、表现事实的着眼点或入手处。新闻角度的选择，直接关系到记者从什么方向，用什么视角，以何为立足点、何为突破口去发现、寻找、挖掘、选择及表现新闻事实，以便更加充分、鲜明地体现其新闻价值和思想性。

有学者指出，对于新闻角度，不应该简单地作为一个静止的概念来理解，或者说，它并不仅仅是新闻文本最终呈现出来的叙事角度，而应该被作为一个动态的过程来把握。唯有如此，才能更加深入地认识、判断和选择新闻事实，创造出新闻报道的文本价值。新闻记者对新闻事实的报道，大体上分为三步：立意、选材、叙事，由此衍生出三个步骤的角度选择：立意角度、选材角度、叙事角度。这三个角度是层层深入、不断明确的整体，并直接导致了新闻事实的最终呈现结果。[1]

红星新闻在"喜迎二十大"重大主题报道中，充分把握了"以小见大"的报道策略，从"小人物"看"大时代"。在策划时，红星新闻将目光锁定在一个个普通市民、游人、渔人等身上，以亲和的内容中和了重大主题报道的严肃性，取得了"叫好"又"叫座"的成绩。

---

[1] 蔡之国：《新闻报道的角度选择》，《传媒观察》2009年第10期，第31—32页。

转型中的守正与创新
——"红星新闻"典型案例解析

（一）聚焦江河沿岸人民，展现民生之变

在"江河奔腾看中国"特别策划中，红星新闻仍然保持着柔性表达的"红星特色"，除了对党的十八大以来河湖修复、生态向好的重要变化进行呈现，也从"人"切入，展现了河湖两岸人民的生活变迁，如《我在水一方⑤｜十年禁渔！渔民转型护渔人：嘉陵江养育我，现在我守护它》等作品就将靠水吃水的渔民百姓作为报道主体，刻画了他们在十年变迁中是如何与江河相依相存、和谐共生的。报道多了"烟火气"，着笔在人、关切在人，打破了传统的宣传报道的刻板印象。

（二）捕捉共生时刻，突显人地和谐

人地和谐的重点既在于地，也在于人。除了探访如原始森林、冰川雪原等无人之境，展现原始自然之美，红星新闻还把目光放在生活于城市绿地之中的人身上，通过对城市绿色发展转型、创新生态补偿机制等相关方面的报道，体现了变动与保护之中的"人与自然"。

在对五大国家公园进行探索时，红星新闻也聚焦公园中的人——巡护员、监测员、科研者、护林员等群体，他们在保护生态自然、促进人地和谐的过程中发挥着重要作用。红星新闻以日常的生活视角，展现这些群体背后国家对于自然生态文明建设的重视与付出，以小视角拆解大主题，使得生态文明建设故事更加可亲、可听。

（三）聆听百姓门前故事，记录本地实践

"我家门前——殷殷嘱托，民心答卷"主题报道中，红星新闻将视角放在了成都人的家门口。该系列报道采访兼具代表性与故事性的10位人物，聆听他们讲述自己家门前发生的变迁，通过记录兴隆湖、战旗村、龙泉山、铁路港、天府粮仓、黄龙溪、曹家巷等近十年的变化，展现十年来成都城市发生的巨大变迁，由此展现了习近平新时代中国特色社会主义思想的成都实践。这组报道成功地将较为抽象的精神化为通俗易懂的人物故事，以个人的讲述来呈现时代的变化。

在选取人物时，不乏一些存在故事反差性的人物，如"农二代"王伶俐、"建二代"阚锐等。随着人物故事的深入，读者也会见证故事主角经历的矛盾冲突与微妙转变，感受市井之中的喜怒哀乐。红星新闻在此处打破了传统媒体之前惯有的生硬宣传风格，引领读者深入每个人物内心。

三、融媒：搭建媒体深度融合矩阵，传播效果再优化

习近平总书记在中共中央政治局第十二次集体学习时的讲话中指出："推动媒体融合发展，要坚持一体化发展方向，通过流程优化、平台再造，实现各种媒介资源、生产要素有效整合，实现信息内容、技术应用、平台终端、管理手段共融互通，催化融合质变，放大一体效能，打造一批具有强大影响力、竞争力的新型主流媒体。"①

在"喜迎二十大"重大主题报道策划中，红星新闻搭建融媒体矩阵，汇集各方媒体资源：在平台分发方面，红星新闻响应央级媒体、联动地方媒体，形成自上而下的传播格局，资源互通，凸显本地动能；在内容和形式方面，红星新闻将深度采访与融媒技术相结合，推出深度图文报道、短视频、长篇海报等多元形式的融媒体产品，丰富重大主题报道的表达方式；在组织架构方面，红星新闻尝试开放性、参与性、群众性的策划策略，撬动社会各方资源，以点面结合的方式将传播效果与报道影响广泛化。

（一）渠道融合：联动平台分发，汇聚媒体资源

在融媒体时代，渠道融合已成为发展的大势所趋。红星新闻在分发渠道方面做到了"汇集各方，协同高效"。在"江河奔腾看中国"特别策划中，红星新闻除了配合光明网等央级媒体进行错位宣传，还积极联动地方媒体，与成都发布、江河沿岸区（市）县融媒体中心等共同打造"江河奔腾看中国·水润锦官城"系列直播，联动今日头条、腾讯、网易、凤凰网、搜狐、新浪、人民网、抖音、哔哩哔哩等平台进行稿件与产品的分发，将传播范围扩大化。"我家门前——殷殷嘱托，民心答卷"主题报道，也通过移动互联的传播网络，在红星新闻、成都发布的平台发布后，借助人民网、光明网、国际在线等央视媒体平台多次转发，形成广泛传播。

（二）形式融合：创新媒体表达，多元报道方式

"硬"新闻"软"表达，不能仅仅停留在信息传播层面，还应当利用传播项目

---

① 《习近平在中共中央政治局第十二次集体学习时强调推动媒体融合向纵深发展　巩固全党全国人民共同思想基础》，人民网，http://politics.people.com.cn/n1/2019/0126/c1024-30591056.html。

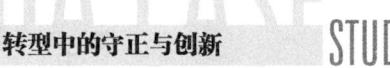

转型中的守正与创新
——"红星新闻"典型案例解析

及全媒体产品矩阵,打通"硬"新闻与读者大众的对话之路,让政府与民众之间的交流更加直接、高频,为塑造共建共治共享的社会治理格局贡献力量。[①] 将重大主题报道的"硬"用平易近人、喜闻乐见的方式表达出来,让读者爱听、民众爱看的同时准确捕捉到"硬"新闻中的核心信息,是目前宣传方式创新与转变的方向。

在此次重大主题报道的策划中,红星新闻充分将融媒体形式和深度内容进行结合,推出"江河奔腾看中国"系列直播、"画说江河"SVG 交互设计产品、"国家公园"微信长图海报、"我家门前"融合视频及动画手绘等融媒体产品,此外还采取 Vlog、记者日记等具有亲和力的表达形式,让"硬"新闻"软"着陆,极大地丰富、创新了重大主题报道的形式,发挥出更好的社会传播效果。

(三)架构融合:撬动多方资源,优化互动效果

在组织架构方面,此次在"江河奔腾看中国"策划中,红星新闻执行团队也采取了开放性、参与性、群众性的报道策略,意在充分汇集社会各方资源,调动群众积极性。为此,红星新闻整合商业平台、知名人士等资源,发起了"大江大河推荐官"子策划。在策划中,红星新闻执行团队在全球范围内寻找"大江大河推荐官",邀请到文艺工作者、奥运冠军、江河治理人、科考队科学家等多位嘉宾,既能借助明星的社会知名度与影响力进行宣传,也将视角放在兢兢业业的普通民众身上,消弭与受众之间的距离感,带领受众去了解中国的大江大河背后的生态文明之变、城市发展之革。

综上所述,红星新闻在此次"喜迎二十大"的重大主题报道策划中弘扬主旋律,平衡了"小人物"与"大时代"、"小切口"与"大叙事"两组关系,贯彻柔性表达方式,融合各方资源,是对"硬"新闻"软"表达的一次成功实践,也是对宣传方式的一次变革创新。在融媒体时代,唯有深挖内容、创新表达,将信息传播技术化、产品开发人文化,不断创新宣传方式,实现新闻价值认同与有效传播相结合,才能使宣传策划多元,讲好人民大众的故事,实现重大主题报道"出圈"效应。

(吴海琳)

---

① 邓安能:《全媒体时代"硬"新闻如何"软"表达》,《人民论坛》2020 年第 16 期,第 122—123 页。

四、延伸案例

新华社:《创意微政论片丨真理之光》

中国青年报社:《青年茶座丨为什么越来越多年轻人入党》

《文汇报》:《大家聊巨变丨伍江:梧桐树下小美好》

转型中的守正与创新
——"红星新闻"典型案例解析

案例 4

每天两万步，"走"出双城新坐标

"双城新发现——成渝主流媒体聚焦双城新经济高质量发展"出圈记

一、案例简介

成都和重庆，一对"老伙计"。

重庆人，都有几个在成都的亲戚、朋友，成都人最爱吃的火锅之一来自重庆沙坪坝区的一个地名。300多公里的距离，不长不短，刚好容得下几声吐槽，一些不甘人后的竞争，但更多的，还是兄弟之间的牵挂和依赖。

曾经蜀道难，如今皆坦途。

2020年1月3日，习近平总书记主持召开中央财经委员会第六次会议，要求推动成渝地区双城经济圈建设，在西部形成高质量发展的重要增长极。从此，成渝地区奏响了"协作曲"，"唱好'双城记'，共建经济圈"成了川渝两地共同的目标。

媒体是时代风云的见证者、记录者。见证、记录双城经济圈发展，媒体当先行。自中央财经委第六次会议明确提出"推动成渝双城经济圈建设"以来，重庆和四川的主流媒体就已开始积极行动，宣传和介绍两地围绕"唱好双城记 建好经济圈"这一主题开展的各类合作。

金秋九月，双城主流媒体的合作迎来高潮。2020年9月7日，由红星新闻与上游新闻共同发起，联动《重庆晨报》、《成都商报》、重庆发布、《成都日报》、成都发布等权威媒体平台推出的"双城新发现——成渝主流媒体聚焦双城新经济高质量发展"大型主题活动正式启动。9月7日至9月14日，双方深入成渝地区双城经济圈各重点区县、单位，聚焦成渝双城在国家级新区共建、新经济新动能、产业转型升级、对外开放通道建设等多个领域取得的成就开展报道。《重庆晨报》、重庆发布和《成都商报》、《成都日报》、锦观新闻、成都发布等川渝主流媒体共同参与联动，以图文、视频、长图、海报等多种形式，在平面、移动端精彩呈现。

在双城经济圈落地的大背景下，双城媒体的这次互相凝望将擦出怎样的火花？

扫码阅读案例原文

双城新发现——成渝主流媒体聚焦双城
高质量发展专题报道

二、创作札记

（一）策划思路

成都与重庆相距 300 多公里，高铁一小时可达。如此近的距离，让这个"圈"真实可感。在重大本地新闻事件的现场，总能遇到几个对方城市的老熟人也在此采访；任何一个成都媒体人的朋友圈里，都少不了几个重庆同行。有个词叫"成渝媒体圈"，谁是谁的老同事，谁是谁的老上司，盘根错节中，早已"圈"在了一起。在双城经济圈甫一提出之际，媒体人的敏锐就让大家开始了联动。2020 年 2 月，成都的红星新闻和重庆的上游新闻就率先在线合作，围绕疫情防控、双城经济圈建设、脱贫攻坚等主题，共同策划推出了一系列重大主题报道。

在疫情防控中，红星新闻和上游新闻一起围绕成渝地区山水相连、人脉相亲的特点，率先搭建起媒体资讯共享平台，加大对两地交通、防控措施、社保医保等群众关心的民生资讯的共同发布与共同传播，以主流媒体为介质，率先形成成渝双城主流舆论一体化。

不仅如此，在双城经济圈"满月"、双城经济圈 100 天、双城经济圈半年等多个节点，红星新闻和上游新闻共同策划和推出了多组涉及经济、文创、社会民生的

专题报道，以媒体视角发现双城机遇，在增进了解的同时促进成渝地区双城经济圈的融合。

对双城媒体人而言，"联动"早已不是新鲜事，只是这次意义特别重大。从2020年1月到9月，成渝这对双城"CP"（英文coupling的简写，意为搭档、伴侣等）从春天一起走到秋天，走向收获。八个多月的时间，在双城经济圈这个大圆下，成渝两地政府、部门、民间同心协力，绘出了无数的小圆。此次"双城新发现"主题活动由红星新闻、上游新闻牵头，由总编辑领队，组建重庆媒体报道团、成都媒体报道团。

成都媒体报道团与上游新闻、重庆发布等本地主流媒体，共同前往重庆的两江新区、高新区、西部国际物流枢纽园区、渝中区、江津区、铜梁区等地的企业、工厂和港口物流园，与当地政府部门一道走访座谈，探究重庆推动双城经济圈建设的突出成效和积极行动案例。重庆媒体报道团则去往成都的天府新区、高新区、金牛区、青白江区、青羊区、东部新区的工厂、车间、工地和政府机关与部门，挖掘成都在推动双城经济圈建设中的优秀案例。

作为一组策划报道，该报道重点表达"成渝CP"这一概念，选取双方有代表性、具有共同特点的高质量发展点位，让六组全新的"CP"火热出道。通过全媒体传播手段重磅推出报道产品，从"一一对应"中探寻双方合作共赢之道。

"相看两不厌，唯有敬亭山。"在双城经济圈开花结果的大背景下，在前期联动建立的基础上，这一次双城媒体的互相凝视将格外深情。

（二）执行过程

总编辑带队，两支精干的特别报道组迅速成军，出发前往对方的城市。

值得一提的是，特别报道组成员中不乏与对方城市有千丝万缕的联系的人，比如郑然。作为成都商报－红星新闻时政要闻板块的副主编，他生长在重庆，也曾在重庆的媒体工作，此次作为成都的媒体工作者回重庆采访，将以镜头与笔重新认识家乡，这既是新奇的体验，也是对自己和队伍工作能力的一次检验。

这样的报道组成员还有很多。他们既有在成都工作、生活十余年的新闻老兵，也有曾在重庆求学的青年记者，还有时常会"在成都的街头走一走"的年轻人。

千里之行始于足下，双城经济圈的历史坐标要靠媒体工作者的双脚去丈量，这样才能积累丰富的感性材料，笔下的经济圈才真实、可感。9月6日，成都报道组一行人抵达重庆火车北站。刚一下车，大家就感受到了重庆"秋老虎"的余威。重庆这座城市繁忙、火热的图景，生动地展现在报道组面前。翌日，报道组探访重庆之行的第一站——重庆两江新区。它的"CP"，是同样作为国家级新区的四川天府新区。

在采访中，这种"CP感"俯拾即是。比如，两江新区协同创新区相关负责人提到，规划建设协同创新区前，他们去天府新区兴隆湖考察过很多次；又比如，两江新区经济运行局相关负责人也提到，从2020年2月开始，他们每月都会与天府新区的人员"云开会"，一起制定了2020年十项合作重点，每一项都是打破壁垒，都是做强"极核"。

重庆媒体采访团人员在成都市天府新区清华四川能源互联网研究院
听取介绍（红星新闻 供图）

类似的"CP感"还有很多。"一城多园"共建西部科学城，两江新区协同创新区是重要载体之一，它将集聚全球创新资源，为产业链赋能，为城市生活服务。在两江新区的采访中，企业代表的话印证了双城合作带来的新机遇。乡村振兴、西部陆海新通道、科技创新……一个圈圈出的合作机遇太多，给双城企业带来无限的想象和信心。当日最后一站，报道组来到两江新区明月湖畔。这里波光粼粼，沿湖的高楼正在拔地而起。水光潋滟中，报道组不由得想起了成都的兴隆湖——那里，也

转型中的守正与创新
——"红星新闻"典型案例解析

倒映着城市打破内陆区位桎梏,显现高质量发展的身影。于是,《两江明月湖畔波光里,倒影天府兴隆湖》一稿一挥而就,四川天府新区和重庆两江新区互为镜鉴,照见高质量发展的产业密码。

这组报道是靠报道组成员"走"出来的。一个细节是,在重庆期间,报道组成员每天平均步数超两万步。重庆,大山大水,气象万千,不仅有繁华的城市,乡村的大美风貌也值得落笔。在重庆铜梁,报道组见到了不同于川西平原的乡村风貌。川西平原,沃野千里,在娟秀之中隐含着几分水旱从人的大气;而重庆的乡村,健身步道、网红民宿、湖泊小溪点缀其间,移步换景,颇有江南水乡玲珑剔透之妙。特别是铜梁乡村叫好又叫座的舞龙产业,给报道组一行人留下了深刻印象。舞龙常于年关时表演,报道组此行虽是夏末秋初,但也有幸见到了当地舞龙队的排练。一群重庆小伙子挥舞着以竹为骨架的龙,上下翻飞,腾挪旋转间,巴蜀男儿的阳刚、质朴,重庆乡村振兴事业的火热,像暴风骤雨般扑面而来。当了解到,铜梁舞龙不仅舞上了央视,更"舞"出了一个繁盛的产业、一条脱贫增收之路时,报道组更对眼前这条龙肃然起敬。于是,《看铜梁如何"舞"龙》一稿应运而生,以眼前这场舞龙训练写起,写这群队员的风采,更描绘舞龙背后的乡村振兴画卷:每年几千条铜梁龙卖向全国,在铜梁有10多家公司从事铜梁龙彩扎制作,20多家公司从事龙舞表演,铜梁区组织三期龙灯彩扎技能培训班,解决农村及城镇近700人就业问题,村民每月收入大增——铜梁"舞"龙,可不止看热闹那么简单。

七天行程中,这样颠覆性的认识还有很多。就连郑然这个"重庆土著",在换了一种视角看家乡后,也有很多新发现,真正印证了"纸上得来终觉浅,绝知此事要躬行"这句话。在重庆山水间行走,"走"出了一组生动可感的报道,"走"出了双城相向而行的脉络。

(三)社会效果

人们调侃说,"世上最在乎重庆的是成都人,最在乎成都的是重庆人"。成都和重庆,一个是省会城市,一个是直辖市,也都是国家中心城市,多年来一争高低的口水战就未停过。

自双城经济圈提出以来,"成渝"这个老话题再度收获关注度。人们关心双城的竞争、双城的合作，更关心的是两座国家中心城市如何再次走向彼此。而"双城新发现——成渝主流媒体聚焦双城新经济高质量发展"这样一个成渝媒体联动的大型主题活动，则让成渝这对"CP"再度出圈。

亮眼的数据说明报道的火热，而新媒体全矩阵的运营功不可没。红星新闻、上游新闻分别开设"双城新发现"专题，将红星新闻、上游新闻的原创新媒体稿件与采访团媒体的稿件集纳，一站式呈现双城经济圈发展的精彩。短短一周时间，专题阅读量突破 1500 万；在新浪微博上，成都发布、重庆发布、《成都商报》、《重庆晨报》共同发起的"双城新发现"话题，收获超过 500 万的阅读量，相关讨论也有 1000 余条。此外，两座城市的不少官方政务微博、自媒体微博也共同探讨成渝地区双城经济圈建设的新机遇。同时，《成都商报》和《重庆晨报》连续一周推出一整版采访报道，共同见证成渝新发展、新变化。全报社、全平台对本次活动进行支持，声势浩大的传播引发了网友对成渝双城的讨论。图文、视频、长图、海报，各种新媒体手段的综合运用，让报道关注度更高，传播效果更好。

这组报道也收获了许多荣誉。在当月的报社新闻奖评比中，本组报道毫无争议地斩获了最佳中心工作报道奖；在本报社的年度评选中，本组报道也脱颖而出，斩获年度新闻奖……可以说是"拿奖拿到手软"，为双城经济圈下双城主流媒体的联动提供了好案例、好做法、好范式。

成渝之间画的这个"圈"，已经深刻地改变了双城产业、地理和文化的境界，从此通江达海，天地广阔。成渝地区双城经济圈的谋划和建设，是一部壮丽的史诗。在这部史诗中，每个人都是参与者、见证者。未来这部巨作如何书写，敬请期待。

（时政要闻中心副主编郑然）

三、专业评析

"小圆迈向大圈",双城经济圈建设中的媒体动能

一、媒体策划:助力传播,赋能双城经济圈

(一)双城"大圈",媒体"小圆"

长期以来,胡焕庸线将我国版图划分成西北、东南两部分,为我国人口发展水平和经济社会格局划出了泾渭分明的界线。直线以东诞生了京津冀、长三角、粤港澳三大城市群,而西部地区却只能被动承接东部地区的产业梯度转移。2020年初,中央财经委员会第六次会议提出,要推动成渝地区双城经济圈建设,在西部形成具有全国重要影响力的增长极[1]。次年2月,在中共中央、国务院印发的《国家综合立体交通网规划纲要》[2]中,成渝地区双城经济圈首次在国家重大规划文件中与京津冀、长三角、粤港澳大湾区3个发达城市群处于同一等级。其锚定中国"第四极"的位置,正是中央为解决区域发展不平衡、不充分问题的一步重要"落子",为巴山蜀水激发了新活力,催生了新机遇。

想要"唱好双城记",离不开媒体。媒体是镜子,表征城市形象。通过建构意义,媒体将世界图景呈现给阅听者。成渝两地双城经济圈的媒体相关报道,是对成渝地区双城经济圈建设的直观反映,对内能够增强成渝人民对经济圈建设的感知度,对外可以擦亮成渝地区"第四极"的新名片。

媒体是网络,拼合城市碎片。打造双城经济圈,并非凭借某一部门、某一领域的一己之力。媒体通过对各行各业的探索与记录,读懂规划蓝图,捕捉建设细节,

---

[1] 《积极推动成渝地区双城经济圈建设》,新华网,http://www.xinhuanet.com/politics/2020-01/15/c_1125464393.htm。

[2] 《中共中央 国务院印发国家综合立体交通网规划纲要》,中华人民共和国中央人民政府,http://www.gov.cn/zhengce/2021-02/24/content_5588654.htm。

织就发展全景，拉起跨行业、跨领域、跨区域的建设"网"。

媒体是组织，隶属城市要素。正如"一方水土养育一方人"，城市也培育着地方媒体。媒体因城而兴，与城共荣，属于城市阡陌纵横网系中的一脉。要打通成渝两地发展壁垒，成渝两地的媒体需联动起来。彰显两城风味、促进两城交流，既是成渝经济圈发展的任务和趋势，也是成渝媒体的重要职责。

由此可观，两地媒体报道之于双城经济圈建设，是一种融入，也是一种助力。2020年9月，红星新闻与上游新闻共同发起，联动《重庆晨报》、《成都商报》、重庆发布、《成都日报》、成都发布等权威媒体平台推出了"双城新发现——成渝主流媒体聚焦双城新经济高质量发展"大型主题活动。在双城经济圈已经上升为国家战略的大背景下，两地主流媒体协同创新、积极策划，是推进融合建设的题中应有之义，也是发挥媒体优势的内在要求。

（二）借"圈"出"圈"，各显神通

在信息爆炸时代，媒体间竞争日益激烈，独创性的优质策划是不可复制的核心竞争力，可以实现对新闻资源的最大开发与最好利用，也能助力媒体"出圈"，收获知名度、公信力、影响力。不同的策划路径，彰显着不同媒体的思维与气质。在双城经济圈的相关报道中，两地媒体的表现可谓异彩纷呈。

视听思维，有颜值、有内涵。川观新闻客户端与《重庆日报》客户端推出"重走成渝古驿道"全媒体报道，采取"年轻态"、可视化表达的路径，创作了短视频、H5、创意海报等融媒体产品。打造MV《双圈达拉蹦吧》，囊括圈内各地方言，邀请川渝两地青年共同唱响成渝地区双城经济圈建设。

服务思维，有需求、有价值。新华社四川分社、新华社重庆分社与新华网联合出品《如何绘好双城经济圈？新华网全时融媒体播报》，对圈内各地重要新闻进行梳理，为受众系统了解双城经济圈建设提供了便捷入口。

数据思维，有描述、有概括。人民网四川频道根据四川省统计局发布分析报告，推出《一图读懂2021年成渝地区双城经济圈建设成果》，用大量数据展示了双城建设成势见效。

除此之外，不少媒体的策划还体现出全媒思维、用户思维、技术思维等。这些思维，或多或少地表露出互联网特色。

转型中的守正与创新
——"红星新闻"典型案例解析

而在技术更迭的浪潮中,传播逻辑从集中式、中心化转向多元化、碎片化,如何保证主流媒体的传播力、引导力、影响力、公信力,保障舆论价值导向的正确性、科学性和先进性,是我国媒体建设应当重点关注的问题。2018年8月21日,习近平总书记在全国宣传思想工作会议上强调,要不断增强脚力、眼力、脑力、笔力,努力打造一支政治过硬、本领高强、求实创新、能打胜仗的宣传思想工作队伍。[①] 因此,做业务能力一流、专业素质过硬的好记者,是新时代对记者的新要求。

红星新闻在主题策划中体现了对"四力"的践行。"双城新发现——成渝主流媒体聚焦双城新经济高质量发展"主题活动,红星新闻、上游新闻作为发起方,由总编辑领队,组建重庆媒体报道团、成都媒体报道团,以平均每天两万步"走"出这组报道,延续了《成都商报》的调查气质,展现出其以内容为王的坚守。

二、践行四力:闪闪红星,坚持以内容为王

(一)脚力深入,记录真实素材

增强脚力,离不开"走"。"纸上得来终觉浅,绝知此事要躬行",要写就一篇好的报道,闭门造车是行不通的。新闻记者需要深入基层、深入群众、深入生活,脚力不歇,方能获得第一手材料,获得对时代气息、百姓情感的体悟。"入浅水者得鱼虾,涉深水者缚蛟龙",所行之路愈多,笔下的天地才能愈发广阔。

"双城新发现"报道团走过重庆两江新区、高新区、西部国际物流枢纽园区、渝中区、江津区、铜梁区等地的企业、工厂和港口物流园,四川天府新区、成都高新区、金牛区、青白江区、青羊区、成都东部新区的工厂、车间、工地,从巴山乡野到川西平原,从明月湖走到兴隆湖……在现场发现新闻线索,倾听百姓心声,呈现扎实作品。

(二)眼力深察,发掘独家报道

增强眼力,离不开"看"。"外行看热闹,内行看门道",眼力讲求的是新闻工

---

① 《习近平谈建设具有强大凝聚力和引领力的社会主义意识形态》,央广网,https://baijiahao.baidu.com/s?id=1609827175219247701&wfr=spider&for=pc.

作者的眼光与敏感性，欲在一片纷繁冗杂中找到新闻点，要"看得见"，能从平凡的生活中发现新闻；得"看得准"，能从普通的事物中捕捉价值；需"看得深"，能从粗浅的现象中窥见本质。

"双城新发现"报道团将目光投向两江明月湖和天府兴隆湖，水波激滟，背后是舞动着的科技创新；将目光投向重庆渝中区、成都青羊区，两座城市文化历史的"母城"，背后是文化创意、数字经济让旧城变年轻；将目光投向重庆铜梁区、成都东部新区，重庆西拓、成都东进的主战场，背后是东西吸引的磁场……"既见人之所见，亦见人之所未见"，通过独到的观察，写出别人不曾写出的报道。

（三）脑力深思，把握广度深度

增强脑力，离不开"想"。毛主席曾经为《新中华报》题词"多想"，就是要求新闻工作者在报道中勤动脑、多思考，结合时事，创作有温度、有立场、有深度的作品。一方面，要求新闻工作者终身学习，在日常生活中博览群书、沉淀自己，争做在任何场合都不会"两眼一抹黑"的杂家，为客观、全面地看待事物、撰写报道做储备；另一方面，要求新闻工作者有理论修养，能够从国家宏观层面思考和判断问题，上懂政策，下通民意，能够串联总体背景与具体细节，做好上下对接。

《双城新发现｜50个小时，东南亚水果到重庆！大通道带动江津大开放》这一报道，在写大通道带动江津大开放时，也写国际物流体系对川渝人民"吃全球"需求的满足。大背景是作为"渝新欧零公里起点"的重庆国际物流枢纽园区，列车从此处出发，开往亚欧大陆西端，推动川渝从内陆腹地迈向开放前沿。背后的小细节是生鲜食品的提速，为热爱美食、热爱生活的川渝人民提供了更多可能性。

（四）笔力深磨，讲活新闻故事

增强笔力，离不开"写"。用脚丈量，用眼观察，用脑思考，最后都离不开用笔表达。新媒体环境给新闻传播带来了诸多挑战，新闻从业者在新闻叙述中不可避免地需要适应当下受众"短、平、快"的阅读习惯，但一味地迎合市场，并非长久之计。简练、易懂、客观、生动，依旧是媒体专业性的体现。用同样的主题、素材，写出自己的风格特色，是一家媒体的立身之本。

《双城新发现｜看铜梁如何"舞"龙》这一报道，在标题上便精准地将文章主线揭示给观众：铜梁的舞龙文化。但是以铜梁为主语，给"舞"这一动词加上引

号，便能让人感知到，这个"舞"并不简单——不仅舞出了文化风采，舞上了央视，更"舞"出了一个繁盛的产业，引领村民找到致富之路。

三、结语

成渝双城经济圈建设是以习近平同志为核心的党中央放眼全国、经略西部、事关全局的重要部署。红星新闻协同川渝主流媒体，以主题策划之"矢"，射时代关注之"的"，凭借主题的重要性、内容的扎实性，获得广泛好评，形成特色鲜明、引导有力的传播格局。不仅在双城"大圈"中做好了媒体"小圆"的交流互动，还以媒体"小圆"带动双城"大圈"，扩大了双城经济圈的知名度，并凭借该主题下的优质报道提升了自己的知名度，展现了媒体在主题策划、城市报道中的可能与可为。

（雷思远）

四、延伸案例

川观新闻：《川渝人均 rapper！〈双圈达拉蹦吧〉神曲来了》

人民网—四川频道：《一图读懂 2021 年成渝地区双城经济圈建设成果》

案例 5

香港回归 25 周年｜"东方之珠，更加璀璨"系列报道

一、案例简介

2022 年 7 月 1 日是香港回归祖国 25 周年。25 年前，中国正式恢复对香港行使主权！"东方之珠"重回祖国母亲的怀抱！在所有的祝福与期盼下，香港同祖国一起，走过了 25 载不平凡的春秋；历经岁月洗礼，穿越风云变幻，四分之一个世纪后，这颗"东方之珠"更加璀璨。

为庆祝这一极具纪念意义的日子，红星新闻国际传播中心和视频与视觉中心一起，经过近两个月的精心策划，特别推出"东方之珠，更加璀璨"系列视频报道。整组稿件以"1997 年出生的香港青年""两代人扎根成都的香港人""本土期待与祖国更加紧密的香港议员"3 个选点，展现 25 年来香港回归后香港同胞们的心路历程及期盼。

该系列视频采用中英双语字幕，并在分发传播过程中配套了海报等设计表达。此外，该组稿件还得到了四川香港商会、香港橙新闻的鼎力支持和帮助，在海内外广泛传播。

扫码阅读案例原文

| 香港回归 25 周年｜东方之珠，更加璀璨 I | 香港回归 25 周年｜东方之珠，更加璀璨 II | 香港回归 25 周年｜东方之珠，更加璀璨 III |

二、创作札记

（一）策划思路

自 1997 年回归以来，香港同祖国一起历经风雨和岁月的洗礼，已走过四分之一个世纪。在这样重要的时间节点，我们究竟该如何表达？

在思考这一组报道时，最先蹦入我们脑海的词汇是"血脉相融"。血浓于水、同根同心，香港始终与祖国紧密相连。25 年前，香港回归，与祖国共同发展；25 年后，香港同祖国内地共融共通，联系更加紧密。血脉的"共融共通"，可以体现在诸多层面。

这种"相融"，可以在各种领域里表现得淋漓尽致，不论是香港音乐与内地音乐的碰撞与结合，教育领域的相互成就，还是动画领域的合作创新、极致表达。

这种"相融"，还可以改写一个个"个体"的命运或人生故事，不论是老一辈亲眼见证香港回归的港人，还是出生在回归之后的年轻一代"Z世代"，抑或是深度参与、共同为香港未来作建设的香港政坛人士。

在经过头脑风暴后，我们最终决定将这组宏观、重大报道的注脚压在一个个与内地深度交融的香港人身上。他们见证着、经历着、思考着香港重回祖国怀抱后的共同发展，并为未来如何更好地发展建言献策。

（二）执行过程

在确定好报道思路后，红星新闻国际传播中心立即进入铺天盖地的寻人模式。要找到有代表性故事的采访对象，找到我们可以接触到并能完成拍摄采访的受访人选，还要克服疫情期间的种种不便。这对我们来说，是个极大的挑战。

在四川香港商会的帮助下，我们首先摸排了众多在成都发展的香港人，并最终确立了两组采访对象，1997 年出生、目前在成都创业的香港青年杨毅康，以及两代人都扎根成都发展的冠城集团洪氏家族。在香港那边，我们则几经辗转，最终联系上了在内地有较高知名度的香港议员何君尧。

但如何实现对何君尧的拍摄采访呢？疫情再次成为我们的拦路虎。经过努力，我们联系上香港的媒体橙新闻，诚邀他们和红星新闻合作。由红星新闻记者用视频连线方式完成对何君尧议员的主体采访，再由橙新闻记者实地探访，在何君尧议员的办公室补拍相关素材，最终合力推出稿件。

拍摄方面，我们配备了3个记者、2个编辑，还有2个美编。记者与编辑实地赶赴两位香港人在成都的工作地点，优先在现场堪景并架设专业灯光，录制人物采访部分，并根据访谈内容拍摄相关画面。

正因如此，拍摄时间紧、任务重，是此次拍摄最大的挑战。在拍摄对象的访谈内容中，我们还获取到更多的信息：杨毅康正在成都打造一条香港特色街道。于是马上与采访对象确认了第二天的拍摄，临时决定再加拍一天，让镜头语言与人物故事更加丰富。

在后期剪辑上，因前期一直参与拍摄事项，所以对整个素材的了解更多，对时间节点也更清晰，节省了更多的素材查找时间，快、狠、准地定位每一条素材并进行精心剪辑、调色。此外，还与美编合作，设计精彩片头，调动情绪，最终呈现满意的效果。

红星新闻记者在拍摄现场（红星新闻　供图）

转型中的守正与创新
——"红星新闻"典型案例解析

（三）社会效果

经过近两个月的策划、拍摄、制作，"东方之珠，更加璀璨"系列视频报道于2022年6月30日正式发布。

第一集讲述一名香港青年的亲身经历，25年里两地共融对其成长与人生的影响。

1997年出生的香港青年杨毅康讲述了他来到成都求学，并深受成都人的热情、文化共融性与包容性的感染积极融入当地，最终决定扎根成都的故事。作为川港青年创新创业社区的骨干，他正积极参与一个成都老旧街道的改造项目，将香港特色融入其中。通过这样一个极具代表性的人物故事，本集视频凸显了新一代人如何在两地融合的影响下努力与祖国一起成长，让自己变得更好，并最终担负起两地交流桥梁的重担。

第二集通过一名香港议员"不平凡"的25年，讲述了"血浓于水"的故事。

我们通过与香港立法会何君尧议员的视频连线专访，从他的视角讲述了香港回归祖国后这25年来经历的风雨，体现了"血浓于水、同根同心，香港始终与祖国紧密相连"这一主旨，也展望了从"香港人"到"大湾区人"的未来。

第三集，我们与冠城集团董事长洪清宜及执行董事洪振原进行对话，通过两代港商在川奋斗创业的故事，凸显香港回归25年里两地交流、共融的蜕变。

作为最先扎根成都的港商，洪清宜讲述了在25年间自己作为川港两地交流的桥梁，见证两地的同步发展、同步成长的全过程。而作为洪氏二代，洪振原以他的亲身经历讲述了一名香港青年与内地共融的过程，从最初相识到进一步了解，最终对成都有了归属感。

本组报道重点聚焦扎根成都的老、中、青三代香港人通过多样的方式努力促进川港两地交流，凸显香港回归祖国怀抱后的25年间两地共同发展、共融共通的主题。25年来，香港依托祖国、面向世界、益以新创，不断塑造现代化风貌，"一国两制"在香港的实践，就像一棵幼苗，在风雨中茁壮成长，结出了累累硕果。

除此之外，这组报道还通过多样的方式努力促进川港两地交流。报道发布后受到了来自金牛区统战部、四川香港商会等机构组织的广泛好评。

（国际传播中心徐缓，视频与视觉中心杨诗雨、缪睿哲、邓学海）

三、专业评析

视角独特,讲好故事:打造精品内容

党的十八大以来,重大主题报道日渐成为主流媒体的主战场和主赛道,体现了媒体把握和呈现重大主题的能力,集中反映了媒体的综合实力[1]。重大主题报道是落实习近平总书记对新闻舆论工作重要指示,做好新闻宣传、实现舆论引导的有力武器,是主流媒体唱响主旋律、强化引导力、提升公信力、扩大影响力的主抓手[2]。

2022年7月1日是香港回归祖国第25周年,也是《深化粤港澳合作 推进大湾区建设框架协议》签署的第五年,习近平总书记出席了庆祝香港回归祖国25周年大会暨香港特别行政区第六届政府就职典礼。在此重大节日,各路媒体都为香港回归祖国25周年系列重大专题报道精心策划、整装待发。红星新闻国际传播中心连同视频与视觉中心在此期间特别推出"东方之珠,更加璀璨"系列视频报道,受到了来自金牛区统战部、四川香港商会等机构组织的广泛好评和点赞。重大主题报道如何吸睛?红星新闻对报道选题敏锐的嗅觉、新颖的选题、专业的内容及其专业团队的加持,都为作品广泛传播打下了坚实的基础。

一、选题新颖:视角独特,以小见大,以人物故事透析发展成果

21世纪大众传媒林立,新闻信源越来越广,在重大新闻选题来临之际,各家媒体你追我赶,既要比拼"时效性",又要比拼"专业又有趣的内容"。精品内容离不开独特的选题视角,选题切入的角度是否新颖,是否能击中受众痛点,往往影响

---

[1] 余靖:《纪念性主题报道的四重维度——以香港回归祖国25周年报道为例》,《中国记者》2022年第8期,第107—109页。
[2] 俞小帆:《重大主题与基层实践的同频共振——地方党报"二十大时光"专题报道观察》,《城市党报研究》2022年第12期,第14—18页。

转型中的守正与创新
——"红星新闻"典型案例解析

着新闻作品的"命运"。

（一）角度新颖，以小见大

在香港回归25周年之际，红星新闻首先确定了以视频记录的方式对香港回归祖国这25周年的成果进行概括。如此宏大的主题，浓缩至几分钟的短片中并非易事。越是重大的主题，牵涉的层面就越广，与普通人的生活就越密切相关。但报道如果过于讲究"宏大叙事"，满眼尽是"大人物"，忽略"小角色"，就容易缺乏现实感和共情力[1]。所以，想要真切地从人民关怀的角度去透析这25年的发展，还需在大的时代背景下，寻找最典型的人物故事。在经过反复商榷后，红星新闻最终决定将这组宏观、重大报道的注脚压在一个个与内地深度交融的港人身上。从小人物的视角透视时代变迁，从细节折射人心向背[2]。从选题开始，红星新闻就为此次视频报道开好了头。

（二）讲好故事，涵盖全面

想要以个人故事涵盖香港回归以来取得的成就，在嘉宾的选择上需要下足功夫。报道方向确定之后，红星新闻迅速开启"寻人"模式，联合四川香港商会、香港橙新闻找到了三组代表人物。从政治、经济、文化三方面把控报道方向：在政治领域邀请到了在内地有较高知名度的香港议员何君尧，以他的亲身经历讲述"血浓于水"，"家"的港湾才是最坚实的依靠；在经济领域邀请到了两代人都扎根成都发展的冠城集团洪氏家族，他们在促进地域经济的发展的同时，也做到"两代人在成都"，这是生命的延续，是"血脉相融"，更是中国人文化里的"传承"；在文化领域邀请到目前在成都创业的香港青年杨毅康，青年一代有理想、有担当，在成都创业的他想在成都打造一条具有"香港味道"的街道，让人们切实体验到香港生活，实现真正的文化交融互通。他还表示，以后如果有机会，还要回到香港打造一条有"成都味道"的街道，这是文化在真正意义上的碰撞、交流，也是让两地人民一家亲的一根"绸带"。有人说，新闻就是活着的历史，而新闻人需要做的就是去寻找

---

[1] 余靖：《纪念性主题报道的四重维度——以香港回归祖国25周年报道为例》，《中国记者》2022年第8期，第107—109页。

[2] 余靖：《纪念性主题报道的四重维度——以香港回归祖国25周年报道为例》，《中国记者》2022年第8期，第107—109页。

时代大潮中的那一滴水，并从中萃取这个时代的经典意象，通过个人命运反映时代，从而阐述这个时代的演进和发展[①]。红星新闻在"东方之珠，更加璀璨"系列报道中找到了这三滴水，每一滴水、每一股细流都是新时代发展成果的呈现，代表个人故事的几股小流汇聚至国家发展的洪流中，遂成江海。

二、内容精练：专业团队打造精品内容，贴近受众

（一）专业团队，强强联手

一组好的新闻摄影专题，要有时间的跨度、内涵的深度及采访的广度[②]。在新闻采访的过程中，因受访者的不确定性，可能会出现超出采访提纲甚至与采访提纲无关的内容。这时记者在采访过程中对整体的把控及采访结束后的调度，就显得尤为重要。在"东方之珠，更加璀璨"系列报道中，采访团队在采访杨毅康的过程中得知他在成都正在打造一条香港特色街道的消息后，立刻审核脚本，迅速确认补拍，这才有了作品中额外附加的"文化"意义，采访团队出于及时的反应和敏锐的新闻灵敏度而做出的决定使人物故事得到了最大程度的丰富，刻画出生动、真实的形象，使作品更具深度。

此外，由于疫情，团队无法直接去采访何君尧议员。红星新闻联系到了香港的媒体橙新闻，进行跨境合作：先以视频连线方式完成对何君尧议员的主体采访，再由橙新闻记者进行实地探访，在何君尧议员的办公室补拍相关素材，最终合力推出稿件。这使得视频维度拓宽，层面更丰富、内容更深厚，使得新闻报道更有说服力。

（二）打造精品内容，立意深远

视频拍摄结束后的初期素材杂且多，如果不能得到后期充分的筛选和编辑，则很难达到良好的叙事效果，挑选、排序、剪辑和动画制作都是对剪辑师实力的考验。红星新闻此次案例的团队配备了3个记者、3个编辑和2个美编。每个人都紧

---

① 高晓虹、赵淑萍、王婧雯、赵希婧、付海钲：《视角与手法：中国新闻奖国际新闻优秀作品解析》，中国传媒大学出版社2019年版，第131页。

② 许卓恒：《"离得越近，拍得越好"——深度摄影专题报道的思考与实践》，《传媒评论》2022年第12期，第53—55页。

转型中的守正与创新
——"红星新闻"典型案例解析

跟拍摄过程，对素材熟悉程度高，对视频的剪辑也更能达意。同时，剪辑师还与美编合作，特意制作了此次专题系列片头，其中香港回归的画面迅速带领观众回到了1997年7月1日这一激动人心的日子。精彩的开头往往能第一时间抓住观众的眼球，带有回忆性的内容将人们的思绪拉回25年前，之后的片段又让人们回归当下。在这种对比中，观众更能切身体会到回归后两地的发展与进步。

剪辑过程中，声音和画面的对应关系主要有三种，即声画同步、声画分离和声画对位。除了采访本身的画面和声音，用同期声搭配相关的视频素材是新闻报道剪辑中最常用的方式。在拍摄和剪辑过程中，团队人员思路清晰，变换了很多的特效转场，包括对镜头虚实切换的运用。再加上构图方面也有所侧重，比如在图书馆拍到的杨毅康望向窗外的片段，独特的视角、新奇的构图方式使得作品别有一番韵味。丰富多彩的镜头语言体现了拍摄及剪辑人员高超的技术水准，最大程度上避免了观众的审美疲劳，给观众带来了更新奇的体验。

香港回归与一般的传统纪念日有所不同，它不是一个仅存在于过去某个时间点的节日或庆典，而是一个从过去延续到现在并将持续发挥作用的发展中事件。回归纪念的重点不仅是"纪念"，香港回归祖国25周年的报道也不应只纳入"纪念性报道"，更应归入中国梦与香港群体意识形态整合的常态化议题[1]。红星新闻此次对香港回归25周年的报道做了充分的准备，从选题策划到拍摄剪辑都下足了功夫，拍摄过程中对于时间的把控、内涵深度的斟酌以及采访广度的追求，将青年的成长、个人政治理想的实现、家族企业的血脉传承尽数呈现，这是代际的传递，是两地交融的蜕变。从交汇到相融，血浓于水，都更加精细地从单个人物的故事扩展至香港回归25年的发展成果。

三、传播高效：打造地域特色，海内外广泛传播

主题报道要实现内容创新，一个重要方向就是找准地方元素与时代主题的契合

---

[1] 吴波：《"香港回归二十周年"的报道框架比较研究——以〈人民日报〉和香港〈文汇报〉为例》，重庆大学硕士学位论文，2019年。

点[①]。此次新闻报道专题本身聚焦香港乃至粤港澳大湾区的发展，做到通体竞争的差异化考量以及找准地域化差异是其中的要点。红星新闻是成都传媒集团旗下的主流媒体，其名字"红星"二字也对应着成都的新闻地标。作为成都本土的主流媒体，在此次人物故事的选择上，红星新闻避开了"全国"这个大地域，专注于成都本地的香港同胞们的心声与期盼，使得受众群体更具像化，内容更加专一，找到了区别于其他主流媒体的独特性。经过近两个月的策划与拍摄制作，"东方之珠，更加璀璨"系列视频报道于 2022 年 6 月 30 日正式发布。视频采用中英双语字幕，报道兼顾图文、视频、海报等不同产品形态，在海内外广泛传播。正是红星新闻每一次对视频拍摄的精益求精，辅以不同发布端口，实现了传播效果最大化，获得了广泛好评。正是在一次又一次的拍摄中坚持高品质，不断创新技术，此次视频报道才能在众多专题报道中脱颖而出，吸引观众的注意力，获得更多惊喜与收获。

（李梓涵）

四、延伸案例

《广州日报》：《"青"爱的港湾——香港青年访谈录 | 大湾区相遇　深度融合有我有你》

中国新闻网：《TVB 知名主持人陈贝儿：拍纪录片〈无穷之路〉　切身感受"中国奇迹"》

《广州日报》：《心声"港"你听》

[①] 余靖：《纪念性主题报道的四重维度——以香港回归祖国 25 周年报道为例》，《中国记者》2022 年第 8 期，第 107—109 页。

转型中的守正与创新
——"红星新闻"典型案例解析

案例 6

"中老铁路开通一周年"系列报道

一、案例简介

2022年12月3日,"一带一路"建设的标志性工程"中老铁路"建成通车一周年,成为区域互联互通、共同发展的新典范。红星新闻记者对此关注,跟进策划,前期做了大量与铁路部门、采访对象、老挝方面的联系和沟通工作。

经过半年多的不懈工作,记者在中老铁路开通一周年之际跟随跨国铁路一路向南直到边境小镇磨憨,在动车上、动车站、沿线城市实地采访,用文字和视频的方式深入报道了中老铁路通车这一年给两国人民带来的巨大便利。

报道发布后,赢得各方好评,甚至连和记者就采访工作拉锯了近半年的当地铁路局也点赞了记者们的专业和敬业。

扫码阅读案例原文

中老铁路一周年 | 让更多人去探索外面的世界

邂逅——中老铁路一周年

第一章　主题策划

二、创作札记

（一）线索判断

2021年12月3日，正式开通运营的中老铁路北起中国云南昆明，南至老挝首都万象，全长1035千米。它是"一带一路"倡议与老挝"变陆锁国为陆联国"战略的对接项目，也是"一带一路"倡议提出后首条以中方为主投资建设的国际铁路，全线采用中国技术标准、使用中国设备，并与中国铁路网直接联通。

中老铁路，串起了中国云南昆明、玉溪、普洱、西双版纳，老挝琅勃拉邦、万象等一座座城市，带动区域经济发展驶上快车道。该铁路在中国和东盟间构建起一条便捷的国际物流通道，跨境货物运输时间大幅压缩，物流成本显著降低，具有速度快、运量大、受气候影响小、更加安全等优点，受到国内外货主的青睐，国际物流需求日益旺盛。

直接连通中、老两国的磨憨站（红星新闻　供图）

红星新闻国际传播中心是负责全球重大国际新闻和国际传播报道的部门。鉴于中老铁路在"一带一路"倡议中的重要意义，本部门用时半年余，关注、跟进策划"中老铁路开通一周年"这一选题，前期做了大量与铁路部门、老挝方面等采访对

079

转型中的守正与创新
——"红星新闻"典型案例解析

象的联系和沟通工作。

这样的策划和突发新闻不同。在前期准备中，我们梳理了采访重点，讨论后将重点落实到故事上：被这条铁路改变的人的故事，是我们最终的采访目标。

同时，由于疫情，本次采访只能在中国境内进行。如何解决没有老挝方面一手采访素材的问题，是这次报道的关键突破口，对老挝人的寻找成为此次采访的难点。

多管齐下，记者从多方面、多渠道寻找采访对象，最终老挝学生和列车乘务员成为我们的采访切入口。这条铁路的开通改变了两个来自不同国家的年轻人家乡的面貌，也改变了他们的命运。

（二）采编过程

确认选题后，记者本想做群像报道，基于中老铁路宏大背景，用多人的片段式结构展现中老铁路沿线为两国民众带来的便利、为沿岸国家和地区经济带来的活力。但此时正值严格防疫，记者遂改变思路，以小见大。从小切口切入，以小人物的故事将整条铁路串联，进而在呈现方式上拉近与受众的距离。

在确认主线人物之前，记者一路由昆明辗转至磨憨口岸。先后拍摄昆明、玉溪、西双版纳、磨憨等重要点位的车站及列车素材，并一路对沿线企业家、旅客、商贩、本地人进行采访。

由于此次主题是"中老铁路开通一周年"，按理来讲，搭乘该趟列车的乘客都有可能成为采访对象。为此，我们计划在动车上采取"边走边采边拍"的模式。然而出于种种原因，如乘客不愿入镜、列车上噪音较大等，拍摄未能按照原计划进行。不过，在动车上与乘客的交流以及以文字录音形式采访到的信息，给我们后续的采访报道提供了线索和有力支撑。

中国段的终点站磨憨口岸，是采访耗时最多的地方。因每天只有两班列车抵达口岸站，而其中一班列车是在晚上，不适合采访，所以记者每天只有一次机会，在一个角度拍摄，精神高度紧张，如果错过了该趟列车或拍摄角度不好，可能就要等第二天。所幸，本次采访所得素材的最终呈现效果令人相对满意。

红星新闻记者邓学海在火车上拍摄（红星新闻　供图）

经研究，记者将报道的主线人物确定为为数不多的会讲老挝语的云南本地傣族列车乘务员依波逢。记者几经周折联系上她，并获得了一天时间的拍摄和采访机会。于是，记者早早地便前往起始站昆明一路跟拍依波逢，想要用最真实的镜头记录下她在中老铁路沿线每天的工作和生活，并在列车行驶中录制其个人采访部分，作为片中自我讲述的内容带动报道节奏。

红星新闻记者邓学海在站台拍摄（红星新闻　供图）

转型中的守正与创新
——"红星新闻"典型案例解析

不过，仅仅一天的拍摄时间显然达不到记录题材的深度，于是记者又紧急商量联系了一位老挝留学生，该学生正在随学校老师一起考察中老铁路且还未亲身体验过搭乘中老铁路列车。考虑到依波逢会讲老挝语，而这名老挝留学生也是铁路相关专业，记者立马想到视频后期可以通过声音（动车上播报老挝语）的形式，将二者联系起来。文字稿件方面，也可以让二者通过这条铁路联系起来，实现从带动当地经济层面到促进两国友谊层面的升华。在采访完依波逢后，记者随即赶赴玉溪，采访老挝留学生，准备将其作为片中副线人物，也是文字稿件中连接中国、老挝的重要人物。

从中国乘务人员到老挝留学生乘客的人物选择，具有很强的代表性。两个人物，不同性别，不同国别，不同角色，却因一条路连接、相遇。可惜这名老挝学生留给记者的拍摄、采访时间只有匆匆几个小时，在人物拍摄时间紧张的情况下，记者用两条线来丰富整个架构，一主一副两个人物，明确出主次，用引导的方式让二人自述，勾勒出这条跨国铁路建成的非凡意义，同时又因中老铁路贯穿着两个国家，在未来有无限的可能。在写作过程中，记者再三斟酌，在标题中加入"邂逅"二字，这并非指两人的邂逅，而是指时空交集下，中国和老挝两国因这条铁路而"邂逅"。

相较于视频以两个人物为主线，文字稿件则更加关注中老铁路本身的意义。在这次采访过程中，除了两位代表人物，我们一路所见、所闻、所感，实际上都是与这条铁路有关的故事。我们了解到，这条铁路不仅连通了中老两国，也结束了西双版纳此前不通铁路的历史，能让"大山里的人走出去"，从而也推动了沿线经济的发展。为此，记者在文字部分将稿件整体分为三个部分——当地民众的"希望之路"、推动沿线经济的"发展之路"、连接两国关系的"友谊之路"。

中老铁路的开通,结束了著名旅游目的地西双版纳不通铁路的历史(红星新闻 供图)

尽管视频中没有完全体现,但实际我们一路走、一路采、一路听、一路记录:从铁路建设者讲述铁路修建时当地民众的反应("当地人身着民族服饰来拍照留念")到动车上的乘客讲述铁路带来的便利;再从"旅游胜地"西双版纳的出租车司机讲述动车开通后明显感觉游客变多,到终点站磨憨跨境供应链负责人讲述铁路运输对中国榴莲价格的影响;最后再通过两位人物的故事,以及动车车厢里的细节描写,层层递进,逐步升华,从民众感受到经济发展再到两国友谊,用"三条路"共同勾勒出这条意义非凡的跨国铁路。

事实上,当时中国—老挝的跨国运营段并未开通,记者本还担心这可能导致最后呈现"两国友谊"这一主题时的效果较弱,但好在通过一位老挝籍且在中国学习铁路相关专业的留学生与一位会说老挝语、曾在老挝留学的中老铁路列车乘务员,将这条线串了起来。

在后期剪辑上,开篇以精彩前置的方式展现精美延时及航拍镜头、设计线路图示、设计片头落幅等,着重体现中老铁路之美。接着先聚焦人,再引出路,从人的故事开始,最终升华到路的故事结束。双线人物交叉剪辑,避免了叙事视角的混乱和跳跃。用户会发现真正的主角其实是路,它是线索,是过渡,是故事发生的地点。巧妙的剪辑安排将一主一副的主角串联起来。

(三)社会效果

中老铁路开通一周年之际,记者赶赴昆明,跟随跨国铁路一路向南抵达边境小

镇磨憨，用精彩的镜头记录老挝青年与中国乘务员跨国交流、双向奔赴的故事，深入展现"一带一路"倡议下，中老铁路通车一年来为两国人民带来的巨大便利，见证区域互联互通、共同发展的丰硕成果。文稿和视频刊发后，中老边境风光之美、友谊之美赢得网友广泛好评。

这条铁路作为泛亚铁路的典范，对地缘政治及区域经济合作的深远影响不可低估。红星新闻在中老铁路开通一周年之际，敏锐把握"一带一路"倡议中具有里程碑式意义的时间点，推出了有温度的国际传播产品。

（国际传播编辑中心黎谨睿、视频与视觉中心邓学海）

三、专业评析

国际传播的"新""巧""实"
——红星新闻"中老铁路开通一周年"系列报道"出圈出海"新探索

如今的中国，正前所未有地走近世界舞台中央。仅仅是围绕着区域协调发展、基础设施建设、对外开放与交流等领域，这些地方新闻都蕴藏着对外传播的资源富矿，有待媒体从涓涓细流中探寻中国式现代化发展的脉络。

其中，中老铁路是我国"一带一路"倡议与老挝"变陆锁国为陆联国"战略对接的重要项目。开通以来，中老铁路发挥了让沿线国家心灵相通、贸易畅通、设施互联互通的重要作用，进一步增进了两国往来，也为沿线地区创造了发展新机遇。

红星新闻"中老铁路开通一周年"这一选题策划，一方面，把国家发展优势转化为我们的话语优势，呈现中国速度的背后是中国策略、中国方案的成功，这对于提高中国国际传播影响力、中国形象亲和力、中国话语说服力、国际舆论引导力有重要作用；另一方面，针对近年来部分西方国家掀起的逆全球化浪潮和日趋脆弱的全球治理体系，我们必须用最直接、最简洁、最明了的事例告诉世界：只有坚持互利共赢基础上的合作，才能形成"你中有我，我中有你"的人类社会发展格局。这也是习近平总书记所强调的"打造融通中外的新概念、新范畴、新表述，更加充分、更加鲜明地展现中国故事及其背后的思想力量和精神力量"[1] 的题中应有之义。

由此而言，红星新闻"中老铁路开通一周年"系列报道从双线主人公的结构展开报道，用文字和视频的方式呈现事实，报道立意高远、选题切入精妙、实地采写扎实、传播效果优良。该系列报道的成功在于：一是掌握了时机节奏，在增强时效性上下功夫；二是把握了力度分寸，准确把握基调，选择好报道内容；三是找准了共鸣点、交汇点，凝聚力量、塑造共识。对于未来的国际传播作品而言，如何在"新"上做亮点、在"巧"上现真章、在"实"上再突破，该案例做出了一个很好的示范。

一、在"新"上做亮点：小切口呈现，大趋势引导

国际话语权需要有一定的理念内核作为支撑，以增强说服力和影响力。习近平总书记指出，要采用贴近不同区域、不同国家、不同群体受众的精准传播方式，推进中国故事和中国声音的全球化表达、区域化表达、分众化表达，增强国际传播的亲和力和实效性[2]。但如何避免"自说自话"，真正将中国声音、中国主张与不同语境、文化、价值观的受众联系起来，在内心与情感上挖掘共鸣点？探索和寻找语态和表达的契合点至关重要。

中国和老挝的交往，只是中国走向国际舞台的一个缩影，但这个小缩影却能体现大背景。从亚欧大陆桥中国最西端的霍尔果斯口岸，到中国与东盟国家经贸往来和经济合作的重要交汇点磨憨口岸；从广交会、消博会、服贸会、进博会等国际盛会的顺利举办，到东盟地区扫雷、反恐、人道主义援助救灾、军事医学、海上安全、维和、网络安全等领域中的中国身影；从东南亚集市中的中国餐馆，到中亚地区的油田和交通项目……国际舞台不只有外交，还有普通人的生活和国家福祉。细腻的基层故事，也可以承载厚重、宏大的主题。

在民间，并不缺百姓生活事，也不缺可歌可泣的凡人英雄。重要的是，媒体既要保证报道时、度、效，更要谋大局、观大势。本案例体现出，增加传播内容的可

---

[1] 《习近平在中共中央政治局第三十次集体学习时强调加强和改进国际传播工作 展示真实立体全面的中国》，人民网，http://politics.people.com.cn/n1/2021/0602/c1024-32119745.html.
[2] 《习近平在中共中央政治局第三十次集体学习时强调加强和改进国际传播工作 展示真实立体全面的中国》，人民网，http://politics.people.com.cn/n1/2021/0602/c1024-32119745.html.

转型中的守正与创新
——"红星新闻"典型案例解析

理解性和可接受度,需要设置更加灵活、多元的议题,着力推出个性化、故事化的报道,特别是注意挖掘中老铁路上生动的故事,以朴实生动的语言、多样化的呈现方式,面向国际进行传播,更利于国际受众准确认知"一带一路"的互惠与共赢。

由此可见,举起历史的长镜头,用民间"毛细血管"中的鲜活和温暖,在时代大潮中塑造家国情怀,这需要记者将采写工作置于中华民族伟大复兴历史征程中去审视,将对基层的体察放在中国与世界互动的坐标系中去思考。

二、在"巧"上现真章:从宏观主题走向微观、多元叙事

本案例紧抓"一带一路"标志性工程"中老铁路"开通一周年的重要时间节点,既在宏大的时代背景下记述中华民族的主动担当,也从微观基层人民的视野中构筑"一带一路"倡议带来的切实变化。鉴于中老铁路在"一带一路"倡议中的重要意义,红星新闻相关部门提前半年关注策划"中老铁路开通一周年"这一选题,在前期做了充分的准备,但在落实过程中,依然面临着许多具体问题。首先,由于当时的环境,本案例的采访只能在中国境内进行。对于这样一个沟通中外的铁路干线,如果只呈现其中一方的观点和感受,势必影响报道的可信度和传播力。其次,国际传播面临着文化隔阂,如何将我国的价值理念、国家主张传达给他国受众,得到尊重、认可和理解,是国际传播媒体需要思考的问题。最后,如创作札记所述,列车上人员、环境复杂,采访难度较大,搜集素材的过程未能如预期,十分考验记者的应变能力。地方媒体的国际传播路径尚在探寻之中,环境的有限性和过程的不确定性都给报道增添了不小难度。面对以上问题,红星新闻在本案例中体现出"巧思"和"巧劲",更显专业素养。

红星新闻在本案例的"巧思"体现在叙事视角的转变,从"宏达叙事"走向"微小叙事",这一转变体现出红星新闻对报道题材的适切把握。作为一种充满历史理性主义的整体性描述手法,宏大叙事追求完整且全面的叙事,主要关注重大历史事件和人的社会性,崇尚理想、道德、崇高等精神价值[1]。"微小叙事"方式,即

---

[1] 蔡惠福、张小平:《共在与共通:建构中国特色新闻传播学"三大体系"路径研究》,《社会科学战线》2020年第4期,第143—149页。

从小事入手，在报道叙事中呈现具体的人物、时间、地点等详细信息，讲述"小人物"的故事[1]。中老铁路的开通是重要的政治和历史事件，其选题价值与宏观政策背景深刻勾连，红星新闻原计划采用人物群像的方式呈现该选题，既能烘托宏大、热烈的庆祝氛围，又能全面、客观展示中老铁路给两国人民带来的深刻影响。但由于当时环境和采访现场的限制，难以确定足够的采访对象。因此，红星新闻将人物聚焦在两个主人公上，以微观的视角讲述两个主人公与中老铁路的故事，将现实情境通过故事化的方式生动地呈现出来，宏大主题之下更显贴近、真实与温情。

红星新闻在本案例的"巧思"体现在多种传播形式的运用上，通过文字、图片、视频等共同叙事。习近平总书记曾指出："加强我国国际传播能力建设、提升我国国际传播效能，需要充分运用各类传播方式，通过新形式、新手段、新途径讲好中国故事、传播好中国声音。"[2] 本案例在图文和视频的共同推进中，将中老边境风光之美、友谊之美进行了良好的呈现。图文报道"中老铁路一周年｜让更多人去探索外面的世界"从政治、经济、民生等多个侧面记述铁路开通后的积极作用。视频"邂逅——中老铁路一周年"更体现了红星新闻采编人员的"巧思"——从人的故事开始，最终升华到路的故事结束，不仅是两国人民的邂逅，也是两个国家的相连。正是小人物的叙事视角加上多形式的报道呈现，促使宏大主题"落地生花"。

三、在"实"上再突破：融通中外，提升国际传播效能

当今世界正处于百年未有之大变局中，国际格局和全球治理体系正在发生重大变化。尤其在后疫情时代，人们日益感受到安全、发展、环境等问题的严峻性和复杂性，体会到"牵一发而动全身"的全球一体感。因此，在"人类命运共同体"理念之下，从媒体层面充分彰显"一带一路"倡议的价值和意义，体现其为增进人类福祉、维护世界和平与发展所做出的卓越贡献，十分必要。用鲜活、生动的例子体现中国共产党和中国政府的世界情怀和担当，为当今世界面临的严峻现实问题提出建设性的解决方案，变国际舆论场中的"他塑"为"自塑"，这相当考验媒体的国

---

[1] 陈云松、柳建坤：《当代中国国际传播：受众特征与提升路径》，《中国浦东干部学院学报》2022年第16期，第129—136页。

[2] 崔乃文：《加强我国国际传播能力建设》，《人民日报》2022年10月27日第10版。

转型中的守正与创新
——"红星新闻"典型案例解析

际传播能力。

话语权与传播能力息息相关。形成同我国综合国力和国际地位相匹配的国际话语权，必须以提升国际传播能力为基础，全面提升国际传播效能。国际传播体系覆盖是否全面、传输是否快捷、技术是否先进，关系到一个国家能否在国际社会响亮地发出自己的声音，能否向国际社会清晰地传达自己的主张，能否让国际社会准确地理解自己的立场[1]。

在本案例中，记者充分发挥获取一手资料、报道在场感强的优势，充分挖掘基于中国和老挝两国普通民众视角的事实材料，借助外籍人员出镜讲解，在接地气、聚人气的传播过程中输出我们想要表达的思想，从而提高对外传播的吸引力、感染力和影响力。系列报道贴近民生，从细小的变化中既折射出重大交通项目建设的提质增效，也展现了人民群众在交通变化过程中的获得感、幸福感、安全感。

诚然，本案例只是浩瀚的国际传播作品中的一个，却体现了红星新闻在国际传播实践中迈出的坚实一步，不仅给红星新闻后进从业者以参照，也给予全国地方性媒体以启发。在未来的同类型报道中，中国媒体有待不断丰富话语表现形式，强化话语表达逻辑，增强话语价值感召，提升重大问题对外发声能力。只有从战略传播角度出发进行多元主体的国际传播能力共建，形成顶层设计之下各部分的协同联动，才能切实提升国际传播效能。

（郑秋、王薇）

四、延伸案例

央视新闻：《中老铁路开通运营一周年：一条通向梦想的铁路》

《云南日报》：《助力"一带一路"跑出加速度——中老铁路通车运营一周年记》

---

[1] 武楠、李彬：《把准新时代新闻舆论工作的"定盘星"——读〈学习习近平关于新闻舆论的重要论述〉》，《中国记者》2022年第12期，第122-124页。

第二章 重大新闻

案例1 "病毒重构的世界"系列评论

案例2 2020年新冠疫情报道
——《等待复工的新冠肺炎治愈者：我战胜了疾病 别当我是一颗病毒》

案例3 现场直击！武汉大学中南医院重症隔离病房采用新技术抢救

案例4 重大突发"川航备降"系列报道

案例 1

"病毒重构的世界"系列评论

一、案例简介

2020年4月26日至5月1日,红星评论以全球眼光推出"病毒重构的世界"系列评论策划,从世界与人类文明的维度思索新冠病毒带来的深远影响,分为国家公共卫生体系建设、城市疫情应对、疫情中的信息传播、疫情与城市治理、疫情与法治文明、人和自然的关系重构六大命题,洞察疫情之下的格局变化。

这是国内第一组系统反思新冠肺炎疫情的评论文章,分发传播过程中配套了海报、长图等融媒体设计表达,大众流量和业内口碑均极佳。整组稿件站位高、内涵深、分析透、论证足,内容、品相、思想高度契合,其中多篇文章被国家部委、高校学界、行业媒体下属官方微信公众号全文转发。

扫码阅读案例原文

红星评论策划 | 病毒重构的世界

转型中的守正与创新
——"红星新闻"典型案例解析

二、创作札记

（一）策划思路

2020年，新冠病毒蔓延全球。虽然这不是人类第一次面临大型传染病的暴发，也有着比过去先进得多的医疗卫生条件和公共防疫体系，但人类还是深深地受到了这一新型病毒的伤害。

新冠疫情来势之猛、扩散之快、覆盖人群之广，史无前例；人与人、家与家、城与城、国与国，相互隔离；深度焦虑、恐慌弥漫、谣言泛滥……正常的生活、工作、学习节奏纷纷被打乱。但居家办公也无法让新闻人停止思考。当年3月起，红星评论逐步从日常应接不暇的疫情新闻中缓过神来，去考虑在全球化时代的"暂停"时刻，怎样进行更深层次的思索，希望超脱个案、病种、城市、国家的界限，深入历史脉络，剖析经验教训，做出理性建议，摸索疫情流向的规律。

最容易进入视野的是公共卫生应急体系。为什么已经经历了非典、埃博拉、寨卡等疫情的考验，突发性高传染高致病性疫情仍不断在发生，新冠也肯定不是人类面临的最后一次疫情。如何总结、反思历次疫情中的经验与教训，探索出一个更全面、高效的防疫体系尤其值得琢磨。

人类发展历程几乎也是城市化的进程，现代千万级大城市不断涌现，也恰恰在一定程度上方便了疫情的传播，当然也更容易集中资源遏制住疫情。如何对疫情进行准确预判，如何让医疗力量、社会资源匹配重大疫情的挑战，是任何一个世界级城市都无法回避的城市治理问题。很有必要从过往发生的疫情中，寻求指挥不当、物资紧缺、调度混乱等问题的解决之道。

面对人类认知不足的病毒，如何增强彼此的交流与信任，把一个不确定的问题化为确定的答案。国际组织如何与各国沟通，国家与国家如何增进理解而不是误解，政府官员和民众如何打交道，媒体、舆论的声音如何向理性方向发展，等等，这些疫情之下的信息传播机制问题同样不可回避。

疫情是人类生活的一种非正常状态，更是一种紧急状态，那么特殊情形下的权力与自由又有何不同呢？众多临时性应对措施的出现，需要坚实的法治基础，非常时期的社会秩序、行政作为、个人行为边界在哪里，能否开出一份对付疫情的法治文明"处方"？

经过1个多月的反复讨论和修改，报道组最终拟定了《世界准备好下一次流行病了吗？》《当超大城市遇上超级疫情》《疫情下的发声与乏声》《城市治理空间的机会》《再论"权力与自由"》《大自然在说话》6个篇目。围绕"我们是谁、我们从何处来、我们向何处去"这一哲学之问，去反思病毒来袭之下人的自处和人与社会、人与自然以及不同社会共同体之间的相处，辨析"我们向何处去"的路径逻辑。

（二）执行过程

思路明确，执行起来又困难重重。红星新闻时政评论部2019年12月才新建，人手紧缺，经验不足，专家资源奇缺。有分量的题目，必须由有分量的人物来执笔。红星评论踏上艰辛寻觅的历程。

起初，报道组将其中两篇的作者选择对象瞄向海外具有相关研究背景和处理经验的专家学者。因为时差关系，精通英语的报道组成员赵瑜不得不在凌晨向一位目标人选所在学校拨打电话，办公室人员告知该教授处于休假状态，但提供了联系邮箱。虽然未获进一步回音，但这个小插曲提高了团队联系高质量作者的信心。

专家尚未找全，却发现已经有媒体率先对疫情做出深入思考。《华尔街日报》2020年4月3日刊发美国前国务卿亨利·基辛格的文章称，新冠病毒大流行将永远改变世界秩序，各国必须面对历史性挑战：一边管控危机，一边建设未来。

时不我待，在兼顾高质量文章和专家学者时间的基础上，报道组确定邀请北京协和医学院公共卫生学院院长、国务院医改专家咨询委员会委员刘远立，中国人民大学公共政策研究院执行副院长毛寿龙，中国记协原党组成员书记处书记、中国传媒大学马克思主义新闻传播创新实践研究中心主任顾勇华，中国城市和小城镇改革发展中心首席经济学家李铁，上海交通大学特聘教授、法学院法理教研室主任范进学，从事野生动物保护多年的专栏作家宋金波，来分别撰写。

他们都在各自领域深耕多年，分别对公共卫生、秩序防疫、舆论传播、城市治

转型中的守正与创新
——"红星新闻"典型案例解析

理、权力与法治、野生动物保护有深刻的研究。其中,有些专家公务繁忙,难有充足的时间来及时完稿,一开始并未同意撰文。红星评论晓之以理,动之以情,耐心与他们交流沟通,终于一一确认。

专家们的行文风格相对专业,普通读者往往不容易读懂。如何将研究型文章调整润色为兼具知识性、可读性、关联性的媒体产品,是红星评论面临的一大考验。主编王涵和编辑们一起认真研读作者的原文,总结逻辑架构,在不改变原意的基础上提炼、增删,辅之以鲜活案例,配合既有风格,使之更加贴近读者,并与作者在碰撞中不断磨合,最终形成了整组极具品相的作品。作者对呈现效果也相当满意。

(三)社会效果

系列评论发布后,诸多新闻网站和门户网站在显著位置转载,今日头条为其设置专题。截至2020年5月7日,整组稿件全平台阅读数据超700万,在读者群体中产生了广泛、深远的影响力。

这组稿件中的多篇文章先后被国家发改委城市和小城镇改革发展中心官方微信公众号"中国城市中心"、中国传媒大学媒介与公共事务研究院官方微信公众号"媒介与公共事务研究院"、媒体行业公众号"记者站"等转发,超越了大众阅读的界限,穿透到更广阔的圈层,在政界、学界、业界拓展了红星评论的品牌知晓度与影响力。

(时政评论部主编王涵,编辑赵瑜、尹曙光、汪垠涛)

三、专业评析

引导舆论 彰显担当:
新型主流媒体在重大公共卫生事件中的评论实践

面对新冠疫情这一重大的突发性公共卫生事件,意见诉求的表达和思想观点的碰撞呈现出空前的活跃态势,加之网络传播环境的复杂化,使得新闻媒体的舆论引导难度增大，同时也呼唤新闻评论这一公共表达形态的及时出场和效能发挥。红星新闻时政评论部依托"红星评论"这个新建平台，为读者呈现了"病毒重构的世界"系列观点，结合纵向的历时性思维和横向的全球性视野，充分展现新型主流媒体的策划能力和落实效力。

一、以事实著观点：新闻评论舆论引导的效用生成

在媒介技术的驱动下，新闻传播业态不断革新，相伴而生的即是舆论环境的日渐复杂。正如2019年习近平总书记在主持中共中央政治局第十二次集体学习时所讲："全媒体不断发展，出现了全程媒体、全息媒体、全员媒体、全效媒体，信息无处不在、无所不及、无人不用，导致舆论生态、媒体格局、传播方式发生深刻变化，新闻舆论工作面临新的挑战。"[1] 随着技术的创新发展和行业的实践变迁，新闻样态更趋多元化，诸如新闻游戏等新兴事物的出现也不断重构着新闻体裁或新闻类别的划分依据与定义标准。即便如此，传统媒体在长期的实践历程中凝练出的核心经验与理念要旨，仍然具有历久弥新的价值导向及与时俱进的拓新趋向。作为一种由来已久的新闻体裁，新闻评论的独特地位表现为其"作为新闻传播的旗帜和灵魂而存在"，是"直接把握社会脉动、影响社会舆论的最权威、最有力的传播形式"[2]。而在新冠疫情肆虐全球的时代背景之下，新闻媒体的疫情评论策划既是其必不可少的业务环节，也是其作为社会公器来整合疫情信息、促进社会沟通的责任所在。

就新闻评论的功能定位而言，舆论引导堪称其中最为重要的目标追求。新闻评论的舆论引导功能是针对社会发展中的突出问题或某种现象及时解析、理性阐释、积极回应，寻求社会最大公约数的价值认同。[3] 互联网传播环境中，新闻评论的内容和形式业已发生巨变，传统的新闻评论逐渐发展为意见性信息的传播系统，其内

---

[1] 《习近平主持中共中央政治局第十二次集体学习并发表重要讲话》，中国政府网，http://www.gov.cn/xinwen/2019-01/25/content_5361197.htm。
[2] 丁法章：《当代新闻评论教程》，复旦大学出版社2012年版，第6页。
[3] 操慧等：《新闻评论教程：原理、方法与应用》，四川大学出版社2019年版，第35页。

涵越来越丰富，外延越来越扩大。① 正因如此，新闻评论在发挥舆论引导功能时所面临的问题难度也前所未有。而新冠病毒带来的不仅是影响广泛的全球化疫情，还有瞬息万变的网络化舆情，由于公众对疫情信息的急迫获知需求与其甄别判断能力存在出入，所以涉疫舆论的引导工作难上加难，同时更显必要。

面对纷繁复杂的疫情舆情，基于客观事实著写观点论说恰是"万变不离其宗"的破题法门。尤其是在网络环境中，评论主体、立场、渠道、符号均呈现出鲜明的多样化特征，这在丰富评论形态的同时，也增加了信息失实失真的可能性。疫情的规模化暴发往往伴随着谣言的集中化生发，这要求新闻媒体自身需严格遵循新闻的真实性与客观性原则，严核信息来源，严防舆论误导。红星评论的实践表明，只有将客观的事实线索注入主观的观点阐释，才能形成权威、可靠的评论文本，从而达致引导舆论向好向善的效用生成，并为社会公众提供论出有据的意见参照。

此外，新闻评论还具备"类知识化"的思想属性与社会功能，相对于其他新闻样式，它是最接近公共知识生产的一种话语实践。② 由此而言，新闻评论即是从媒体层面的意见表达导向社会层面的知识传播。在新冠疫情这类公共卫生事件中，网络谣言的滋生及舆论走向的偏航，一定程度上源于公众对专业知识了解的不足，从而导致思维认知的偏差或信息传受的误差。就红星评论推出的"病毒重构的世界"系列评论而言，其评论人员和评论内容都具有突出的专业化属性，在涉疫公共知识的生产与传播过程中，能够有力促进舆论引导效用的强化。

二、以多元筑特色：红星评论专题策划的效果彰显

红星评论作为红星新闻旗下独具标识的评论频道，其在近年的传媒生态变迁进程中历经了从一般性新闻栏目到特色化媒体品牌的转向，并在抓准"观点有趣、行文至软、理性有力"之自我定位的同时，积极利用微信公众号等新媒体平台来构建专门的观点集群和意见网络。"红星评论"微信公众号的注册开通恰与新冠疫情的

---

① 涂光晋、吴惠凡：《表达·交流·争论·整合——新媒体时代新闻评论的变化与反思》，《国际新闻界》2011年第5期，第16—23页。
② 刘涛：《作为知识生产的新闻评论：知识话语呈现的公共修辞与框架再造》，《新闻大学》2016年第6期，第100—108页。

集中暴发在时间上大致同步，对红星评论而言，涉疫评论的专题策划既是响应抗疫的媒体职责，也是迎难而上、应时而为的关键评论实践。

红星评论推出的"病毒重构的世界"系列评论，邀请了公共卫生、公共管理、新闻传播、法学等多个领域的权威人士来对涉疫问题进行多角度、多层次、高水平的论证剖析，既带有传统媒体"特约评论员文章"的体裁风格，也充分发挥了新媒体在信息集纳和分类方面的平台优势。从策划到实施，该系列评论先行预热铺垫，后有序接力，且专设人物海报，注重视觉呈现，形成了规模化的传播阵列和独特化的符号表达。从具体内容来看，评论文章在选题立论、论证手法、策略表达等层面的多元化取向正是红星评论构筑其品牌特色的路径选择。

选题立论方面，六篇评论分别从人类抗疫历程、城市防疫举措、疫情报道、城市治理、权力尺度、人与自然的关系等方面切入，兼涉历史思维与全球视野，论及与防疫抗疫相关的诸多问题，其立意之高、目光之远，正体现了红星评论的策划布局之精、专家选取之准。论证手法方面，该系列评论尤其善用对比与例证，在不同历史时期或不同空间地域的纵横比较中导向现实问题，并适时引入切实相关的具体案例，有效增强自身观点的说服力。此外，这些评论文章对数据图例的运用以及对权威文本的引用，也正是其基于事实表达意见的直接体现，如毛寿龙在《当超大城市遇上超级疫情》中借病例数据分析疫情形势，另如范进学的《再论"权力与自由"》，不仅引据《中华人民共和国突发事件应对法》的有关法条，而且参照国外法律的相关表述，显示出涉疫新闻评论的严谨性与学理性。策略表达方面，鉴于受众对专业意见的获知需求，评论者大都依据自己擅长领域和所得经验，在文章最后部分针对问题或面向未来而提出建设性意见，如刘远立所作《世界准备好下一次流行病了吗？》即在文末提出中国参与全球疫情防控的主要着力点，再如李铁的《城市治理空间的机会》也对互联网公司如何应对新挑战的问题提出己见。这些意见表达既是评论者专业素养的体现，也是红星新闻这类新型主流媒体在突发性公共卫生事件中担当社会责任的表现。专题策划的多元取向使得"病毒重构的世界"系列评论实现多平台直发与转载的效果强化，也有益于扩大红星评论的品牌影响。

三、以评论助治理：主流媒体社会参与的效益转化

红星评论"病毒重构的世界"系列文章的发布与传播，可谓是融媒体时代新型主流媒体开展评论实践的缩影。一方面，新型主流媒体的建设发展意在更好地传递社会主流价值，并优化媒体在网络空间的舆论引导功能，变单向疏导为协商互动，这也使其越来越成为社会治理体系中的关键构件；另一方面，新闻评论在新的传播业态和社会环境中展现出新的价值定位，正如有研究者指出，新闻评论承载多元主体与转型社会的深度互动，其在想象层面以普遍的价值期待确立社会共识，在认知层面以专业性提升评论文本的传播效率，在建构层面以建设性姿态积极介入现代社会治理共同体[1]。两相对照，新型主流媒体的新闻评论实际由单向式、平面化的业务生产转入多向式、立体化的治理参与，而对传播效益的追求最终即对标社会效益的需求。

新冠疫情的防控应对，实际上也为新型主流媒体的社会治理参与提供了全新命题。在这一全球性、突发性的重大公共卫生事件中，事实真相时显时隐，意见立场碰撞交荡，情感诉求表达强烈，而媒体就需以新闻评论来促进沟通对话，纾解公众情绪，引领舆论正确走向，维护社会良好共识。从国际范围来看，新型主流媒体的评论实践是参与全球疫情防控的必要对话方式，能够促进疫情防控的全球协作和经验共享，同时还是应对国际舆论环境中疫情政治化倾向的意见表达途径。

除了红星评论的此次策划，疫情期间众多有价值、有创意的评论实践也助力新型主流媒体不断提升舆论工作的引导力、传播力、影响力和公信力，并助益于安定人心与稳定社会，从而推动新型主流媒体建设与现代化治理体系建设的整体协进。

（林丽）

---

[1] 翁之颢：《新闻评论：多元主体的社会想象、认知与建构》，《中国编辑》2022年第1期，第25—29页。

四、延伸案例

红星评论：《毛寿龙：新冠这两年，我们在"斗争"中成长了吗》

红星评论：《科学抗疫：终结新冠的"终极捕手"在哪》

人民日报评论：《抗击疫情，没有"灾难经济学"》

新京报评论：《"三阴"感染者出现，如何揪出"躲猫猫"的新冠病毒？》

转型中的守正与创新
——"红星新闻"典型案例解析

案例 2

2020 年新冠疫情报道
—— 《等待复工的新冠肺炎治愈者：我战胜了疾病 别当我是一颗病毒》

一、案例简介

2020 年 1 月 20 日，中央针对新冠疫情召开专题会议，红星新闻立即在红星新闻客户端搭建《关注新型冠状病毒感染的肺炎疫情》专题，新建"阻击疫情"频道，开启全程、全时、全方位的疫情报道，标志着我们的疫情报道全面拉开。

2020 年红星新闻疫情系列报道可以分为疫情初期、暴发期与稳定期三个阶段。红星新闻自成立专题报道工作组以来，整合打通全部门、联动全平台，运用图文、直播、视频、可视化产品等多种形态报道方式，以及定点、定向的分发策略，形成有重点、有步骤、有思路的一体化"作战"机制。

在疫情初期，红星新闻紧盯官方通报，实时动态报道；同时通过实地采访等方式进行进程式报道。

而在疫情暴发期，红星的战"疫"报道可总结为四个方面。

第一，"速度优先"，及时准确发布疫情动态，包括权威信息、疫情数据、科普辟谣等，及时传递第一手信息。此类报道信源主要来自相关权威渠道，由运营中心负责转载、提炼完成。

第二，聚焦武汉一线报道。我们第一时间先后派出王效、王震华、任江波、潘俊文、王勤、王拓和陶轲 7 名记者前往武汉进行前线报道。根据疫情发展的重要时间节点，推出多个极具全网影响力的产品。比如王效在全国媒体中率先进入重症病房，直击危重症患者的救治，推出报道《现场直击！武汉大学中南医院重症隔离病房采用新技术抢救》。

第二章　重大新闻

武汉疫情一线首批记者中的 5 位（红星新闻　供图）

2020 年 1 月 23 日除夕夜，记者王震华、任江波在武汉大学中南医院重症监护室的医护人员休息室里，和医生护士们一起吃了年夜饭——盒饭和酸奶。任江波采访了一位 21 岁的一线女护士，在高危重压环境下仍乐观阳光。第二天，他又马不停蹄前往正在加紧建设的火神山隔离医院现场，第一次用手机做直播。1 月 24 日，武汉版小汤山医院（即"火神山"医院）开建时，我们在全国媒体中首个赶到工地现场，推出《武汉版小汤山开建！现场上百台机械同时开挖》直播、图文报道。

1 月 23 日武汉封城首日，我们推出图文报道《"封城"后的武汉》。实际上武汉封城后，酒店为安全考虑暂时关闭，需要记者们第二天一早搬离，记者潘俊文等三人拖着行李开始了街头流浪。幸而在武汉当地志愿者的帮助下，记者找到一家公寓老板免费提供住宿。还有一次深夜采访结束后，记者要回十几公里外的住处，但根本打不到车。幸而敲开了路边一家商户的门，店主的车恰好是爱心的士，在回去的路上记者还完成了一次采访。

第三，坚持深度报道。一方面紧跟热点、突发，力争突破核心采访对象，保证深度和速度，如记者沈杏怡的"黄女士系列跟踪报道"及记者罗梦婕、罗丹妮、任江波撰写的《红星调查｜武汉"解封"3.5 小时，究竟有多少人"抢跑"出城？》

等内容；另一方面则是深挖第二落点或第三落点持续跟进，例如专访高级别权威专家（官员），就民众关心的问题进行及时解答，通过"知名人物"＋"热点事件"的操作方式，可以取得"1＋1＞2"的效果，产出了《武汉为何没更早时间"封城"？卫健委高级别专家这样说》《专访中国－世卫组织考察组成员王广发：与SARS相比，医院没有成为传染源》等报道。

第四，专题策划报道。除了热点事件，我们主动设置议题，关注抗疫一线的医护人员、新冠知识科普、及时辟谣等领域，推出《前线日记》《认识疫情，科学防控》《红星现场｜直击抗疫一线》等内容。

当国内疫情进入稳定期后，媒体报道也进入报道的下半场。在这一阶段，红星新闻在紧跟舆论热点的基础上，加强深度策划类产品，力求描绘疫情阻击战的历史画卷，带给大众思考与借鉴。先后推出"疫鉴"系列深度报道、《新冠时期口述史》。此外，国际疫情成为主战场后，红星新闻同样将报道重点转向了全球范围，每天早上实时推出"全球疫情早报"等。

扫码阅读案例原文

等待复工的新冠肺炎治愈者：我战胜了疾病
别当我是一颗病毒

二、创作札记

（一）策划思路

2020年疫情发生后，媒体的职责除了告诉大家发生了什么、为什么会发生，更希望通过报道反思我们从中能汲取的教训。

深度报道中心分管领导蒋勇牵头策划"疫鉴"系列深度报道，该系列报道通过《一只口罩背后的问号》《一次坚持不懈的预警》《一场万家宴之后的舆论漩涡》《几个新冠患者的求医经历》《三个普通家庭的抗疫战争》等多篇深度报道，试图描绘疫情阻击战的历史画卷，记录普通生命的顽强抗争，为人类远离疫困提供鉴戒。

疫情后半场，武汉连续清零，大量患者出院，湖北乃至武汉将逐步解封，而人，是所有领域离不开的核心，因此深度报道中心又将重点转向关注几个人群：

1. 重症病人

大量患者痊愈后，重症病人是最后待解的难题，他们的现状如何？我们专访重症专家予以解读，推出了《武汉连续4日零新增，仍有1794名重症患者 他们的救治情况如何？》（记者潘俊文）。

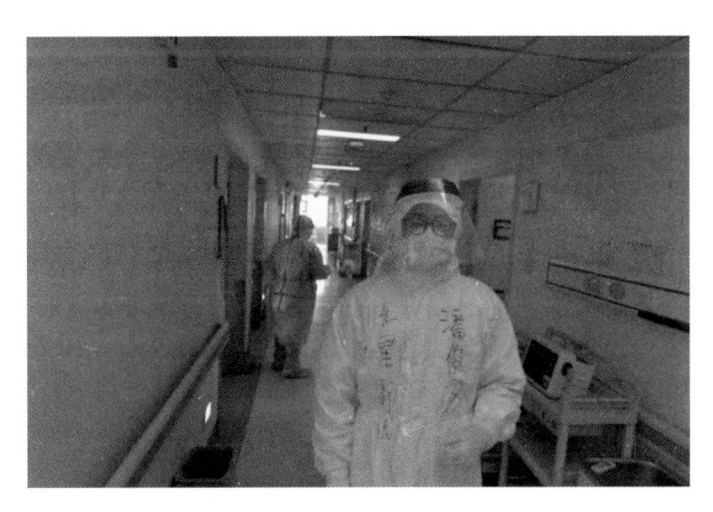

记者潘俊文在武汉（红星新闻 供图）

2. 复阳者

患者康复后的新问题，就是复阳，这不但关系着大家的健康，更关系着疫情会不会再次反复。为此记者王震华报道的《被爆"遭推诿"的武汉复阳患者背后：不是不收，而是已非定点医院》，独家解读了复阳患者遇到的问题。

3. 痊愈者

疫情逐渐向好，大家都要回归正常生活，复工是大势所趋。关于痊愈的患者们回到社会后面临怎样的困境，我们推出了《等待复工的新冠肺炎治愈者：我战胜了

疾病　别当我是一颗病毒》。

4. 试药者

疫情发生后，药物的研究是大家关注的重点，防范新冠疫情再次发生，疫苗是重中之重。为此我们关注了新冠疫苗的志愿者群体，推出《专访新冠疫苗首批志愿者：从顾虑重重到满心期盼》（记者彭莉）。

5. 滞留者

湖北已经逐步解封，武汉到底还要等多久，滞留在武汉的外地人怎么样了？我们推出了《湖北逐渐解封，武汉人何时可以出城？官方这样说》（记者罗丹妮）、《官方回应"志愿者离汉难"：系特殊群体，将特事特办》（记者罗梦婕）。

6. 武汉人

除了外地滞留的人们，武汉本地人在疫情中如何回归正常生活？社区是社会基层单位，我们将关注点放在无疫情小区和此前陷入风暴的百步亭这两种典型的社区上，独家推出《武汉两天双清零　无疫情小区有的组织居民理发，有的仍不让下楼》（记者任江波）、《回访百步亭：已有 23 个无疫情小区》（记者潘俊文）。

7. 复工人群

疫情后，各行各业面临巨大的挑战，各类企业在此次灾难中面临生死存亡的困局。这组报道选取广东"世界工厂"东莞制造业（记者韦星）、云南旅游业的"最大罗平油菜花"（记者刘木木）、武汉服务业的网红店主（记者王震华）、日本的海外旅行社（记者沈杏怡）四个代表性地域的经济模式，解析四种典型企业中的人们面临的现状和求索路径，以此剖析经济复苏面临的困难和问题结症。

以《等待复工的新冠肺炎治愈者：我战胜了疾病　别当我是一颗病毒》一稿为例，当时武汉暴发新冠肺炎疫情不久，人们对新冠肺炎疫情的了解仍处于摸索之中。不难理解，一个得过新冠的人，即便痊愈，短期内也难以回归正常轨道。而更重要的是，在当时大家对新冠疫情极度恐慌的语境下，很多患者即便痊愈，也面临异样的眼光和周围或多或少的排挤。深度报道中心主持工作的副主编蓝婧认为，我们应该寻找到这样的治愈者，为他们发声，让大家正确认识新冠，正确认识新冠患者，因此安排首席记者刘木木来执行这个选题。

（二）执行过程

刘木木留意到车女士，是因为云南红河州第一人民医院的一篇外宣文章。当时，云南省委省政府应对新型冠状病毒感染肺炎防控工作新闻发布会宣称，疫情暴发后云南首例确诊病例（车女士）治愈出院。

32岁的车女士是红河州蒙自市文澜镇人，曾在武汉的超市从事销售工作。她的老板温柔善良。2020年1月16日，她从武汉回到蒙自。1月24日早晨，车女士开始出现胸闷，伴头晕，无气促、心悸，无咳嗽、咳痰、咽痛，测量体温未发热，遂到蒙自市人民医院就诊，并留院检查。经采集样本送州疾控中心进行新型冠状病毒核酸检测，结果呈阳性，车女士随即转入红河州第一人民医院。

彼时疫情给公众的印象是来势汹汹，不可战胜，可实际上，车女士只在医院治疗了一周便转阴。在出院照片中，车女士一袭黑衣，抱着鲜花。她站在正中央，两边有数名医护人员相随。这张照片释放出积极信号，即新冠肺炎可治愈，调整心态，积极配合医生，就能恢复健康。每一名康复患者，都有权利回到正常的生活中。可车女士没想到，对她而言，这种回归是如此艰难。

在村里的多个微信群，她成了那个被讨论最多的女人。盯着村中微信群里一条条滚动的留言，她无力解释。她向我描述，"当时好像我就是一颗病毒"。诋毁也随之而来，"有几个人说，明明知道自己被传染了，还把病毒从武汉带回老家来"。这终于触碰到了她的底线。忍无可忍，她报了警。她想回到从前，有稳定的工作，过上正常的生活。她家境不算好，婆婆是环卫工，有两个孩子需要她养活。

她说，"复工"的前提，是要让周围的人"忘记"她是一名病人。

（三）社会效果

《等待复工的新冠肺炎治愈者：我战胜了疾病　别当我是一颗病毒》一稿刊发后，引发了网络热议。"我的同事也得了，内心讲，我不愿跟她一起上班。"一名网友坦言。疫情面前人人自危，对康复者歧视也好，包容也罢，都是正常。可混乱之中，谁也不能绝对保证自己不会成为车女士老家的村里人。车女士是疫情暴发以来我国第一位直面媒体的新冠肺炎治愈者，从我们的报道开始，外界听到了他们的

转型中的守正与创新
——"红星新闻"典型案例解析

声音。

上述报道版权被腾讯新闻独家购买，放在重点位置推荐，红星新闻还专门配发评论，可见报道提出的问题的确值得重视、解决，不久，国内其他媒体也提出类似社会问题。

武汉疫情发生后，媒体的职责除了告诉大家发生了什么、为什么会发生，还要总结此次事件中汲取了怎样的教训。深度报道中心提前策划，推出多组头部报道，试图描绘疫情阻击战的历史画卷，求解应急物资紧缺之惑、求证应急预警质疑之困、求索疫情科学防控之本，记录普通生命的顽强抗争，为人类远离疫困提供鉴戒，提升了红星新闻在疫情报道中的品质和影响力。

（深度报道中心副主编蓝婧、首席记者刘木木）

三、专业评析

疫情下的社会群像
以人为本，描绘历史画卷

2020年3月，国内疫情逐渐进入稳定期，媒体也进入报道的下半场。随着多地有序复工复产，新冠肺炎痊愈者的复工问题受到广泛关注。红星新闻关注到痊愈者回归正常生活所面临的困境，推出了深度报道《等待复工的新冠肺炎治愈者：我战胜了疾病　别当我是一颗病毒》，第一次向全社会展示了新冠肺炎痊愈者的真实生活处境。

一、着眼社会问题，捕捉新闻事实

全媒体时代的来临使得新闻媒体之间的竞争日趋激烈。新闻媒体依靠新闻人才与新闻作品提升自身竞争力，而新闻人才和作品竞争的实质和核心是新闻发现的竞争。新闻线索的发现依赖新闻记者的敏感度。新闻事件无处不在，无时不有，而具有新闻价值与传播价值的新闻事实一定是与社会问题息息相关的。新闻记者应当具备慧眼识珠的能力，着眼社会问题，捕捉具有新闻价值的新闻事实，准确把握事实的侧重面，创造出适应时代发展需要的精品新闻作品。

2020年3月起，全国疫情形势趋于稳定，各大城市逐步解封，大量患者出院，社会全面复工复产在即。红星新闻记者立足于当下社会环境，敏锐地捕捉到了复工复产这一新闻线索，聚焦于受新冠疫情影响的不同群体，尤其是关注新冠肺炎痊愈者的生存困境，推出了深度报道《等待复工的新冠肺炎治愈者：我战胜了疾病 别当我是一颗病毒》。红星新闻记者刘木木从云南红河州第一人民医院的一篇外宣文章中留意到了疫情暴发后云南首例确诊并治愈出院的病例车女士，并以她为主要报道对象，聚焦车女士出院后面临的社区歧视问题与"复工"困境，由点及面辐射到新冠肺炎治愈者所受到的社会歧视问题。车女士是疫情暴发以来我国第一位直面媒体发声的新冠肺炎治愈者。从红星新闻的这篇报道开始，社会各界听到了新冠治愈者的声音，也开始重新审视对于新冠肺炎患者的"歧视性隐喻"问题。

习近平总书记所强调的新闻舆论工作者"四力"中的"眼力"，既是新闻工作者善于发现新闻、准确判断新闻、及时报道新闻的基本素质，也是新闻工作者职业特征的要求和表现。新闻工作者需要增强"眼力"，不断淬炼观察力、发现力、判断力、辨别力，看清形势，找准问题，捕捉线索，勇立时代发展潮头。红星新闻的报道《等待复工的新冠肺炎治愈者：我战胜了疾病 别当我是一颗病毒》着眼于新冠肺炎痊愈者所面临的社会歧视问题，为新冠肺炎痊愈者发声，引导大众对新冠疫情及新冠疫情患者建立正确的认知，体现了一种眼力境界，也体现了新闻工作者的家国情怀与责任担当。

二、回归人文本位，安抚社会情绪

如乌尔里希·贝克所言，"工业社会在为人类创造了巨大财富的同时，也为人类带来了巨大的风险，人为制造的风险开始充斥着整个世界，在工业社会以后，人类已经进入一个以风险为本质特征的风险社会"[①]。风险社会中，"不明与未知"主导着大众情绪。而突如其来的新冠疫情无疑是全人类所面临的一场需要共同抵抗的

---

① 高婷：《突发公共事件报道的变迁研究》，安徽师范大学出版社2017年版，第17页。

转型中的守正与创新
——"红星新闻"典型案例解析

灾难事件。新闻业作为深嵌人们的日常生活，建构并影响着人们日常认知与实践的产业，需要承担起聚焦社会问题、回应社会关切、引导与安抚大众情绪的职责。

因此，针对此次新冠疫情的报道，不仅仅需要以数据为导向，准确发布疫情动态，及时传递一手信息，还需要坚持人文本位，聚焦普通大众的切实苦难，关注危机中的个体，以此牵动受众情感，并做出合理引导，安抚社会情绪。

2020年3月，虽然新冠疫情已经逐渐向好，但部分社会大众依然戴着有色眼镜审视新冠肺炎的感染者与痊愈者。疫情是共同的敌人，同胞不是。社会需要有人替感染者与痊愈者发声。

红星新闻报道《等待复工的新冠肺炎治愈者：我战胜了疾病　别当我是一颗病毒》用最朴实的语句展现了感染新冠疫情的平凡人的生活。车女士作为该篇报道的主要对象，其心路历程被书写得历历在目。从初回乡时被误解的委屈到对自身不幸感染新冠肺炎的恐慌，再到受医生疏导后的平常心，以及痊愈后对人情冷暖的深刻感知，车女士的经历映射了受到新冠疫情影响的每一个普通人的生活经历，唤起了受众的共情。

"伤心""疑虑""安慰"，这是《等待复工的新冠肺炎治愈者：我战胜了疾病　别当我是一颗病毒》报道中所使用的三个小标题。用与情感直接关联的词语作为文章三部分的总结，很好地展示了文章想要传达的情感变化，也让读者阅读的情感体验更加直观。此外，还有一个核心事实贯穿于整篇文章的陈述：新冠疫情影响下普通大众因停工停产而面临的重重困难。文章结尾巧妙运用车女士对于武汉解封与复工复产的希望，呼应了社会大众对于复工复产的希冀之情，也传达了昂扬向上的情感基调。同时，用车女士"打算再熬两个月，实在不行，打算换城市工作"的话道出了"车到山前必有路"的价值引导。

建设性新闻的理念认为，新兴新闻实践应当承担起公众情绪疏导、社会共识凝聚和认同建构，以及公众情绪治理的功能。红星新闻《等待复工的新冠肺炎治愈者：我战胜了疾病　别当我是一颗病毒》一文充分聚焦人文本位，坚持"以人为本"的报道理念，从普通人的切实生活出发，展示并回应社会问题，并运用他者视角传递上下齐心、共同抗疫的主流价值导向，回应并安抚了社会情绪。

三、展现不同声音,描绘历史画卷

新闻真实的最高层次为本质真实,即新闻报道需要通过对事实的报道揭示事实的本质。新闻报道逼近本质真实需要保证报道视角的多样化,全面展示处于不同立场、不同处境的不同声音,力求描绘一幅刻画整体的历史画卷。

红星新闻《等待复工的新冠肺炎治愈者:我战胜了疾病 别当我是一颗病毒》一文在对痊愈者车女士的报道过程中,也穿插着对同样是痊愈者的叶先生及因与叶先生接触而被封控的陈先生的报道。多角度的报道有利于对整体真实、本质真实的刻画。文章最后运用车女士收到诋毁者的道歉信这一信息,隐喻性地表达了对新冠疫情患者歧视的不正确性。

在这一篇报道中,红星新闻并没有仅仅采用车女士一人的经历作为报道内容,而是寻找了与其有着同样遭遇的叶先生,以及对痊愈者心存芥蒂的陈先生,展现了来自不同立场群体的不同声音,全面勾画出当下社会中新冠疫情感染者、痊愈者的处境,以及其他大众对于新冠疫情感染者的认知情况。

同时,在疫情的后半场,多地确诊人数清零,逐步走向复产复工,而"人"依旧是所有领域的核心。在这样的大背景之下,红星新闻还推出了以不同人群为主要报道对象的系列深度报道,其中包括对重症病人的报道《武汉连续 4 日零新增,仍有 1794 名重症患者 他们的救治情况如何?》,对复阳者的报道《被爆"遭推诿"的武汉复阳患者背后:不是不收,而是已非定点医院》,对试药者的报道《专访新冠疫苗首批志愿者:从顾虑重重到满心期盼》,对武汉滞留者的报道《湖北逐渐解封,武汉人何时可以出城?官方这样说》《官方回应"志愿者离汉难":系特殊群体,将特事特办》,以及对武汉人民的报道《武汉两天双清零 无疫情小区有的组织居民理发,有的仍不让下楼》《回访百步亭:已有 23 个无疫情小区》。上述报道与对等待复工者、痊愈者的报道《等待复工的新冠肺炎治愈者:我战胜了疾病 别当我是一颗病毒》共同勾画出疫情防控进入平稳时期中国社会的人生百态。

在疫情的后半场,以人为主体的多视角报道描绘了一幅新冠疫情阻击战的历史画卷,展现了不同身份、不同处境、不同地域人民共同抗击新冠疫情的行动与决心。新闻终将成为历史,新闻报道也终将成为史料,做新闻就是写历史。红星新闻

转型中的守正与创新
——"红星新闻"典型案例解析

对于新冠疫情时期多角度全面呈现的报道，将成为后人了解这段历史的导向标。

（胡昕炜）

四、延伸案例

每日经济新闻：《战"疫"实录｜滞留武汉 40 天群像：有人一天一顿饭 有人计划走路出武汉》

案例 3

现场直击！武汉大学中南医院重症隔离病房采用新技术抢救

一、案例简介

2020年1月22日凌晨，红星新闻视频与视觉中心首席记者王效抵达武汉，此行任务是报道武汉抗击新冠疫情的情况。当天下午，视频与视觉中心主编郭峰从一条文字快讯中获悉，武汉大学中南医院正在采用体外膜肺氧合（ECMO）新技术对重症患者进行抢救。记者迅速对接了武大中南医院，院方表示可以接受红星新闻记者的采访，但是不能确定是否可以进入现场拍摄。

王效随即赶到武大中南医院，院方表示不能进入重症监护区（ICU）拍摄，因为实在太危险了。经过耐心、细致的沟通，院方最终同意红星新闻记者作为唯一进入ICU的记者，现场拍摄见证了运用新技术对重症患者的抢救。这也是关于ECMO技术治疗的首批短视频产品，整组作品不仅有治疗的新技术，还有病房里的温暖对话，在疫情最敏感的时期为大众提振了信心，起到了正向引导的重要作用。

扫码阅读案例原文

现场直击！武汉大学中南医院重症隔离病房
采用新技术抢救

转型中的守正与创新
——"红星新闻"典型案例解析

二、创作札记

（一）线索判断

2020年1月底新冠疫情形势日趋严峻。中央对武汉地区出现的疫情提出重要防控指示。成都商报社正式介入新冠疫情报道，记者进入武汉进行实地报道。当时，关于武汉多所医院的疫情防治情况，我们没有掌握特别多的内情，只能通过各种官方渠道及私人渠道打听，在获知武大中南医院在用新技术抢救病人后，红星新闻前方记者王效第一时间联系了武大中南医院院方，在当时的舆情环境下，院方非常欢迎记者的采访，但也非常担心记者的安危。因此，是否进入ICU是一个关键问题，从获取新闻的角度而言肯定是要进入新闻发生的核心，才能真正拍到内容，但是进入ICU，意味着被传染的风险大大增加。王效是一个有着十多年丰富的突发重大新闻报道经验的摄影记者，非常敬业，当得知这条线索时，他义无反顾地表示一定进入ICU拍摄，拿回第一手素材。

（二）采拍过程

当天，王效打车来到武大中南医院，大厅里全是戴着口罩等待就医的病人，医务人员穿戴着严密的防护服，气氛很压抑。在医院1号楼8楼，院方负责宣传的高部长同意了王效的采访请求，并表示可以安排一位专家接受采访。

王效提出希望能去现场拍摄ECMO技术如何用于治疗，以及医护人员的真实工作情况。高部长表示："机器在重症隔离病房，一般的病人在普通隔离病房，不建议进入病房拍摄。"出于安全考虑，高部长并未同意记者进入，表示可以提供一些影像资料给记者。

"进不了ICU，就不能抵达新闻最核心的地点，拍不到最核心的新闻画面，就不能给大众呈现最真实的救援情况。"因此，王效并不甘心，几轮"争取"过后，高部长让王效在重症隔离病房和普通病房选择一处进行拍摄，王效选择了到重症隔离病房。

为了较少污染，他仅带上了最少的设备，手机录视频，相机拍照片，医护人员一步一步地指导穿戴防护设备。踏进隔离区，ICU床上躺着正在接受治疗的病人，医护人员监控床边的仪器参数，并做记录。在病区，有一位病人没有躺在床上，而是坐在椅子上休息。王效把手机和相机端在隔离服前，用视频记录着，这时医护人员从王效的镜头旁走过，她告诉王效"这个是我们最棒的病人"，边走边向病人竖起了大拇指。这一幕被忠实地记录了下来。而在随后王效和病人的聊天中才知道，这位被称作"最棒的病人"的亲人已经在这里不幸去世，他坚强地在这里帮助着其他病人。

在这里，王效见到了ECMO新技术，医护人员正在用这个设备对重症患者进行救治。通过与医护人员的对话，王效了解了新技术在运用中的基本情况。在一个小时左右的拍摄中，重症监护区是忙碌而有序的。

2020年1月22日武汉大学中南医院重症隔离病房，一位医护人员正在检查ECMO仪器（红星新闻 供图）

（三）编辑过程

王效在前方进行采访时，视频与视觉中心副主编郭广宇带着视频编辑罗雨薇、谢钊等一直密切关注着前方的进展。王效走出重症监护室以后，在医院一段段将拍摄的素材迅速回传给后方，后方编辑根据视频拍摄内容撰写稿件，同时向前方核实

转型中的守正与创新
——"红星新闻"典型案例解析

要素,最后再进行编辑。对于王效发回来的每一帧素材,编辑都逐秒逐帧地仔细筛选,由于隔着防护服录制,收音效果较差,编辑利用音效编辑器尽量修复传回来的声音,采取降噪和增益的方式让现场音更加清晰。同时,精准地从画面中找到ECMO的使用细节,以及"最棒的病人"相关素材,迅速制作出既有新闻价值又感动万千网友的《重症监护室里最棒的病人》《现场直击!武汉大学中南医院重症隔离病房采用新技术抢救》短视频。

这是一段无声的默契配合,王效负责基本要素的文案撰写,编辑负责默默细读所有回传的影像素材,从素材中与记者建立了沟通,最终让这个作品迅速呈现。整个视频逻辑清晰,将感人的对话与新技术治疗相结合,在抖音平台上迅速获得超百万次的点赞,在其他分发平台也获得了网友的肯定。

(四)社会效果

《现场直击!武汉大学中南医院重症隔离病房采用新技术抢救》短视频现场新闻报道,是记者依靠勇敢的突破、细致的捕捉,后方编辑精细化编辑的一个典型案例,成功获得四川新闻奖短视频现场新闻类一等奖。短视频现场新闻报道最重要的就是镜头里要有核心现场的画面,在这个视频里最新技术的使用与医患之间的感情交流形成完美融合,既有感动,也有振奋人心的新闻。

整个作品节奏明快、逻辑清晰,使用画面和同期声恰当,传递信息准确、明晰,传达的情感也很克制,把握好了度。这样平实的表达方式,对于突发新闻报道来说是非常需要坚守的准则。

相关作品在抖音平台达2200万+,点赞103万,评论超过2.7万条;在快手平台播放量超过1088万+,点赞超过54万。全平台播放量超过4000万,获得了良好的传播效果,特别是在疫情报道的初期起到了提振信心、传递感动的作用。

(视频与视觉中心副主编郭广宇、首席记者王效)

三、专业评析

价值认同与情感归属：融媒体产品在价值、语态、内容及形态等维度的深度融合

一、价值呈现：把握社会热点，回应公众关切

当突发性公共卫生事件发生时，新闻媒体应积极发挥自身"瞭望塔"的作用，承担好环境监测的职能，将灾难事件中的真实情况快速传递给社会公众，提供最新灾情信息，做好舆论引导，安抚社会公众情绪。2020年初，新冠疫情暴发，国内各主流媒体利用新兴媒体产出了一批优质的融媒体产品，在内容价值上牢牢把握社会热点，将公众最关心的疫情最新情况快速、准确地传递出来，第一时间回应了社会公众的关切，引导公众用理性、客观的态度看待疫情，助力抗击疫情。同时，主流媒体也通过"暖视频""暖新闻"讲述抗击疫情中的感人故事，疏导及安抚了新冠疫情中社会公众的不安情绪。

2020年1月22日，红星新闻发布融媒体产品《现场直击！武汉大学中南医院重症隔离病房采用新技术抢救》，通过多个短视频及图文的报道形式，向社会公众传递了武汉大学中南医院使用ECMO新技术对重症患者进行抢救的真实现场情况，同时《重症监护室里最棒的病人》用视频的形式还原了医患之间暖心的感人故事，向社会公众既传递了疫情最新救援信息，又传递了温暖关爱的感情支持，发挥了主流媒体的舆论引导与服务公众功能。此外，澎湃新闻、央视新闻等主流媒体也纷纷通过优质的融媒体产品，记录了最真实的抗疫现场，讲述了真暖心抗疫故事，一起构建了全国人民团结一致、众志成城抗击疫情的集体记忆。1月23日，首例新冠疫情病毒治愈者出院，澎湃新闻发布了短视频《首例治愈者出院前焚烧衣物 全方位检查》，从治愈者的视角记录了出院前的准备工作，从正面解答了"如何确定患者被治愈""康复者是否不会再传染"等社会公众关切的问题。2020年2月4日，

转型中的守正与创新
——"红星新闻"典型案例解析

央视新闻在微信平台发布《独家视频！火神山一线实录》，新闻记者跟随军队抽组的1400名医护人员走进"火神山"医院现场，全方位记录了医院的救援准备工作，振奋了全国人民抗击疫情的信心。

二、叙事视角：突出个体叙事，激发情感共鸣

在社交媒体时代，传播模式已经从"大众门户"模式转变为以用户节点为中心的"个人门户"模式，个体的力量和价值正在被凸显。与此同时，随着传受关系的变革，网络话语模式向"接近性、平民性"转变，"社交化""分享化""情感因子"成为新的价值坐标。面对新的传媒环境，主流媒体在内容生产和传播方面也需顺势而为，遵循社会媒体时代的传播规律，突出个体叙事，以普通人的动人故事触动受众的内心情感，吸引受众点赞、评论及转发分享。

新冠疫情期间，红星新闻推出的融媒体产品《现场直击！武汉大学中南医院重症隔离病房采用新技术抢救》，便遵循了新兴媒体的传播规律。在话语叙事方面，突出个体叙事，把镜头对准人民群众的抗疫行动，通过视频和图片的形式记录了被防护服包裹得严严实实的医护人员忙碌的身影，讲述了武汉大学中南医院重症隔离病房里"最棒的病人"的感人故事。这篇新闻报道中的短视频在全平台收获超过4000万的播放量，正是因为其以新冠疫情中普通人的视角，展现了平凡人的伟大，围绕医护工作者的辛苦付出、社会小人物的积极乐观，以诉诸情感为传播要点，截取感人片段引发共情、传递感动、稳定民心，以情感驱动受众转发分享新闻报道，让社会公众感到全国人民凝聚一心的精神和力量。

三、内容质量：注重新闻时效，深入实地采访

社交媒体不仅带来了传播模式的变革，也带来了海量的网络信息。这些信息丰富了网络用户的信息源，也使用户的注意力变得分散，因此获取有用、有价值的信息成为网络用户的迫切需求。尤其是在新冠疫情这类突发性公共卫生事件中，社会大众对真实信源有急切需求，只有具备真材实料、内容质量高的新闻报道才能在海量的新闻信息中脱颖而出，得到社会大众的广泛认可与主动传播。

红星新闻推出的融媒体产品《现场直击！武汉大学中南医院重症隔离病房采用

新技术抢救》，既注重新闻时效，又坚持获取第一手真实素材，以高质量的新闻报道获得了受众的认同。首先，当从文字快讯中获取武大中南医院正在采用ECMO新技术对重症患者进行抢救的新闻线索后，便迅速对接武大中南医院，并随即派记者前往医院现场采访。采访结束后，记者将拍摄的素材迅速回传给后方编辑，仅半天就实现了采集、分发的高效率产出，最终使得这次报道成为报道ECMO技术治疗的首批短视频产品，在激烈的竞争中抢占了报道先机。其次，红星新闻的记者不惧被病毒感染的风险，坚持深入重症治疗区，进入新闻发生的核心现场，拿回了第一手真实的素材，并配合后方编辑人员，第一时间完成了这次高质量的新闻报道。

2018年8月21日，习近平总书记在全国宣传思想工作会议上指出，宣传思想干部要不断掌握新知识、熟悉新领域、开拓新视野，增强本领能力，加强调查研究，不断增强脚力、眼力、脑力、笔力，努力打造一支政治过硬、本领高强、求实创新、能打胜仗的宣传思想工作队伍。[①] 红星新闻发布的《现场直击！武汉大学中南医院重症隔离病房采用新技术抢救》融媒体产品，便是新闻记者与后方编辑人员共同求实创新，增强脚力、眼力、脑力、笔力的一次高质量内容输出，在海量的信息信息中获取了受众注意力，发挥了在新冠疫情中引导舆论、服务公众的重要价值和作用。

四、产品形态：善用短视频＋图片，提升传播力

融媒体产品要赢得用户的注意力，除了在价值、语态、内容等方面不断创新，也要在产品的呈现形态上适应新的传播环境。社交媒体时代亦是"读图时代"，视频、图片、动画、信息图表被认为是比文字更快传递信息的媒介，同时随着移动互联网、5G技术的勃兴，网络新闻图片、移动短视频成为主流的新闻传播形态，红星新闻发布的融媒体产品《现场直击！武汉大学中南医院重症隔离病房采用新技术抢救》，就十分注重运用短视频及图片的优势，提升了融媒体产品的传播力。

一方面，红星新闻这篇融媒体报道善用短视频的媒介形态，在拍摄视角、画面

[①] 《习近平出席全国宣传思想工作会议并发表重要讲话》，中国政府网，http://www.gov.cn/xinwen/2018-08/22/content_5315723.htm。

转型中的守正与创新
——"红星新闻"典型案例解析

捕捉、视频声音等方面契合了短视频的传播特性。在拍摄视角方面，红星新闻的记者使用了纪录片的形式拍摄画面，以客观的视角记录医护人员的辛苦工作，其中《重症监护室里最棒的病人》这个短视频更采用了竖屏的拍摄视角，契合了短视频平台竖屏传播的特点，记录了重症隔离病房病人的自述并捕捉到医护人员与病人的暖心对话，以更真实、更亲切、更平易近人的视角讲述了重症隔离病房里的故事。在画面捕捉方面，《现场直击！武汉大学中南医院重症隔离病房采用新技术抢救》这个短视频清晰、细节、具体地记录了运用ECMO新技术对重症患者进行救治的画面，并配合医护人员的讲解，以简单易懂的方式完成了对新技术救治方案的知识科普。在视频声音方面，后期编辑人员运用了采取降噪和增益的方式，最大限度地修复、还原了采访对象的原声，同时配上了适合画面场景的背景音乐，加深了受众观看短视频新闻报道的临场感。

另一方面，红星新闻这篇融媒体报道还运用10张实地拍摄的新闻图片，通过视觉符号组合实现了新闻报道的完整叙事，强化了新闻报道的现场感、生动性。在拍摄景别上，使用近景、中景、全景，使用10张一组的新闻图片，对运用ECMO新技术救治重症患者及医护人员的辛苦工作实现了完整的叙事。在图片色彩上，10张照片均保留了重症监护室里真实的场景色彩，没有进行过度的增亮提色，增强了新闻报道的现场真实感。此外，这组新闻图片还注重捕捉细节，通过拍摄医护人员的手部动作及眼神，生动展现了医护人员专业、认真、负责的工作状态，提升了新闻作品的感染力。

（张旭）

四、延伸案例

澎湃新闻：《首例治愈者出院前焚烧衣物 全方位检查》

央视新闻：《独家视频！火神山一线实录》

案例 4

重大突发"川航备降"系列报道

一、案例简介

2018年5月14日,川航客机3U8633号航班执飞重庆至拉萨途中,驾驶舱右座前风挡玻璃突然破裂并脱落。在飞机失压、仪器多数失灵的危急关头,机长刘传健带领8名机组人员,克服高空低压、低温、低氧和高噪音等恶劣环境,凭着过硬的飞行技术和良好的心理素质,成功备降成都双流机场,确保了119名乘客和9名机组人员生命财产安全,创造了民航客运史上的奇迹。

事件发生后,川航3U8633航班机组被授予"中国民航英雄机组"称号。机长刘传健更被誉为中国版"萨利机长",被中国民航局以及四川省表彰为"中国民航英雄机长",被中央电视台评为"感动中国2018年度人物"。他的故事还被搬上银幕,在电影《中国机长》热播后,让无数观众震撼与感动。

这个全球性突发新闻发生后,红星新闻记者抢得先机,第一时间发布了川航客机因机械故障备降成都的消息稿。当时记者在接到线索仅10分钟的情况下,完成了主要信息的核实,将飞机备降时间、备降原因非常准确地写入稿件,成为全国首发,当天所有国内媒体关于"川航3U8633航班因机械故障备降成都"的新闻均转载自红星新闻的首发新闻。当天下午记者又独家专访机长刘传健。《成都商报》第二天的报纸以"史诗级备降"为题,对整个新闻事件进行了系统、全面的报道,该版面荣获中国新闻奖。

这组稿件抓住了时效,又突破了核心人物的独家采访,在全国媒体的同题竞争中取胜,得到全网数千家媒体的转载。报纸版面设计大气,内容详细、准确,并很好地为该新闻事件命名——史诗级备降,这成为整个新闻事件后续报道的基本定位

转型中的守正与创新
——"红星新闻"典型案例解析

和导向坐标。

扫码阅读案例原文

突发！川航一航班驾驶舱玻璃
被吸出！已备降成都

微博报道页面：专访川航迫降机长
刘传健：当时副驾已经飞出去一半

英雄机长　副驾半身被吸出窗外
靠手动和目视继续开

二、创作札记

（一）全国首发消息：《川航重庆至拉萨航班因机械故障备降成都》

1. 线索判断

5月14日上午，川航重庆飞拉萨的3U8633因风挡玻璃破裂备降成都。

14日上午8点多，红星新闻汽车频道记者张煜在双流机场，本准备乘机出差。在候机时，张煜发现已经有大面积航班出现延误。而不少乘客则谈论称："有个飞机要迫降。"

8：50左右，张煜将机场情况以及乘客的猜测，电话告知红星新闻财经新闻中心部门主编袁野。随后，袁野迅速将线索转给航空跑口记者费成鸿，要求尽快核实信息真实性。

2. 采写过程

拿到线索后，记者注意到"备降飞机行程中玻璃破碎"和"机场控流"两个重要信息，立刻向川航相关负责人进行了核实，"好像是有一架飞机因机械故障备降成都"，对方称开完会后再准确回复。随后，记者又迅速联系成都机场询问控流一事，机场虽然没有正面回应，但机场联系人告诉记者，"这个你去问川航"。

在得到机场的这个答复后，记者更确定当天确有航班备降一事，也更加确定了这一线索的真实性和事件的重大性。

记者在采访核实的过程中，第一个电话先打给川航负责媒体对接的工作人员。电话里，记者感觉到这位工作人员的回复非常匆忙，语气也很急迫，"我们马上开会，好像是有一架飞机因机械故障备降成都，开完会后我再给你准确的回复"。于是，记者进一步肯定，确有飞机因"机械故障"备降成都。

但毕竟机械故障有很多种，这距离核心真相还很远。为了进一步核实真实的情况，记者又再次致电机场负责人。彼时，机场负责人并没有告知具体情况，但也没有否认"控流"，只是让记者向川航核实情况。当时记者就判断情况并不简单。

此时，在川航以及机场两方都不能明确回复的情况下，记者又拨通了川航客服电话，以机上乘客亲属的身份，让客服帮助查询航班信息。随后，客服告诉记者称：确有飞机备降。当时，给出的原因是"机械故障"。

向这几方核实，记者大概用了5分钟时间。在此过程中，记者也同步用手机备忘录编辑稿件，将当时所有关于该航班的信息全部写到稿子里。在提交稿件之前，川航媒体对接负责人也明确回复了记者"航班因机械故障备降双流机场，目前川航正在处理"的关键信息。

9点左右，记者就写好稿件，将稿件传给部门主编袁野进行审核，同时传给后台编辑同步进行审核。最终，这条新闻在9：14发布，成为全国首发，其他媒体纷纷转载。

3. 社会效果

记者在10分钟内完成了信息核实、成稿的全过程。此外，这篇全国首发的稿件中甚至提到了至关重要的机械故障、航班信息、备降时间、旅客安排等重要信息，第一时间报道了川航3U8633的真实情况。

在川航应对外界采访越发谨慎的情况下，媒体很难再有突破，稿子发出后被全国各地媒体大量转发。

转型中的守正与创新
——"红星新闻"典型案例解析

该新闻实现了率先首发、深度跟进、系统报道，第一时间向公众传递了有效信息，避免了恐慌，有力地还原了事件真相，也引发了全国民众的广泛关注。

（财经新闻中心主编袁野、记者费成鸿）

（二）独家专访机长刘传健：《专访川航迫降机长刘传健：当时副驾已经飞出去一半》

飞机紧急备降双流机场后，红星新闻采编团队从拿到线索开始，就搜集了大量资料和信息，对新闻事件有了基本的价值判断。而采访新闻事件的核心人物，是一切报道中最重要的命题，因此，采访机长刘传健是报道团队一开始就在努力的方向。

回头来看，如果我们把川航备降的系列报道比作一棵大树，这篇报道就是树干，后续追踪事件发展脉络的报道便是在这条主干上不断延伸的枝叶。

1. "商报人"传统赢得先机

5月14日编前会时，财经频道负责人袁野报题称，川航一架飞机因为风挡玻璃坏了备降成都，已抢发了新媒体。下午1点多，袁野得到该航班伤员去了市一医院的消息，希望都市新闻中心支援，都市新闻中心主任马天帅立刻安排两名记者前去采访。

在这个过程中，红星新闻的采编人员在工作群里搜集了很多关于这次备降的信息，得知一些专业人士对此事件的评价很高。当时，采编人员还不清楚飞机备降的具体情况，但大致了解风挡玻璃破裂给飞机带来的影响，以及备降成功的难度。

下午2点05分，记者拿到了刘传健的电话号码。新闻发生在成都，《成都商报》与红星新闻作为本地媒体，有着深耕本土的地域优势，也有着积攒多年的采访资源。当采编团队紧张搜集线索的时候，时任成都商报社总编辑陈海泉关键时刻转来了机长的电话号码，这是《成都商报》第一代记者、原体育部负责人欧荣承向航空界朋友要来的。

面对重大的突发新闻，采编人员第一时间的联动机制更像一种"应激反应"。这是《成都商报》与红星新闻不断强化新闻素养，采编团队长期训练的结果。当新闻发生后，不论是总编辑，还是已经离开报社的原商报人，都在为一个重要采访而努力。在"商报人"传统中,这并不奇怪。

拿到电话是专访成功的第一步,而这一步,是"商报人"传统的延续和传承。

2. 坚持和专业赢得专访

拿到刘传健的电话后,记者第一时间拨打了过去,对方称"现在不方便",记者赶紧追问"您大概什么时间有空",对方说"1个小时后"。

对于这样的场景,相信很多老记者都遇到过。这是不是托词?再打过去还能否打得通?记者来不及思考这些问题,立即着手准备专访内容。

除了必要的专业知识准备,记者还立即采访了包括前飞行员等在内的航空专业人士,一是先从外围了解这次事件,二是弥补飞机备降方面的专业知识。这些都在后面的专访中派上了用场。

1小时后,记者再次拨打刘传健的电话。非常幸运,电话接通了。专访从询问对方身体状况开始。然后聊了整个事件的过程,以及机长处置的几个关键细节。最后谈了他对这次备降的看法。之前的准备发挥了很大作用,比如跟对方聊到的萨利机长、《空中浩劫》英航5390航班。这些知识储备为采访顺利进行奠定了良好的基础。

采访突发事件核心人物,记者总担心对方随时可能挂断电话,所以问得比较急。采访最终持续了20多分钟,该问的基本都问到了。随后,记者完成了近3000字的专访稿件。下午5点多,红星新闻推出了专访报道。这是全网独一份。

新媒体时代,唯快不破。红星新闻能够采访到刘传健,是记者的快动作起了重要作用。事件刚刚发生,刘传健还没有接到公司上层的指令要求,因此能够"放松地"接受媒体采访。等到红星新闻的稿件出来后,已经没有其他媒体能够采访到他了。央视最后也只有用红星新闻的采访录音。

3. 社会效果

(1) 稿件带来10亿+流量

在事发不到10个小时,受众对信息尚处于"饥渴期",红星新闻独家专访了最核心的新闻当事人。报道推出后,全国大小媒体都在转载此稿,全网最终流量超过10亿。整个新闻事件中,红星新闻的反应速度得到了绝大多数同行和读者的赞许。

（2）带来积极的舆论导向

成功备降，使9名机组人员和119名乘客的生命得以拯救。机长刘传健创造了这个奇迹，这个奇迹是民航史上的奇迹，更是生命得以挽救的奇迹。大众需要这样一个奇迹，在面临灾难的危急时刻，一个英雄的出现是人类的情感需求。

新闻发生后，有专业机构对网络舆论进行了分析，舆情热议阶段，热门文章多以宣传"英雄机长"为主，网络上的舆论倾向积极化。众多媒体达成共识，将此次备降称为"史诗级任务"。网民正面情绪占比高达67.9%，"感动""崇拜""点赞"成为网友的主要表达。另有9.7%的网友在歌颂机组英雄壮举的同时，将矛头对准事件根源，对事故发生原因做出追问。

这样的舆论风向，与红星新闻第一时间推出机长专访的报道不无关系。在信息稀缺的新闻发生初期，人们迫切需要最真实、最核心的信息，这时候没有什么比刘传健本人的声音更具代表性。在第一时间引爆网络的传播后，人们会记住这个英雄机长。

查阅当时的评论文章，有声音表示："事故结果令人庆幸，英雄事迹令人钦佩，但事故原因绝不可以被忽视。"这确实是理性的观点，而在128名乘客和机组人员的生命得以挽救的第一时间，人们更需要的是击掌庆祝。

（都市新闻中心主编马天帅、记者杨灵）

（三）获中国新闻奖版面：2018年5月15日03版《英雄机长 副驾半身被吸出窗外 靠手动和目视继续开》

川航发生因风挡玻璃破裂紧急备降事件后，经过讨论谋划，《成都商报》电子报当天的版面分为"史诗备降""英雄机长""三个数字""故障调查""市民惊叹"五大版块，用1版及03~06四个整版的规模全方位展现这场航空史奇迹。如何还原英雄人物，挖掘事故内核，提升新闻高度？为此编辑做了以下工作：

1. 理清脉络

当天事件发生后，新媒体信息已是铺天盖地，编辑从碎片化新闻中整理出飞行遇险大事记并制图：起飞—破裂—失压—失灵—脱落—下降—着陆，为读者还原了整个事件脉络。在新媒体时代，要点提炼和图形化表达更符合读者快速阅读的需求，同时变碎片化新闻为整体新闻，也是版面表达的独特优势。

2. 挖掘细节

从刘传健机长的独家访谈中，编辑挖掘出"零下四五十度高速开车，把手伸向窗外会发生什么"的细节，让客机备降更加形象化；挖掘出"其实我们平时演练过""幸运的是当天的天气非常好"等细节，让英雄的形象更加真实。从机上乘客的表述中，编辑挖掘出"真正的压抑，感受到两旁旅客眼睛里的绝望""机组人员事发时大喊相信我们，别担心"等细节。通过对这些信息的组织，报道对当时情况进行了高度还原，展现出"那么多的人的命运，掌握在那么少的人手中"的危急一刻。

3. 提炼数字

编辑从新闻中提炼出"7700代码""13秒""32000英尺"三个关键数字并加以深入解读。这三个数字对航空安全意味着什么？意味着100多条人命。"7700代码"是常见的紧急代码。看到紧急代码后，地面空管部门会通过无线电通信跟飞行员进行语音沟通，知悉飞机的细节状况以便制定预案。机组正是在设备失灵前及时发出紧急代码，让地面人员成功指挥引导飞机备降。"13秒"是指机长只有13秒时间反应，戴上氧气面罩。从窗户破了到他反应过来，只能花13秒，否则人将失去意识，飞机也就完了。"32000英尺"则意味着失氧状况的严重性，在这种高度飞机需要急降，但因在高海拔山区上空又需要几分钟的平飞，这时机组人员的操作成了关键，幸运的是他们正确执行了每一个操作。史诗级备降之难，报道用这三个数字环环相扣地呈现出来。

4. 追问原因

任何事故面前，如果没有对原因的追问，对英雄的赞美则毫无意义。除了报道空客配合中国民航局调查并提供技术支持，编辑还整理出客机维修时间表：该机进入川航时间—最近一次 C 检—最近一次 A 检—飞行时数—近 15 日维修记录，为读者提供了详细的参考。编辑还特意找到了一个相似事故案例进行对比——1990年英国航空5390号航班高空遇险，从侧面探问事故可能的原因。

5. 增强服务

编辑从飞行资料中提炼出风挡玻璃结构、破裂后果以及乘客如何自救等信息，为读者提供了有效的服务内容。风挡玻璃有几层？每一层对正常飞行意味着什么？玻璃破裂后导致舱内失压起雾的后果是什么？一般氧气罩能为乘客提供多长的吸氧时间？通过这些内容的整理，一本"高空遇险救生手册"几近成形。

本次报道通过多方面的视角审视，以及充分运用版面编辑逻辑思维和关联思维的特有优势，让报纸新闻与新媒体报道相比，还原新闻形态更加完整丰富，展示内容更有深度和内涵，赋予读者更多的阅读价值。

（编辑部责编吴钦）

三、专业评析

把准时度效　融构重大突发报道立体网

一、专业筑基：深耕事实　增幅新闻效能

2016年2月19日，习近平总书记在党的新闻舆论工作座谈会上指出，时、度、效是检验新闻舆论工作水平的标尺。当下，日新月异的传媒技术同社会民生交织，聚成日益丰富和碎片化的新闻图景，舆论生态同步趋向纷繁复杂。其间，重大突发事件凭借不可预见性、强影响力、广涉及面成为媒体报道的重要题材，在公众的瞩目中成为舆论引导的重要场域。可见，直面重大突发事件，把握报道的时、度、效，正作为媒体责任的题中应有之义，关涉社会治理与稳定。2018年5月14日，四川航空股份有限公司3U8633航班在成都区域巡航时突发机械故障，机长刘传健和机组成员冷静应对，周全配合，成功完成史诗级备降，挽救了119名乘客的生命。面对此般重大突发事件，红星新闻迅速响应，第一时间深入新闻现场，展开专业采访，披露核心事实，多方联动配合还原事件现场，回应民生关切，抚慰社会心态。相关报道与实践映射出媒体传播信息、沟通民情的准确站位与专业素养，更

从时、度、效三个方面予融媒语境下重大突发新闻的追踪与报道以启迪。

(一) 敏锐"逐"时：就地取"材"挖掘准确事实

时，语指时效和时机，要求媒体掌握主动，赢得先机，因势而谋、应势而动、顺势而为。在突发新闻事件报道中，核心事实披露正是供给权威信息、阻断谣言传播的保障，更是稳定民情、引导舆论的首要环节。这有赖于媒体人敏锐的新闻嗅觉、充分的事实采掘和适时的事件介入。2018年5月14日上午，身处成都双流国际机场的红星新闻记者在乘客的谈论中精准捕捉到新闻线索，经多次致电探问逐步核实，迅速展开事实挖掘与就地采访，凭迅捷和专业的反应力、判断力、执行力抓取新闻时效。首发报道《川航重庆至拉萨航班因机械故障备降成都》以简练的篇幅清晰陈述备降事件、航班信息、伤亡情况，第一时间为民众报道事实。当日中午《成都商报》官方微信公众号发布微信文章《突发！川航一航班驾驶舱玻璃被吸出！已备降成都》进一步丰富信源，跟进事故原因、跑道情况等关联细节，以扎实的取材回应民情关切。打捞基本事实的同时，红星新闻不忘聚焦事件人物，凭多部门联动突破时间阻碍，以最快速度联系核心人物——机长刘传健。极为有限的准备时间中，记者依托专业判断与素养，及时采访业内人士补充背景素材，为后续采访的准确性和有效性奠定知识基础。因此，记者可以有效利用20多分钟的时限，精准抛出"事发时有什么征兆吗？""是怎样的困难法？"等问题，直击事件过程、原因等事实内核，更凭"网上有传言着陆后飞机爆了胎？"等问题及时肃清谣言，维护信息生态。可见，正是敏锐之察、扎实之采的协同引领记者通达准确、有效的新闻素材，在权威披露和民情关注中握住了突发事件之"时"，为合理合情的舆情把控和舆论引导创造可能。

(二) 巧妙"寻"度：精细加工服务社会公众

度，意为分寸、火候，作为引导社会舆论的核心要求，指向新闻工作中的审时度势。具化到重大突发新闻事件，则强调在及时信息披露后，准确判断舆论走势，把握民意所在、所需，以此开展翔实、合理的信息生产与加工。川航备降事件发生后，受众迫切需要了解事件始末，追踪事故原因。2018年5月15日，《成都商报》一连推出03~06四个版面的专版报道，编辑接力记者细耕材料，捕捉受众所望、所需的信息要点，以此回应社会关切。

转型中的守正与创新
——"红星新闻"典型案例解析

其一，在内容版块上，03 版《英雄机长 副驾半身被吸出窗外 靠手动和目视继续开》以英雄机长专访为主线，同步呈现"起飞、破裂、失压、失灵、脱落、下降、着陆"的完整时间线，借助可视化手段勾勒事件原貌；04 版融汇数据思维，以"7700 代码""32000 英尺""13 秒"三个数字深解事件细节，佐以乘客、机组成员、地面旅客三种视角的互构再现惊险瞬间，生成在场感，导引读者感知新闻价值，理解英雄人物。现有研究认为，突发事件会打破日常信息平衡，引发多种信息蔓延和交织，加剧事态危机和社会风险，甚至诱发非理性舆论[1]。《成都商报》当日的 05～06 版面据此开启追踪，通过多信源的铺设采访直击公众密切关心的事件进展、故障调查、人员现状等问题，以全面、详尽的事实满足权威信息需求，抚慰社会情绪。同时，依托背景新闻链接、事故原因调查、自救知识科普等辅助内容拓宽辐射面、延长事实链，辅助公众理解事件全貌，在对报道导向、切入视角、信息延展的考衡中实现信息纠偏、风险预警和知识普及，实现深度与广度并重，引导与服务共驱。

其二，在表现形式上，四个版面主动植入视觉思维，自制多幅时间脉络、图示挡风玻璃结构，以可视化手段还原现场情景，实现对新闻的二次读解和加工。尤其是 05 版中，编辑对新闻配图"玻璃脱落后的驾驶舱"的图文释解，增加"被大风吹烂的控制台""手指关节被冻伤发紫""玻璃整块都没了"等细节图注，驱动静态图像化身动态的事实展演，赋能新闻叙事之际促成读者的形象认知，优化传播效果。此外，图文的适配根植于对复杂事实的理解与把握，反映在版面上则是突破单纯的可视运用，落足新闻的有效叙述和合情凸显。案例所涉的四个版面并非追求形式的繁复，而是在全面梳理事实后的有意识呈现，如 03、04、06 版特意放大的人物引语，在细节的描摹中直指现场危险性、情况紧迫性、备降完美性，最终仍导向受众对事件原貌感知的深刻性、准确性。研究认为，重大突发事件往往为社会恐慌情绪所裹挟[2]，这要求媒体把准报道之度，摸清舆论脉搏，掌握报道节奏，在信息

---

[1] 王江蓬、李潇凝：《建设性新闻视域下的公众情绪治理——以重大突发事件为中心的考察》，《中国编辑》2021 年第 10 期，第 16—19 页。

[2] 王江蓬、李潇凝：《建设性新闻视域下的公众情绪治理——以重大突发事件为中心的考察》，《中国编辑》2021 年第 10 期，第 16—19 页。

传播、危情沟通、回应协调中实现有效介入。入选案例正是因对舆论及时洞悉、对事实深度理解而寻找到报道之"度",即对报道何为、何去、何落等问题的科学回应和合理布局,并由此为最终的舆论引导与新闻生效框定路径。

(三)情理"生"效:审思追问实现舆论引导

效,意指效果、效能。重大突发事件是对一个社会系统基本价值和行为准则构架产生严重威胁,并且在时间压力和不确定性极高的情况下,必须对其做出决策的事件[①]。此定义显示,新闻之效在重大突发事件的报道中将被转写为舆论引导与情绪疏解,这取决于媒体站位、报道导向等根本问题。具化到时、度、效,可被译为媒体在遵循生产规律、价值逻辑基础上对"事""情""理"的掌控与平衡。从"事"出发,媒体需要深掘事实,还原事件;由"情"观之,要求媒体判准舆情、找准基调,展开叙事;落足于"理",如托马斯·迈尔所述,"大众传媒可以像侦探一样发现问题,像检察官一样使问题公开化并得到纠正",对应媒体在访事实、察民情后的理性审思,以此明确导向,引导公众,营造健康、科学的舆论生态。面对飞机机械故障紧急备降的突发事件,红星新闻在及时的信息披露外,从"情"入手,借助对网络舆论的观照分析,勘查出新闻的合理趋势,即讲述英雄事迹,塑造英雄形象,传递温暖力量,在正面报道的合力中肃清谣言,稳定社会心态。身为主流媒体,红星新闻在达情之际未忘对事理的追问反思,其报媒于5月15日推出专版《故障调查 右侧风挡为何空中脱落 空客配合调查提供技术支持》,跟进调查现况,追问故障原因,用理性审思真实展陈航空事业面临的潜在威胁,在坚持导向的同时合理推动舆论监督,助力危情处置与防范,实现报道维护公共秩序、服务社会治理的深度效能。

二、融媒创势:联通报网 型构立体网络

2019年习近平总书记在中共中央政治局第十二次集体学习时强调,推动媒体融合发展,要坚持一体化发展方向,通过流程优化、平台再造,实现各种媒介资

[①] 薛澜、张强、钟开斌:《危机管理:转型期中国面临的挑战》,《中国软科学》2003年第4期,第6—12页。

转型中的守正与创新
——"红星新闻"典型案例解析

源、生产要素的有效整合。在重大突发事件报道中,如果说时、度、效的把控能为媒体筑基定调,那融媒思维的植入则能进一步焕新传播生态,创造报道势能。入选案例正是贯通了内容、平台、人员等层面的思维融合,型构立体传播声势,放大一体效能。首先,内容层坚持资源整合,捕捉新闻线索后,各路记者分头跟进,并围绕已有素材进行分类加工,满足报纸、客户端、微信公众号等差异需求;平台层主动联通报网,一方面以新求快,网络端第一时间披露消息,另一方面以纸触深,配合四个版面的细节挖掘、事件调查和追踪跟进,报网内容互补,平台互构,协同形成立体报道网络,扩大传播势能;人员层着眼配合联动,事件发生后新闻工作者迅速响应,多方合力突破核心人物采访,为核心事实的及时披露赢得时机。由此可见,重大突发事件报道中,思维层的融合与实务层的采写形成深度勾连,二者发轫于传播信息、沟通危情、公共对话的媒体责任,贯通于新闻报道之时、度、效的权衡与把握,成熟于事实、资源、平台等要素的调适与融会,最终在引导公共舆论、服务社会治理的目标落点中完成深度契合。这或是此案例孕生的思路起点,亦是对重大突发事件报道可能与可为问题的思忖与回响。

(张诗萌)

四、延伸案例

《新京报》:《为川航飞行员"史诗级"迫降点赞,更要追问驾驶舱玻璃为何会破》

第三章 深度调查

案例1 《深度调查｜全国多地拉闸限电，没有所谓"金融战"，原因其实很简单》

案例2 《红星调查｜广州医生发帖称"鸿毛药酒是毒药"涉嫌损害商品声誉被警方跨省抓捕》

案例3 《郑州地铁5号线"进水口"调查》

案例4 "川西虫草产地调查"系列报道

案例 1

《深度调查｜全国多地拉闸限电，没有所谓"金融战"，原因其实很简单》

一、案例简介

2021年9月，一股"限电潮"蔓延至全国数个省份，先是多家工厂限电停产，接着传导到了东北地区部分居民的日常用电。在社交媒体上，因为停电导致的"手机没有信号、城市主干道红绿灯无法正常运行、部分商铺只能点蜡烛营业"等消息不断涌出，引发全网关注。

"民生无小事"，红星新闻洞悉民情动态，随即跟进报道，多方收集资料，对话专家学者，经由调查论证，于2021年9月27日推出报道《深度调查｜全国多地拉闸限电，没有所谓"金融战"，原因其实很简单》。

这篇报道从现象、电力供给、电力需求与解读四方面入手，深度剖析全国停电"真相"，其间灵活搜集、运用大量资料数据，整合既有报道和事实，在此基础上传递、解析国家政策部署，恰当对话领域专家，以专业声音厘清事实，缓解民众焦虑。报道立足于"时"，精耕于"度"，最终实现了较好的舆论引导与民情纾解之效，展露了红星新闻敏锐的事实捕捉与扎实的分析调查能力，体现了主流媒体的传播力与引导力。

扫码阅读案例原文

深度调查｜全国多地拉闸限电，没有所谓"金融战"，原因其实很简单

转型中的守正与创新
——"红星新闻"典型案例解析

二、创作札记

（一）线索判断

其实，在推出《深度调查｜全国多地拉闸限电，没有所谓"金融战"，原因其实很简单》这篇报道的前一天，记者就已经发布了一篇《东北多地拉闸限电，手机没信号红绿灯停运　国网客服：不清楚持续到何时》的消息。现在回想起来，这篇消息是限电系列报道的开端，就像第一声鸣笛，在大众的耳边响起。

2021年9月26日，记者跟往常一样在社交平台上搜寻着线索。傍晚时分，一则阅读量不高的微博话题吸引了我们的注意——"东北限电"，在这个话题下，有不少微博用户因为限电停电受到影响，如停电已持续了3天，并且时间越来越早，手机也没有信号；城市主干道的红绿灯无法正常运行，部分商铺只能点蜡烛营业。这些信息是碎片化的，但联系在一起，记者就意识到限电已经不只影响工厂生产，甚至影响了居民的生活，这并不是寻常现象。

有了线索后，第一步就是求证。一般来说，限电停电都是由当地电力公司管理的，记者随后致电国网吉林省电力有限公司，得到了至关重要的信息：东北电网电力供应持续紧张。有了官方口径的回复后，东北限电情况才被证实，才有了《东北多地拉闸限电，手机没信号红绿灯停运　国网客服：不清楚持续到何时》这篇消息。

穿透现象寻找本质，是一个新闻记者应具备的重要能力之一。我们发现，东北地区的限电情况只是冰山一角，山东、江苏、浙江、广东等地此前都出现了限电限产信息，这些地区的多家上市公司先后发布公告称，由于供电紧张，为响应当地"能耗双控"的要求，上市公司本身或旗下子公司的生产线临时停产。两者相结合可以看出，限电影响范围已经扩大。

但限电只是现象，其背后的原因才是核心。是什么导致了这次大规模、多地区的限电？带着这个问题，我们展开了深度调查，并判断此次限电将会是一起关乎国计民生的重磅财经新闻。

(二)采写过程

在第二天的选题会上,我们就决定限电报道要继续做并且深度做。先是确定了限电报道的方向,从现象入手,再探究原因,从供给与需求两端进行深入调查,最后是专家解读,讲清楚拉闸限电的真相。

之所以说是"真相",是因为当时网络上流传着一篇从限电讲到世纪通胀、中美金融大战的文章,其中出现一些不利于国家经济发展与社会稳定的"阴谋论"。为了打破"阴谋论"与传言,红星资本局派出两位调查记者(吴丹若与强亚铣),分头从供给端与需求端展开调查。

首先是供给端,要先弄清楚是什么影响了电力的供应。从能源消费角度来看,我国主要以煤炭为主,2020年我国煤炭消费占能源消费总量的比重为56.8%;天然气、水电、核电、风电等清洁能源消费量占能源消费总量的24.3%,合计不到煤炭消费比重的一半。在煤电方面,记者注意到吉林省省委常委、常务副省长吴靖平曾在"保电煤供应 保温暖过冬 保工业运行视频调度会议"上提到,受全国性煤炭紧缺、煤价高企、煤电价格倒挂等影响,目前不少省份出现供电紧张局面。而电煤是电力生产的重要生产资料,记者注意到,从2021年上半年开始,电煤价格始终高位运行。不仅如此,全国存煤量也在同步减少。在这样的背景下,电厂盈亏平衡被打破,发电厂出现了"发一度电,赔一毛钱"[①]的情况。除了煤电原因,辽宁省电力保障工作会议上还提到,9月23日至25日的停电,是由于风电骤减等,电力供应缺口进一步增加至严重级别。

在东北之外的地区,广东、江苏、浙江都较为依赖水电。而一份研报指出,水电多分布于云贵川,这些地区近年引进电解铝等高耗能企业,降低了水电的对外供应,加剧了广东、江苏、浙江等地的用电紧张。

[①] 发电厂"发一度电,赔一毛钱",来源于红星资本局记者杨佩雯此前推出的一篇报道。其中提到,由于煤炭价格飙涨,京津唐地区某燃煤发电企业持续多日出现"发一度电,赔一毛钱"的情况,9月初,11家燃煤发电企业联名呼吁涨价,称由于煤炭价格上涨,燃煤厂的成本已超过盈亏平衡点,与基准电价倒挂,部分企业已出现了资金链断裂。

转型中的守正与创新
——"红星新闻"典型案例解析

记者还查找权威数据，解释水电、风电对此次缺电潮的影响相对有限，更多还是受煤电影响较大。

其次是需求端。记者调查发现，用电需求猛增也是此次"限电潮"的重要原因之一，高温、供暖、经济发展的用电需求都较高。记者查找大量数据，证明部分地区高温天气导致用电量猛增，并从东北某发电企业的采访中得到"为了储存供暖期所需要的煤炭，很多火电厂已经停机了"的信息。

经济发展也导致用电需求增加，例如我国的出口大省广东、浙江、江苏在2021年前7个月用电量增速分别为19.1%、21.6%和20.6%，显著高于全国16.6%的水平。这些出口大省都在"双红"预警名单中，证明强出口驱动应该是用电需求猛增的原因之一。

记者还采访了部分生产外贸订单的工厂，因为订单量的增长，工厂加班加点生产，也导致用电量提升。

最后一个部分是政策解读与专家采访。从当年8月份开始，部分省份开始对高耗能产业实施了限产限电措施，有人将其归结于"能耗双控"，那我们就要从具体政策来解读、证明二者之间是否有关系。再加上两位重磅专家的采访，我们得出结论——"此次大规模的限电，根本原因是电力需求增长过快与供给不匹配，是短期出现的情况"，从而辟谣政策"临时加码"的阴谋论。其实这篇报道的逻辑十分清晰，但一天之内要完成6000字稿件的采访与撰写并不容易，也证明了红星新闻记者的素质与能力。

（三）社会效果

在本报道之前，全网的报道都只是点出现象，并未厘清现象背后的具体原因。所以我们希望以专业声音厘清事实，缓解民众焦虑，这也是主流媒体肩负的责任。最终，这篇报道推出后在全网广泛传播，仅在腾讯新闻客户端就有上百万的阅读量，实现了较好的舆论引导与民情纾解之效，体现了主流媒体的传播力与引导力。

2021年9月28日，《人民日报》发布评论，口径与本报道完全一致："没有'阴谋论'，都是供需失衡。"2021年9月29日，财新网、21世纪经济报道、每日经济新闻、《经济观察报》等媒体也相继推出类似稿件。

"民生无小事",总之,本文是在限电这一牵动所有人神经的选题之下,一次对红星新闻采编能力的全面展示,在现象、行业和政策之间达到完美的平衡。

(财经新闻中心主编袁野,副主编俞瑶,记者吴丹若、强亚铣)

三、专业评析

"敏、快、深、引"
——全媒体时代财经类深度报道的新闻生产策略

互联网技术的发展,重塑着媒体的产业形态,再造着用户的心理和习惯,重构着新闻的生产与风格。2019年习近平总书记提出"全媒体"概念:"全媒体不断发展,出现了全程媒体、全息媒体、全员媒体、全效媒体。"[1] 今天,媒体界限此消彼融,时空覆盖之全,受众涵盖之广,生产主体之多样,传播渠道之多元,比以往任何一个时代的媒体图景都更复杂。但同时,深度报道整合梳理、打捞真相、价值引领的功能也在今天日益凸显。

《深度报道 | 全国多地拉闸限电,没有所谓"金融战",原因其实很简单》是一篇"财经新闻+深度报道"的新闻作品(后文简称"限电报道"),从选题开始展现了红星新闻敏锐的新闻嗅觉和对民生的关切,在采写中把握时机、先人一步,在内容叙事中深度解读、论证有力,在传播效果上做到了及时有力的舆论引导。这一新闻作品,不仅全面体现了红星新闻的采编能力,也勾勒出全媒体时代财经类深度报道的新闻生产策略——"敏、快、深、引"。

一、"敏":热点切入,透过现象洞悉民情

互联网的发展使得每个人都成为信息的生产者和消费者,每时每刻都有网民通过微博、微信、论坛等社交平台发布自己亲身经历或发现了解的信息,网络空间已

---

[1] 《"四全"媒体是媒体融合发展的必然趋势》,中国共产党新闻网,http://theory.people.com.cn/n1/2019/0401/c40531-31005870.html.

转型中的守正与创新
——"红星新闻"典型案例解析

经成为新闻工作者寻找新闻线索、发挥新闻敏感的重要场域。2021年9月下旬，"东北限电"话题登上微博热搜，引发大量关注，红星新闻敏锐地捕捉到这一新闻热点，并意识到这一事件将会是一起关乎国计民生的重磅财经新闻，从而将其定为深度报道的选题并迅速跟进。红星新闻在这一选题上充分体现了"敏"这一点，既是敏感地发现、跟进社会热点，更是敏锐地察觉新闻线索背后的争议焦点。民生无小事，拉闸限电事件对人民的正常生活和企业生产造成了巨大影响，民众心中怀有疑问，而网络上也流传着各种说法，甚至出现了一些"阴谋论"。红星新闻洞悉民情，想民众之所想，对现象做深入剖析，从供给与需求两端进行深入调查，还原事实真相，在捕捉热点的同时始终坚持以人民为中心，回应民众关切。

互联网时代存在着海量的信息，为新闻工作者发现新闻线索带来了极大便利，但也加大了筛选和甄别信息的难度，因此提高新闻敏感性，快速、准确地判断信息的可报道性、逻辑性，发现新闻线索背后的潜在价值，是今天新闻工作者必须具备的素质。同时，新闻工作者在高度关注社会热点、发展难点、民生焦点的同时，更要学会多方面、多角度观察问题、思考问题，增强由小及大、由点及面看问题的能力，突破"只见树木不见森林"的障碍，这样才能在选题构思中达到既见人之所见、又见人之所未见的境界。

二、"快"：把握时机，先人一步回应关切

时，时机、时势也。时效性是新闻的基本特征之一，考察的是一家新闻媒体的精准识别力、快速反应力和采编组织力。2021年9月23日起东三省在用电高峰时段部分拉闸限电；9月26日"东北限电"的话题出现在微博等社交平台上，同日红星新闻发布消息《东北多地拉闸限电，手机没信号红绿灯停运 国网客服：不清楚持续到何时》；9月27日选题会确定限电报道方向，于一天内采访数人以及两位重磅专家，并撰写6000余字的深度报道稿件，同日晚上正式发布《深度调查丨全国多地拉闸限电，没有所谓"金融战"，原因其实很简单》；9月28日《人民日报》发布评论："没有'阴谋论'，都是供需失衡"，与红星新闻口吻一致；9月29日，财新网、21世纪经济报道、每日经济新闻、《经济观察报》等媒体相继推出类似稿件。从发现新闻线索、确定深度报道选题方向，到完成稿件采写以及新闻正式发

布,这一过程生动体现了红星新闻对"时"的把握,用最快的速度对新闻事实进行真实、准确的报道,对重大事件迅速发声,同时做到采访扎实、深度解读、论证有力,在时效性和内容深度上做到了完美平衡。

全媒体时代,新闻舆论是看不见硝烟的战场,只有掌握主动、赢得先机、先发制人,才能有效扭转事态发展,营造良好舆论环境。红星新闻对拉闸限电事件的迅速报道,既是走在了新闻同行的前头,更是赢得了舆论引导的先机,反驳了所谓的"阴谋论",以专业的声音厘清事实,回应民众的关切,纾解民心的焦虑,做到关键时刻不失语、重大问题不缺位。

三、"深":深度解读,扎实论证探析真相

深度报道之"深",不仅仅是对事件信息的整合和梳理,更重要的是对事件的深度解读。红星新闻坚持以内容建设为根本,在限电报道一文中通过多元视角呈现、用事实说话、专业解读三个方面体现了深度报道的客观性、调查性、解释性和深度性。

(一)多元视角呈现

限电报道中的叙事者不仅是新闻记者,更多的是政府部门、企业、专家、工厂负责人、媒体、网友等。通过大量的资料搜集和多方采访,报道将这些叙事者视角在动态中进行组合,将各方的情况和观点在新闻报道中客观地呈现和反映,以达到对事件进行全方位、多侧面的描述,致力新闻事实的全景呈现,最大限度做到客观公正。

(二)用事实说话

在新闻中,没有什么比事实更具有说服力。"用事实说话"就是叙事人通过客观地叙述新闻事实及其背景来体现观点、发表意见。[①] 红星新闻限电报道中主要使用了背景事实和数据事实两种"说话"手段,一方面通过多家上市公司的临时停产公告、政府工作会议、研报等背景事实交代新闻事件的客观背景信息,展现限电事件的全貌;另一方面通过权威数据说明电煤价格上涨、全国存煤量减少、用电需求

---

① 何纯:《新闻叙事学》,岳麓书社2006年版,第210页。

猛增的事实，以精准的数据表明新闻的真实、客观，增强新闻说服力。

（三）专业解读

红星新闻通过对国家"能耗双控"政策的专业解读和剖析，晓之以理，帮助民众理解国家政策，消除民众对"能耗双控"政策的疑问，进一步阐明并不存在"临时加码"的新闻事实。同时通过与广东省能源局副局长刘文胜、厦门大学中国能源政策研究院院长林伯强两位专家对话，明确"拉闸断电"的根本原因是供需不匹配，而非"能耗双控"的政策问题，通过权威人士的话语增强新闻报道的可靠度。对国家政策的解读与专家解读两者相互印证，共同增强了新闻报道的解释性和深度性。

四、"引"：传播真相，做引领时代的新闻工作者

全媒体时代，技术赋权让普通人有了话语表达、诉求呈现的空间和场所，但随之也出现虚假报道横行、话题炒作肆虐、舆情几经反转、事情真假难辨的恶果，网络空间中社会声音更加庞杂，谣言也更易滋生。在拉闸限电事件引发大量关注的同时，相关讨论不断发酵，"阴谋论"开始在网络环境中传播。红星新闻捕捉到这一舆情后，迅速采取行动，打捞事实真相，回应民生关切，通过扎实的采访、鲜明的观点、有力的论证，为公众呈现了完整且清晰的事实真相，实现了有效的舆论引导，体现了其在热点事件中的议程设置能力和舆论引导能力。

习近平总书记在"11·7"讲话中对新闻工作者提出"四向四做"的新要求，即坚持正确政治方向，做政治坚定的新闻工作者；坚持正确舆论导向，做引领时代的新闻工作者；坚持正确新闻志向，做业务精湛的新闻工作者；坚持正确工作取向，做作风优良的新闻工作者。[①] 红星新闻正是切实践行了"四向四做"精神，在限电报道中，辨识并纠正错误的舆论，促使舆论向着理性、正向发展，体现了新型主流媒体的传播力与引导力。全媒体时代，对话语权的争夺并非仅体现在对更多事实的发布上，更重要的是对真相的呈现。用专业的调查来接近真相，致力挖掘事实真相的来龙去脉而非对网络事件推波助澜，是媒体在今天这个时代立足的基本点。

---

① 《习近平：做党和人民信赖的新闻工作者》，中国共产党新闻网，http://jhsjk.people.cn/article/28842683.

今天，数字技术汹涌来袭，信息洪流恣意泛滥，信息片段难辨真伪，不明真相的群众亟待引导。在媒介融合进程中，媒体更应廓清方位，做好内容供给侧改革，从一事一报的"信息媒体"蜕变为提供"经核实的信息＋深刻的思想"的"意义媒体"。而在这场变革之中，深度报道无疑是最可倚重的力量，也向来被视为媒体进行内容创新的突破口。[①] 日本学者新井直之曾预言，今后的报纸，解说的重要性将日益增加。若报业史第一阶段是"政论报纸"时代，第二阶段是"报道报纸"时代，第三阶段可能就是"解说报纸"时代。[②] 未来报纸应该以凸显新闻专业主义的调查性报道、解释性报道、深度分析和评论作为报纸的内容主体。[③] 从红星新闻限电报道的新闻生产策略中，我们可以看到其对深度报道核心价值的坚守——坚持以人民为中心，坚持深度解读，坚持传播真相。因此，全媒体时代的新型主流媒体应以深度报道为抓手，在呈现事实的基础上提供深度的解释框架，发挥其在综合全面报道、信息的深度解读上的优势，致力将自身打造为"意义媒体"，从而在媒体深融中引领方向、发挥效力。

（周于七）

四、延伸案例

《经济参考报》：《关于猪肉的通讯——"稳猪价"背后的农业供给侧改革》

《中国税务报》：《一张纸和它背后的税收故事》

[①] 傅一卿：《全媒体时代深度报道的价值回归》，《青年记者》2021年第9期，第53—54页。
[②] 和田洋一：《新闻学概论》，吴文莉译，中国新闻出版社1985年版，第70页。
[③] 李良荣、袁鸣徽：《论报纸再造：从"信息媒体"到"意义媒体"》，《现代传播（中国传媒大学学报）》2017年第8期，第1—5页。

转型中的守正与创新
——"红星新闻"典型案例解析

案例 2

《红星调查｜广州医生发帖称"鸿毛药酒是毒药"涉嫌损害商品声誉被警方跨省抓捕》

一、案例简介

2018年1月10日傍晚，内蒙古凉城县的数名便衣警察赶赴广州市天河区中山大道旭景佳苑小区，带走了医生谭秦东。

谭秦东之所以被抓，源于他在美篇上发了一篇名为《中国神酒"鸿毛药酒"，来自天堂的毒药》的帖子，该帖直指药效和广告备受争议的鸿茅药酒。

鸿茅药酒的生产厂家内蒙古鸿茅国药有限公司认为，文章对"鸿茅药酒"恶意抹黑，甚至宣称鸿茅药酒是"毒药"，大肆散播不实言论，传播虚假信息，误导广大读者和患者，给鸿茅药酒的声誉造成负面影响，遂安排员工报警。

由红星新闻记者采写的《红星调查｜广州医生发帖称"鸿毛药酒是毒药"涉嫌损害商品声誉被警方跨省抓捕》一稿，对本案进行率先披露。报道引发深远而持续的影响，《人民日报》、新华社、中央电视台、《光明日报》、《中国青年报》等各大主流媒体纷纷跟进、评论，司法界、医疗界等领域的权威人士持续表态，公安部、最高检、国家药品监督管理局、中国医师协会等部门相继发声。

最终，谭秦东在当地看守所内关押了97天后，也就是红星新闻首发报道后第4天，重获自由。

第三章　深度调查

扫码阅读案例原文

红星调查｜广州医生发帖称"鸿毛药酒是毒药"涉嫌
损害商品声誉被警方跨省抓捕

二、创作札记

（一）线索判断

鸿茅药酒案线索，来源于记者常年深耕深度报道领域的资源积累。

谭秦东被抓时，记者正在福州采访另一位医生李建雪。李建雪曾是福州市长乐市医院（现长乐区医院）妇产科医生，2011年，产妇陈芬在她的值班时段死亡。李建雪一案引发广泛讨论，记者多方走访，用大量细节最终写成《被判有罪的妇产科医生》一稿。

稿件对各方观点进行充分阐述，被"丁香园"等媒介广泛转载。此前的2017年12月4日，一审法院对李建雪做出"犯医疗事故罪"的判决。李建雪不服判决，提出上诉。2020年，李建雪被判无罪，最终回到了原岗位。

因李建雪报道，2018年4月《人民日报》旗下《健康时报》的同行联系上了记者。这名同行称，在广州另有一位医生同样值得关注，他叫谭秦东，两个多月前，因为发表了一篇指向鸿茅药酒的帖子，被内蒙古警方跨省抓捕。

这名同行求助红星新闻。记者迅速查找相关资料，发现此前鸿茅药酒的违规广告铺天盖地，多地执法部门多有处罚，且各界批评鸿茅药酒的声音非常多。鸿茅药酒是甲类非处方药，但彼时，它混迹于餐桌上、超市里，在违规广告加持下，不少人以为是一种"包治百病、早晚都要喝"的"酒"。

是药三分毒，在帖文中，谭秦东医生提醒患有心脑血管等疾病的中老年人，千

万不要误食此"酒"。他的言行是职责使然，却反遭跨省抓捕。

记者认为，这件事，媒体有义务去关注。

(二) 采写过程

4月初，记者与谭秦东的妻子刘璇取得联系，奔向广州。在市中心某地铁站附近的茶餐吧，记者与刘璇及代理律师胡定锋见了面。广州气候闷热，刘璇有点憔悴，"家里人是这么想的，可以认罪，能把人放出来就好"。

本案的大量细节在此次见面中浮现。案件材料中记载的本案案发前的相关"请示"会议显示，因彼时批评鸿茅药酒的声音多，内蒙古鸿茅国药有限公司决定"反击"。报警员工称，"不实言论"误导广大读者和患者，致多家经销商退货退款，造成公司销量急剧下滑，市场经济损失难以估量，严重损害公司商业信誉。报案内容涉及的文章为两篇，警方经调查认为，谭秦东的"毒药"文涉嫌犯罪，另一篇则不构成犯罪。材料显示，受"毒药"一文影响，深圳、杭州、长春三地，共两家医药公司、7名市民要求退货。凉城县警方认为，谭秦东涉嫌"损害商品声誉罪"。1月10日，谭秦东被凉城县公安局刑事拘留；1月25日，经凉城县人民检察院批准，谭秦东被执行逮捕。

为证明谭秦东是一名货真价实的医生，记者向刘璇索取了如下材料：谭秦东的硕士研究生毕业证书，证明他从中南大学麻醉学毕业；谭秦东的工作履历，证明他曾在南方医科大学第三附属医院担任麻醉医师；谭秦东的执业医师资格证书。记者还仔细询问了谭秦东的喜好、以往是否受到刑事处罚、家庭关系等。刘璇说，谭秦东性格率直，但也谨小慎微，此前从未与警方打过交道，这次直接被跨省抓捕关押，让一家人不知所措。这些外围信息有助于记者对谭秦东职业道德的认知与理解。

记者在广州的采访全程四天，基本厘清本案脉络。其间，记者电话联系了内蒙古鸿茅国药有限公司与凉城县公安局经济犯罪侦查大队。很遗憾，他们当时并没有就记者的疑问给出明确、直接的解释。

4月11日，因案情重大刻不容缓，记者立刻着手写稿，在两天内最终写成近5000字稿件《红星调查｜广州医生发帖称"鸿毛药酒是毒药"涉嫌损害商品声誉被警方跨省抓捕》，稿件于 4 月 13 日周五发表。记者总结认为，此报道的主要特点是用大量的事实推动观点呈现，几乎做到字字句句可考。

导语部分，记者力求简明扼要地披露本案核心，且做到了各方兼顾。导语分三段，第一段客观描述重大事实，第二段与第三段则分别表达鸿茅药酒方和谭秦东方态度，做到双方平衡。

导语如下：

> 因在网上发帖称"鸿毛药酒是毒药"，广州医生谭秦东遭内蒙古自治区凉城县警方抓捕。
>
> 谭秦东所涉嫌罪名为"损害商品声誉罪"，内蒙古鸿茅国药股份有限公司称，谭秦东的文章造成了 140 余万的退货损失，严重损害了公司声誉。
>
> 但谭秦东的家人称，谭秦东是出于一名医生的职业操守警告部分老人不要饮用鸿茅药酒，"并没有虚构事实"。

正文分 4 段，分别讲谭秦东被抓时的场景及帖文主旨、鸿茅药酒方认定的帖文影响、各界评价及第三方观点探讨、执法部门的态度及本案进展。

冷静描述之余，记者在写作中仍注重一些细节的呈现和披露，其中的一些数字，很能说明帖文究竟造成了多大的"影响"。

如，据鸿茅药酒方称，受"毒药"一文影响，有 7 名市民要求退货，分别是一箱、12 瓶、8 瓶、6 瓶、1 瓶、1 瓶、1 瓶。记者将这些数字一一罗列，意在表达这种"影响"实在牵强附会了些。

谭秦东的帖子并非原创，内容转自公开的报道、其他医生的警告或者执法部门对鸿茅药酒的处罚公告。警方最终认定：谭秦东在微信群连续转发"毒药"一文 10 次左右，网站点击量 2075 次，美篇客户端有 3 次访问，微信好友有 250 次访问、微信群有 849 次访问、微信朋友圈有 720 次访问、其他访问 253 次、被分享 120 次。

谭秦东被抓的地点是自家小区，刘璇担心，如披露小区住址可能会带来其他影响。但记者告诉她，报道披露的事实，哪怕是个地名，也是越精准越好。最终报道呈现了小区名——广州市天河区中山大道旭景佳苑小区。

记者还注意到,谭秦东发的帖子标题为《中国神酒"鸿毛药酒",来自天堂的毒药》,标题用的是"鸿毛药酒",而不是产品名"鸿茅药酒"?这是谭秦东的笔误,还是有意为之?

律师胡定锋说,后期通过与看守所内的谭秦东谈话,他们了解到这是谭秦东有意为之,目的是避免把矛头直接指向"鸿茅药酒"带来不可预估的风险。在后期稿件中,引用帖文部分,记者亦沿用"鸿毛药酒"。

(三)社会效果

"文章的问题,无非是科普的内容引用多了一些,论证的逻辑少了一些。"胡定锋在提交的律师意见书中指出,鸿茅药酒在广告营销中虚假宣传、多次遭到各地行政机关的处罚在先,在这种情况下,谭秦东视"鸿毛药酒"为"毒药"加以斥责,虽用词不妥但情有可原,不应以刑事犯罪的手段去对付,"网络上存在大量批评鸿茅药酒的报道和文章,和它们相比,这篇文章的影响要小得多"。

《红星调查|广州医生发帖称"鸿毛药酒是毒药"涉嫌损害商品声誉被警方跨省抓捕》一稿经红星新闻首发后,立刻在司法界、医务界掀起了滔天巨浪,全国所有主流媒体——包括《人民日报》、新华社、中央电视台、《光明日报》、《中国青年报》等纷纷跟进、评论。

针对鸿茅药酒事件,《人民日报》评论文章强调,无论是网站、客户端,还是电视台、报纸,抑或是可以植入广告的电影、电视剧,都不应该为了广告费而违背法律规定,进行虚假宣传。应该看到,舆论监督并不是要彻底否定鸿茅药酒的药品价值,而是要让鸿茅药酒回归药品定位,不再用虚假的保健品广告赚取利益。

食药安全无小事。《人民日报》评论文章认为,主管部门和企业应该摒弃面对舆论监督的对立态度,善于从舆论监督中吸取教训,承担起企业的社会责任。更多药企都应该引以为戒,药品广告不能逾越法律的红线。"没有全民健康就没有全面小康。只有让虚假消散、让真实回归、让品质说话,我们的制药工业才能获得进步,我们的药品才能经得起检验,人民群众才能买得放心、吃得安心、用得舒心。"

在本案中,中国医师协会力挺谭秦东。协会公开发文称,公权力机关应慎重对待不同学术观点和言论,防止将民事纠纷刑事化。之后,国家药品监督管理局、最高检、公安部三部门相继发声表态。2018年4月17日，国家药品监督管理局对鸿茅药酒属地管理机构——内蒙古自治区食品药品监督管理局，做出三点要求：责成企业对近五年来各地监管部门处罚其虚假广告的原因及问题对社会做出解释；对社会关注的药品安全性和有效性情况做出解释；加强不良反应监测，汇总近五年来不良反应发生情况，及时向社会公开，同时向国家药品监督管理局提交报告。

同日，公安部称：针对近期媒体高度关注的鸿茅药酒事件，公安部高度重视，立即启动相关执法监督程序，已责成内蒙古公安机关依法开展核查工作，加强执法监督，确保以事实为依据，以法律为准绳，严格依法办理，相关工作正在抓紧依法推进中。

当日，根据内蒙古自治区人民检察院指令，凉城县人民检察院将涉嫌损害商业声誉案的谭秦东变更强制措施为取保候审，并决定将该案退回公安机关补充侦查。当天，被关押97天之久的医生谭秦东获得人身自由。

本报道是2018年度现象级报道之一，是当年主流媒体中影响力最大的监督报道，其引领的系列报道为传媒界起到了提振士气的作用，国内同行纷纷向红星新闻表达敬意，红星新闻也由此赢得巨大声誉，进一步扩大影响，主流价值再次彰显。

谭秦东出狱后，律师胡定锋给他拍了一张照片，在这张著名的照片中，谭秦东的眼神中流露出紧张、恐惧。谭秦东回到广州的家时，用妻子的手机第一时间给记者打电话，他对媒体表达了感谢，并表示将一如既往地做好医生的本职工作。后来他开微博账号抨击伪医学，逐步成长为一名"大V"。

2018年4月26日，鸿茅药酒生产方，内蒙古鸿茅国药股份有限公司发布企业自查报告，面向社会公众致歉，并表示将认真查找问题，规范生产经营，坚决做到对消费者负责。鸿茅药酒的经营推广，也从过去那种狂轰滥炸的违法宣传开始改变。

（深度报道中心首席记者刘木木）

三、专业评析

鸿茅药酒事件，红星新闻一扫暗尘

一、切口较小，报道深入

发布在红星新闻客户端的新闻作品《红星调查｜广州医生发帖称"鸿毛药酒是毒药"涉嫌损害商品声誉被警方跨省抓捕》是一篇非常典型的深度调查作品。该报道全文长约3600字，体量适中，但叙事一波三折，极具可读性，在红星新闻微信公众号中累计阅读量达8.4万余次。

文章以谭秦东医生在网上发帖称"鸿毛药酒是毒药"、内蒙古鸿茅国药股份有限公司以商品声誉受损为由向警方报案、内蒙古自治区凉城县警方以此事跨省抓捕谭秦东医生三条线索为开端，从不同视角及其所代表的不同的利益背景分别展开叙事，以"四段式"的框架将复杂交错的新闻事件逐一还原，厘清了此次纠纷中所呈现的社会情理及其背后错综复杂的现实真相。

深度报道是系统反映重大新闻事件和社会问题，深入挖掘、厘清事件因果关系，揭示其本质和意义，跟踪和探索一些重点社会事件的真相的一种报道方式。在信息高度发达的社会或舆论空间中，社群趋向对公共事物与社会热点投射更多的注意力与更密切的个体参与。在此情况下，对于一些有违社会秩序与群体正义的事件，将其作为深度报道类型新闻的切入口，以记者亲身的走访调查、资料搜集、理性判断、整理成文，再通过专业新闻媒体等方式呈现在大众面前，引起社会面的广泛关注与讨论，进而从各方面影响原事件的最终发展与结果，给予涉事人帮助和支持，以深度报道方式呈现出优质的新闻作品，维护社会正义，不失为一种"双赢"的行为。

在我国，医药、保健品的销售，尤其是针对治疗各类老年病的药物一直是"虚假广告"的重灾区。中老年群体相较于青年群体而言，信息媒介素养有限，区分辨别虚假广告、信息等的能力也有限,且中老年个体本身可能带有一些基础疾病,有着相当水平的服用各类保健品、药物的需求,所以更容易产生一些为"误导消费""虚假宣传"的医药产品买单的现象。因医药类产品特别是保健产品的功效受多方面因素的影响较强,随着个体差异、外部环境、不同药物互相产生影响等因素而波动且难以衡量,与此同时,市场对于医药及医疗用品类监管力度较小、惩罚力度较轻,所以"夸大药品疗效""虚假宣传"等问题才会泛滥成灾。有关资料显示,2017年上半年全国受理"医药及医疗用品类"投诉中,涉及虚假宣传的案子比例高达25%。在此背景下,鸿茅药酒常以"老病号,喝鸿茅""喝鸿茅,百病消"等文字上的修辞方法进行宣传,有意模糊自身作为非处方中成药与保健品之间的区分,有可能在某种层面上误导消费者产生购买行为;且俗话说"是药三分毒",若消费者把鸿茅药酒当作保健品日常服用,有可能"治病"不成反而积累潜在的副作用。

该报道发表于2018年4月,通过对谭医生被捕这一事件进行深入调查,还原了事件的前因后果,具有很强的现实针对意义,具有值得参考的典型性、代表性,在全面建成小康社会的背景下,助力规范社会中不良商业行为,对医药领域保健品领域发挥正面引导作用。

二、视角独到,引发持续报道与社会效应

记者在构思、组织此次深度调查时,视角敏锐,眼力深远,在很短的时间内把握住了事件的疑点与盲点:谭医生为何会被跨省抓捕?鸿茅药酒究竟是否如谭医生所称对人体有害?并深入调查,竭力还原事件真相。《红星调查 | 广州医生发帖称"鸿毛药酒是毒药"涉嫌损害商品声誉被警方跨省抓捕》报道一经发布,就在社会层面引发深远、持续的影响,其视角本身具有强烈的引发舆论的潜力,引发数家媒体平台的注意,纷纷以不同视角切入此次事件,其中包括国家级媒体《人民日报》、新华社、中央电视台、《光明日报》、《中国青年报》等,也包含省级媒体澎湃新闻、《北京青年报》等。以澎湃新闻为例,共发表了4篇关于谭秦东医生发表鸿茅药酒黑帖后被跨省逮捕的相关评论,并持续性跟进了鸿茅药酒在经营、宣传上的潜在问题,发表2篇评论新闻。随着媒体大范围的参与和曝光,该事件的影响力不断发酵,司法界、医疗界等领域的权威人士也陆续表态,公安部、最高检、国家药品监

转型中的守正与创新
——"红星新闻"典型案例解析

督管理局、中国医师协会等部门相继发声。最后，针对媒体与公众对鸿茅药酒的质疑，国家药品监督管理局要求内蒙古自治区食品药品监督管理局落实属地监管责任，严格药品广告审批，加大监督检查，督促企业落实主体责任；公安部也发表声明，针对该鸿茅药酒事件会对内蒙古公安机关启动相关执法监督程序，开展相关核查工作。

自2018年4月13日《红星调查｜广州医生发帖称"鸿毛药酒是毒药"涉嫌损害商品声誉被警方跨省抓捕》报道在红星新闻平台首发后，引发了公众的大范围关注，引起其他媒体平台相继持续跟进，掀起巨大的舆论风波与社会讨论，持续了近半月。此事件具有高度的现实针对性，影响广泛，时隔四年后在网络中搜索相关词条，仍然可以发现大量关于此事件的信息资料，甚至有网友将此事件的来龙去脉和发展整理成一条"百度词条"，详细记录了事件经过、事件和解、事后回顾、各方回应、媒体评论等过程。学者邵鹏在博士学位论文《媒介作为人类记忆的研究——以媒介记忆理论为视角》中提出："传统媒介和网络及新媒介已经深深地植入到人们的日常生活之中，成为我们生活和工作中必不可少的组成部分。它不仅成了人类记忆在历史和文化传承中所必备的空间载体与海量容器，而且使我们的生活体验与知识分享、传播突破了时间与空间的障碍，并仍在不断地拓展和塑造着人类的记忆时空，悄然改变着人类的记忆方式和存贮介质。"[1] 在21世纪背景下，鸿茅药酒作为地方性的特色中成药物，在全国范围内大肆进行广告宣传，发出相反言论的谭秦东医生却迎来跨省抓捕的后果，实在有违社会公德。《红星调查｜广州医生发帖称"鸿毛药酒是毒药"涉嫌损害商品声誉被警方跨省抓捕》报道通过记者自身的笔力反扑了鸿茅药酒及当地的司法公安机关，最后鸿茅药酒发布了有关药酒质量的企业自查报告，向凉城县公安局撤回报案，也向凉城县人民法院撤回侵权诉讼，给了大众一个合理的解释，至此，整个事件在社会与国家文化的公共历史层面形成了媒介记忆。

在全面建设中国特色社会主义新时代的时代，经济、政治、文化、社会、生态文明等领域将同步性地全面发展，深度报道作为一种承载客观事实、调和舆论机制的新闻报道样态，可以发挥消解大众疑虑、引导舆论的作用，让受众正确有效地判

---

[1] 邵鹏：《媒介作为人类记忆的研究——以媒介记忆理论为视角》，浙江大学博士学位论文，2014年。

断、选择、分析和认识复杂多样的信息，满足受众对信息时代的深层次需求。《红星调查丨广州医生发帖称"鸿毛药酒是毒药"涉嫌损害商品声誉被警方跨省抓捕》深度报道，围绕谭医生被捕事件对国内的医药、法制、媒体功能等方面展开了报道，让读者对这些与人民生活环境、人民群众利益紧密相关的话题进行及时、准确、全面的认知，充分体现了新闻作品的思想性、积极性、社会性、可读性，有利于形成正确的价值观和舆论导向。

三、中立客观，提升主流思想引导力

"鸿茅药酒事件"涉及医药、法制、商业、网络等多重社会结构，一面是谭秦东医生作为个体的言论，另一面是鸿茅药酒所代表的商业集团的利益，更涉及内蒙古自治区凉城县警方与司法机关的直接参与，多重关系与利益互相交织，为事件蒙上了一层"迷雾"。但是，记者在本篇深度调查中力求中立，视角客观，大量直接引用谭秦东的妻子刘璇、云南天外天律师事务所刑事诉讼中心主任汤光仁、谭秦东医生辩护律师胡定锋等人的原话，与来自凉城县公安局《起诉意见书》、损害商业信誉相关刑法、检察院《逮捕案件继续侦查取证意见书》等的专业法律材料，还原事件的全貌，谨慎避免出现潜在的主观视角偏差，从关系复杂、含有多重利益制衡的原事件中梳理出逻辑严密、线索清晰的客观事实。整篇报道条理清晰，具有很强的可读性与思辨性，发挥了良好的主流价值观引导作用。此类报道实践也将成为中国当代深度调查新闻发展道路上的宝贵经验。

（曹馨予）

四、延伸案例

《新京报》：《尽快重审，破解"呼格吉勒图案"疑云》

《经济参考报》：《经参调查·锐度丨青海"隐形首富"：祁连山非法采煤获利百亿至今未停》

案例 3

《郑州地铁 5 号线"进水口"调查》

一、案例简介

2021 年 7 月 20 日，河南特大暴雨中，洪水冲垮郑州地铁 5 号线停车场挡水墙进入隧道，逼停正在行驶的列车，造成 14 人死亡。作为国内重大的地铁安全事故，这一事件受到全国关注。

在跟进事件的同时，红星新闻围绕事故原因展开调查，记者以地铁 5 号线停车场"进水口"为切口，深入调查，通过现场走访和多方采访，揭露郑州地铁 5 号线停车场选址、设计不合理以及建筑、排水等方面存在问题的情况。

整篇报道事实扎实，主题清晰，直击核心，展现出红星新闻面对重大突发公共事件时的冷静思考与深度追问，彰显媒体责任与担当。

后来，红星新闻这篇报道和记者现场拍摄的素材成为国务院调查组调查郑州地铁 5 号线事故的强有力证据。国务院调查组调查认定，郑州地铁 5 号线事故中，郑州市地铁集团有限公司和有关方面应对处置不力、行车指挥调度失误，违规变更五龙口停车场设计、对挡水围墙建设质量把关不严，造成重大人员伤亡。

扫码阅读案例原文

郑州地铁 5 号线"进水口"调查：众所周知的洼地，曾因排水能力差被要求改造

二、创作札记

（一）线索判断

河南特大暴雨，地铁车厢进水的小视频是 7 月 20 日傍晚开始在社交媒体传播的。为什么会进水？为什么没有停运？车厢里的人怎么样了？看到视频时，我直觉判断这次事件很严重，暴雨袭击大城市，可能和以往遭遇的洪灾不一样。

过去几年我跑过地震、洪灾、武汉疫情等多个重大突发公共事件。在这些大大小小现场累积的经验，以及对新闻投入的热情，让我获得部门的信任，从而很幸运地被派往新闻现场，参与新闻大事件报道。这次郑州暴雨也不例外。

部门负责人蓝婧让我用最快的方法去郑州。当晚，我把机票和高铁票买了又改签、改了又退票，来来回回尝试很多次都没办法。因为暴雨，所有去郑州的交通工具都停了，我和另外两个同事决定买最早一班飞机到西安，然后从西安开车去郑州。

这两年媒体都在转型，众多媒体机构开始进军国内新闻，遇到重大灾难事件，相互之间拼抢十分激烈。最快到现场，最早联系采访对象，最先建立报道逻辑，就意味着掌握主动权，在同题竞争中胜出。

河南暴雨中心在郑州，新闻的核心是地铁 5 号线事故。部门负责人蓝婧认为，以往的暴雨洪灾主要波及的是乡镇，而一个特大省会城市遭遇如此大的洪涝灾害，可以说是破天荒头一遭，具有更加重大的意义。灾难报道主要有四个方向：救援宣传、逝者报道、追责调查和灾难下的众生相。我在去郑州的路上确定了逝者报道和追责调查两个报道方向。

（二）采写过程

在西安到郑州的车上，我开始联系采访对象。我的逻辑是紧紧围绕地铁 5 号线，从地铁失联者入手。检索网上的 10 多个求助信息，我翻来覆去给他们打电话，寻找可能深入采访的人。

转型中的守正与创新
——"红星新闻"典型案例解析

车开了7个小时，7月21日晚上8点多，进入郑州城区。下雨、停电、断网，最先感受到的是导航停转。失去坐标，车战战兢兢地往里开，没有路灯，随处可见积水、淤泥和横七竖八的汽车。高架桥不再是快速通道，成了停车场和安全地，很多市民携全家来此过夜。城市停摆了，眼前的场景像科幻电影。

但是，来不及感叹和喘息，也没时间想住哪里、吃什么，同行的视频记者开始直播，而我必须得想办法赶往医院，与采访对象见面。

晚上11点到医院，采访结束是22日凌晨1点多，步行回酒店是凌晨2点。吃一桶泡面，睡3个小时，早晨5点起床写稿。在后方多位同事的密切配合和支持下，中午12点多提交了第一篇报道《郑州地铁5号线失联者与遇难者》。

原以为第一篇报道的辛苦程度已经到达极限，没想到之后的每篇报道都在刷新这种极限。7月22日中午，郑州周边多个城市告急，王震华、吴阳、孙钊等同事分头去了郑州周边最为严重的几个乡村，我则留守郑州。

重大突发事件随时都会出现新动态，我们部门要求不仅要跟进每天的热点，还要推出深度调查，所以根本没有停歇的机会。白天，我通常要辗转多个新闻现场采访，晚上熬夜听录音、写稿，几乎每天只睡三四个小时。最多时候，我一天同时采访5个不同方向的新闻。

关于地铁5号线事故原因的调查，我一直在寻找切口。最开始我尝试联系地铁内部工作人员，想去还原当天发生了什么，为什么没有停运。但是，联系到的采访对象都不愿意说，甚至我与失联者家属一起去地铁公司，也一无所获。

当时我没有放弃，我知道这是郑州之行最重要的任务。因为重大突发公共事件中质疑和追问的深度调查，不仅是一个新闻单位的态度，也体现了媒体的社会责任。

正是这样，我一边试图做深度调查，一边和后方的同事陈怡帆、蔡晓仪紧密合作，完成了《逃出郑州京广北路隧道》和《雨衣爸爸》系列报道。后者为全网独家首发，还原了一位失去女儿的父亲的故事。

后来，一则简短的官方通报引起了我的注意。"7月20日，郑州市突降罕见特大暴雨，造成郑州地铁5号线五龙口停车场及其周边区域发生严重积水现象。18时许，积水冲垮出入场挡水墙进入正线区间，造成郑州地铁5号线一列车在沙口路站至海滩寺站区间内迫停。"

洪水为什么会冲垮挡水墙？洪水如何从停车场到事故地点？地铁停车场的选址和建筑是否存在问题？一连串问题，让我确定接下来应该去做地铁 5 号线"进水口"调查。

7 月 23 日，带着这些疑问，我来到地铁 5 号线五龙口停车场。首先看到的是官方通报中的"进水口"。"进水口"被黄色挡板围了起来，冲毁的围墙约有 20 米长，透过挡板可以看到封堵洪水留下来的被子和床板，以及塌陷的地面。破碎的围墙和钢筋护栏倒在停车场内，上面挂着塑料袋和垃圾，阳光照射下，散发出阵阵恶臭。

郑州地铁 5 号线五龙口停车场出入场挡水墙被冲倒（红星新闻　供图）

很多同行记者都来此探访过，通常拍拍照片，采访一下周围居民就结束了。我观察到停车场的位置几乎是周围最低的点，我当时猜想会不会还有其他的"进水口"，所以将采访范围不断扩大，先是逐一采访官方通报"进水口"四周的居民和工人，然后准备围着停车场转一圈。

地铁停车场很大，其中三面都是正在修建的工地和未完成的断头路。当时，停车场已经被武警接管，戒备森严，内部正在清理淤泥。为了不被发现，很多时候我只能偷偷溜进工地，甚至要想方设法翻越围墙，顺着停车场的界线走。

我记得，当天是郑州暴雨过后的第一个大晴天。中午，烈日，暴晒，从额头流

转型中的守正与创新
——"红星新闻"典型案例解析

下的汗不停地模糊眼镜,我只能一次次将其摘下,擦干。走走停停,大概用了3个多小时。

通过探访调查,我发现除了官方通报中的一处"进水口",在停车场的西边和南边分别还有两处围墙被冲垮,露出七八米长的豁口,当天大水也从这两个地方倾泻而下,直逼停车场。

郑州地铁5号线五龙口停车场西南角被大水冲出豁口(红星新闻 供图)

此外,我发现停车场西边甚至没有修建挡水围墙,只是一排临时搭建的蓝色铁皮围栏,根本无法挡水。通过测量和采访周围居民,我确认地铁停车场是该区域最低点,甚至比周围房地产楼盘低好几米。

后来,我还通过一位媒体朋友拿到一份政府材料,10年前该区域还没建停车场时,就曾因积水问题上过郑州市"黑榜"。另外最让附近居民不解的是,材料中提到的停车场东面的一条河,不仅十年没有变化,还在暴雨之前被盖上水泥板。明渠突然变成暗渠是很多居民认为此次排水不畅的原因之一。为了保存证据,我第一时间将所有现场图片都传回后方。

通过两天的现场采访,结合对地铁轨道相关专家的采访,我很快完成了《郑州地铁5号线"进水口"调查:众所周知的洼地,曾因排水能力差被要求改造》,独家披露通报之外还存在两个"进水口",以及停车场东面小河明沟变暗渠的现实情况，从而质疑停车场选址、设计不合理，建筑、排水等方面存在问题。

（三）社会效果

《郑州地铁5号线"进水口"调查：众所周知的洼地，曾因排水能力差被要求改造》一稿发布后，不少同行评价红星新闻的这篇稿子是当时郑州5号线地铁事故中最有价值，少数尝试直击核心的报道。

新京报、澎湃新闻、界面新闻等多家媒体也纷纷跟进，大家开始将视线从关注地铁遇难者故事转移到追问地铁进水原因。

10月初，国务院调查组专家找到我，希望我能将现场采访的所有材料提供给他们。他告诉我，红星新闻的调查报道对他们的调查和判断帮助很大，因为调查组去地铁停车场较晚，现场已经不在了，所以很多时候需要依托我们当时在现场采访获得的材料、照片和视频。

2022年1月21日，河南郑州"7·20"特大暴雨灾害调查报告公布。调查认定，郑州地铁5号线事故中，郑州市地铁集团有限公司和有关方面应对处置不力、行车指挥调度失误，违规变更五龙口停车场设计、对挡水围墙建设质量把关不严，造成重大人员伤亡。

五龙口停车场存在违规设计和建设施工。一是擅自变更设计。变更设计使停车场处于较深的低洼地带，导致自然排水条件变差，不符合《地铁设计规范》相关规定，属于重大设计变更，但未按规定上报审批。

二是停车场挡水围墙质量不合格。停车场围墙按当时地面地形设计。建设单位未经充分论证，用施工临时围挡替代停车场西段新建围墙，长度占四成多，几乎没有挡水功能；施工期间，又违反工程基本建设程序，对工程建设质量把关不严，围墙未按图做基础。

三是五龙口停车场附近明沟排涝功能严重受损。明沟西侧因道路建设弃土形成长约300米、高约1米至2米带状堆土，没有及时清理，阻碍排水。有关单位违规将部分明沟加装了长约58米的盖板，降低了收水能力。

随后，郑州地铁集团有限公司地铁5号线五龙口停车场建设工程设计项目负责人、北京城建设计发展集团股份有限公司郑州地铁5号线五龙口停车场项目负责

人、中国电力建设股份有限公司郑州地铁 5 号线五龙口停车场项目经理、新疆昆仑工程咨询管理集团有限公司郑州地铁 5 号线五龙口停车场项目总监等多位责任人被公安机关立案侦查并依法逮捕。

"等了 6 个月，调查报告关于五龙口停车场的问责，终于回应了当初地铁 5 号线'进水口'调查。现在可算是记者的最高荣耀了。"

（深度报道中心首席记者潘俊文）

三、专业评析

调查类新闻应兼顾多种社会功能

红星新闻自 2017 年上线以来，一直将深度报道与时政评论作为两种主要的内容模式，多年来产出许多优秀稿件。本文关注的深度报道聚焦河南郑州地铁 5 号线的伤亡事故，该报道调查性强、分析透彻，彰显出调查新闻与灾难报道的社会功能。

2021 年 7 月 20 日，郑州地铁 5 号线发生伤亡事故。22 日，根据郑州地铁官方微博，此次重大事故的原因主要是特大暴雨导致五龙口停车场及其周边区域发生严重积水现象，持续增加的积水于 18 时进入正线区域，造成 5 号线地铁一列车迫停，从而对部分乘客的生命健康与财产安全产生了难以挽回的损失。

起初，多数媒体在进行灾难类事件的报道时，将注意力放在极端气候、回忆逝者与救援宣传方面，相关报道引发了许多受众的共鸣。但事故背后真正的成因、如何避免类似事故再次发生也应当是灾难类报道应当去追问与探寻的问题。

红星新闻记者潘俊文《郑州地铁 5 号线"进水口"调查：众所周知的洼地，曾因排水能力差被要求改造》完成于郑州地铁 5 号线"7·20 事件"发生后的第 7 天，红星新闻记者潘俊文实地探访、亲自调查，完成了这份细节翔实的灾难报道。该调查性报道主要由实地探访、历史追溯、追问追责三部分组成，给国务院调查小组的工作提供了极大的帮助，也给市场化媒体发挥其社会功能提供案例参考。

一、疲惫与成果：调查记者的团队合作

突发性的灾难事故总是吸引着公众的注意力，人们对该类事件极度关注，渴望实时了解事件进展与伤亡情况。但这对于新闻记者而言是一个智力与体力上的双层挑战：如何在繁杂的信息中较快完成稿件的编辑与发表，与此同时保证稿件质量？

随着公众的要求与事件复杂度的提升，一个记者独自完成稿件逐渐被"前后端合作"代替。如本报道作者在创作札记中提到了诸多细节："重大突发事件随时都会出现新动态，我们部门要求不仅要跟进每天的热点，还要推出深度调查，所以根本没有停歇的机会"，"我一边试图做深度调查，一边和后方的同事陈怡帆、蔡晓仪紧密合作，完成了《逃出郑州京广北路隧道》和《雨衣爸爸》系列报道"。这种模式的运作需要团队分工协作，最后由思路清晰的人将线索融为一体，形成逻辑连贯、有深度的成果。

二、信息量的拓宽足见专业功底

此类公共安全事件的发生往往有诸多新闻元素的交错，其传播过程有时还会掺杂不实、夸大信息，给报道增加难度。因此，想要完成一篇合格的调查性报道，把握多重时空关系下的新闻事实是关键。

本报道记者率先来到此次安全事件的核心现场之一：五龙口停车场。该地点并非普通汽车停车场，而是地铁列车进行列检与停车作业的场所，内部和地铁线路直接相连。从微博通告来看，五龙口停车场所蓄积的大量雨水是地铁伤亡事故的直接原因，那么，雨水为什么会漫进停车场？该停车场的规格是否符合对应的建设要求？

记者首先通过采访停车场周围居民、店家和工人，确认了停车场围墙倒塌、雨水漫灌的事实，而后通过观察和收集多年前的文件材料明确了停车场所处位置地势低、排水能力差的特点。调查过程中，记者详细记录了现场的情况，用照片和地图为读者展现了停车场的现状。文章的最后一部分又将注意力转移到另一事故关联地点：地铁5号线，对于事故发生时列车是否停运、谁来下命令提出了直接的疑问，受访教授的直接引语透露出记者对地铁相关部门应急处置与管理能力不足的担忧。

值得强调的是，据创作札记来看，记者本人并没有满足于只分析现有信息，而

转型中的守正与创新
——"红星新闻"典型案例解析

是努力拓宽新的信息线索。就报道时效而言,已经有许多同行在此之前完成了报道,但是,该深度报道的记者花费3个小时对涉事停车场进行了全面走访与观察,发现了更多的新闻细节,拓展了报道涉及的空间,这也是本报道较为成功的一个因素。

通篇来看,记者对于新闻事实和时空关系的把控较为娴熟,文中对核心现场的聚焦、关联事实的调查、不同时空关系下新闻元素的取用等都说明记者深谙"时空搅拌机"这一方法在调查性报道中发挥的作用。

三、灾难报道的社会功能

该报道不仅是一份揭露复杂问题的调查性报道,也归属于灾难类报道的范畴。在闫岩和葛宪麟看来,灾难报道的基本功能有两个:情感抚慰和避险需求。[①] 前者是人类想象与共情后的结果,从而引发受众共鸣;后者主要包含应对性诉求和预防性诉求,为了回答"灾难事件一旦发生时我该怎么办?"和"灾难如何发生,谁来负责,以后能在多大程度上预防?"等问题。

记者潘俊文的创作札记中提及前往郑州进行报道的细节:"灾难报道主要有四个方向:救援宣传、逝者报道、追责调查和灾难下的众生相。我在去郑州的路上就确定了逝者报道和追责调查两个报道方向。"可见记者本人对报道灾难事件的思路十分清晰,所决定的两个报道方向均与灾难报道的功能直接挂钩。记者陆续发布的《郑州地铁5号线6名失联者家属在警方陪同下进入地铁站寻人:对着隧道呼喊,没有回应》《逃出郑州京广北路隧道》和《"雨衣爸爸"确系郑州地铁遇难者父亲,亲友:他不希望被打扰》都是从情感抚慰角度入手,关注当事人及其亲属在灾难发生前后的状态,而本篇报道则是侧重表达灾难报道避险需求中的预防性诉求。红星新闻成功地从两个主要功能的角度捕捉到了有价值的新闻,在抚慰人心的同时,也为调查灾难原因和追责指明了清晰的思路方向。

值得深究的是,一些学者认为市场化媒体或地方媒体在灾难报道中的地位变得

---

① 闫岩、葛宪麟:《避险需求和情感抚慰:灾难报道的核心功能及变迁》,《传媒观察》2022年第5期,第14—20页。

"尴尬"：借由社交媒体、自媒体的便利性，中央权威机构可以利用党媒对公众点对点发布信息，直接跳过市场化媒体与地方媒体，反过来，公众也可以直接利用社交媒体、自媒体的反馈机制向权威机构进行舆情反问和监督。因此，往往表现出来的是：市场化媒体与地方媒体只需要在社交媒体上"转发"央视媒体和权威机构的信息即可，成为灾难报道中的"信息二传手"。例如黄灿灿在分析天津港"8·12"瑞海公司危险品仓库特别重大火灾爆炸事故时就发现，新华社、《人民日报》等中央媒体的信息传播广度、密度显著高于天津地方媒体，后者在灾难报道框架方面存在较大问题，导致本地媒体的"隐身"与"缺位"。[①]

在此次郑州地铁 5 号线伤亡事故的相关报道中，也存在该特点：截至稿件发出，不少市场化媒体更加偏向发挥情感抚慰的功能：集中关注遇难者，去挖掘具体的人背后的具体故事。与此同时，公众则选择等待权威机构公布调查过程与权威报告。而红星新闻的本篇报道直接满足了公众们的预防性诉求，简单来说，它试图去揭示，也确实成功揭示了灾难背后的原因。和记者在创作札记中的感慨一样，许多媒体人与学界专家都注意到调查记者流失与媒介环境改变的情况，如何让"小我"的报道在当下媒介环境下引起更多的关注、发挥该有的社会功能，是值得深入思考与亲身探索的命题。

(梁兴源)

四、延伸案例

《河南日报》：《郑州气象局：郑州特大暴雨千年一遇，三天下了以往一年的量》

红星新闻：《郑州地铁 5 号线 6 名失联者家属在警方陪同下进入地铁站寻人：对着隧道呼喊，没有回应》

[①] 黄灿灿：《地方媒体在灾难报道框架中的缺位——以天津港"8·12"瑞海公司危险仓库特别重大火灾爆炸事故为例》，《当代传播》2016 年第 1 期，第 102-104 页。

转型中的守正与创新
——"红星新闻"典型案例解析

《成都商报》：《"雨衣爸爸"确系郑州地铁遇难者父亲 亲友：他不希望被打扰》

界面新闻：《重走郑州地铁5号线：积水区十年前上"黑榜"，排水明沟变暗渠》

红星新闻：《逃出郑州京广北路隧道》

案例 4

"川西虫草产地调查"系列报道

一、案例简介

作为"补品之宝",虫草是珍稀自然产品,采挖虫草亦是云贵川藏少数民族地区部分群众的谋生手段。但对大部分公众来说,虫草只是一种昂贵的"奢侈品",躺在光鲜的柜台里,而对虫草及其产地背后的故事几无所知。

认识虫草,其实也是认识川西地区生态文明建设和经济、社会发展的一把"钥匙":一个关涉传统市场与现代治理、自然生态与人民生活的产业,缘何在新时代焕发新的生机?一度被贴上"少""穷"标签的川西虫草产地,市场环境、生态环境和人文环境又发生着怎样的嬗变?

这是一个带着神秘色彩的故事,曾在荒无人烟的高原之上持续演绎"财富传奇"。但从20世纪80年代开始,虫草价格越来越贵,也越来越稀缺。对当地人来说,他们正在经历的变化悄然而又迅猛——电商改变了虫草交易方式,生态保护改变了虫草采挖方式,而多年的经验积累也逐渐确立起一种良性、规范的虫草采挖"山里新秩序"。与此同时,四川最大的虫草产区理塘县也在随之发生着改变。

记者走进甘孜藏族自治州多个区、县,历时半月走访虫草原产地、交易市场及相关部门,深入、全链条展现了海拔4500米的虫草产地采挖环境和市场秩序,并通过虫草交易模式的改变,展现出过去几十年虫草采挖和交易历史,以及虫草产区的变化及发展。从虫草淘金营地到虫草交易新模式,再到当地产业发展及下一代教育,3篇系列报道共计上万字,全景展现了川西虫草产地的真实一面,以挖草之变展示产业之变、生态之变、教育之变、治理之变,生动刻画了一个民族地区可持续发展的欣荣图景。

转型中的守正与创新
——"红星新闻"典型案例解析

这是外界所不知晓，但正在发生的虫草产地之变，也是一个关于时代变化与进步的典型川西故事。

> **扫码阅读案例原文**
>
> 川西虫草产地调查①｜海拔 4500 米山上的虫草"淘金者"：万人营地与山里江湖
>
> 川西虫草产地调查②｜虫草交易的"冰与火之歌"：传统收购商叹生意难做，主播带货月赚 8 万
>
> 川西虫草产地调查③｜最好的虫草在课堂，孩子们"学到知识才有更多选择"

二、创作札记

（一）线索判断

实际上，深入川西高原实地调查川西虫草产地，是我们酝酿很久的一个选题。从 2010 年起，记者就在持续关注川西虫草采挖，一直和当地虫草采挖者和虫草商人保持联系，收集和了解当地情况，酝酿前往高原现场调查。

根据记者的前期了解，从 20 世纪 80 年代开始，虫草价格越来越贵，也越来越稀缺，还一度因无序采挖及过度放牧等原因持续减少并引发争议。这其中有生态环境的变化，也有交易方式的变化，背后更折射出当地经济、社会发展的变化。

"绿水青山就是金山银山"，虫草是青藏高原、康巴地区的重要产业。那么，在川西理塘这个四川最大虫草产地，虫草采挖及交易是否牺牲了生态保护？在新的时代背景下，当地是否有新的举措与治理方式，在虫草产业与生态保护之间取得平

衡、共促,从而实现当地群众致富的良性嬗变?

这是我们在出发之前,就想知道的答案。

因此,经过部门充分讨论,我们认为:这不仅仅只是简单的川西虫草采挖报道,更是一个关于时代变化与进步的川西故事。还原一个真实的川西虫草产地之变,可以生动折射出新时代下中国的生态文明建设与经济、社会发展的同频进步,是一个值得深入调查报道的重要选题。

(二)采写过程

习近平总书记在 2016 年党的新闻舆论工作座谈会上明确提出:"好的新闻报道,要靠好的作风文风来完成,靠好的脚力、眼力、脑力、笔力得来。"

这次"川西虫草产地调查",对我们来说是一次发现之旅,更是一次深入贯彻践行"新闻四力"的难忘历程。

在将近半个月的时间里,记者走进甘孜藏族自治州多个区、县,一一走访了虫草原产地、交易市场及多个相关部门。在这个过程中,我们一路遇到了许多"生动的人"。在他们身上,折射出了这个时代故事中最闪亮的光点。

但是,这一切并不容易,高原上的山浑厚而寂静,看起来并不陡峭,走起来却格外费劲。

从成都平原到海拔超过 4000 米的川西高原,高原反应是记者首先需要克服的困难。第一天到海拔 5000 米的山上时,我们就遭遇了第一次高原反应,不得不在下山短暂适应后,又重新上山。这里是人迹罕至的高山,冬天被积雪深埋,也是属于狼群和牦牛的大山。山上空气稀薄,即使是当地牧民,也有出现高原反应的危险,常常需要几个人同行互相照应,才能确保安全。

四川最大的虫草产区在理塘,理塘最大的虫草产区就在海拔 4500 米的阿加沟。这里,也是我们此行虫草产区调查的重点区域。

最多的时候,阿加沟营地住了上万人,帐篷铺满整个山谷。每天天刚蒙蒙亮,人们就从营地走出来,然后消失在四面八方的山里,傍晚时又如流水汇聚,各自整理、交易采挖的虫草。营地里有诊所、超市、警务站、临时党支部……一个井然有序的秩序已然在这里建立。

转型中的守正与创新
——"红星新闻"典型案例解析

记者在营地和附近的虫草山上寻访了众多虫草采挖者、商家、民警及相关部门负责人，回顾了当地虫草采挖史，深度还原了虫草生长环境和采挖虫草"江湖"：从群众蜂拥而上带来的生态破坏和治安混乱，到当地政府不断摸索经验创新治理方式"服务上山"，最终建立起稳定、规范的"山里新秩序"，展现了一幅有序管理、可持续发展的虫草采挖新画面，同时反映出经济、社会发展与生态保护的必然选择。

虫草交易之变则是"山下的故事"。

在完成山上的走访调查之后，我们下山，连续多日在理塘县城虫草交易市场内探访，现场见证虫草交易，先后走访多名传统销售人员和网上电商主播。

近年来，科技的进步，尤其是移动互联网的突飞猛进，极大促进了生产力的发展，也不可避免地改变了旧有的生产关系。

在理塘县城的虫草交易市场，我们观察发现，这里也开始出现新的交易模式——年轻人举着手机一边介绍虫草品质和采挖过程，一边直播卖虫草，短短几天的销售额大大超过传统的现场交易。很显然，传统的虫草交易模式正在遭受新技术与新渠道的巨大冲击。

与此同时，一些传统虫草商在接受记者采访时表现得忧心忡忡，在开始思考如何应对新的交易模式与市场需求。在山下的虫草交易市场，经过连续多日的调查和观察，我们深入地复盘了当地虫草交易历史与现状，深刻展现了虫草传统交易市场与交易方式正在面临的新变革。

对当地虫草产业来说，这是一个时代的转折点，我们也在现场见证一个新的虫草市场与交易时代已然到来。

不过从山上到山下，我们对川西虫草产地调查的意义不止于此，我们更关注的是这里的未来。这也是我们此行调查的更重要的目的。

根据记者多年跟踪了解，以前每到虫草季，理塘的学校几乎都空了，孩子们都离校上山采虫草。最疯狂的时候，一到虫草季"十校九空"。"娃娃采虫草"成为当地一种让人无奈的常态。

但此行我们调查发现，如今"娃娃采虫草"已在理塘成为历史！根据当地官方部门向我们提供的数据，2022年虫草季，理塘县35所中小学13187名学生，无一人离开学校上山采虫草。

到底发生了什么？记者对此展开了深入了解和调查。原来，这都源于当地教育的发展与革新，以及更重要的社会观念之变。记者走访多个学校、部门和偏远牧区家庭了解到，近年来，国家、政府及社会各方对教育重视并加大投入，加上各种惠民资金，当地家长对教育的认知观念已发生根本改变：孩子们的未来不在虫草山上，而在课堂。教育，才能真正改变下一代的命运。

已在当地任教十余年的理塘县村戈乡小学副校长李杨央，就见证了这场真实的改变。在采访中，她自豪地告诉我们，近年来的虫草季，学生没有一个离校去挖虫草。"时代在变，低年级的学生已经没有到这个季节就要出去采虫草的意识了，最多就是周末回去体验一下。"她说，"现在最好的'虫草'在课堂，知识改变命运的理念已深入人心"。

社会观念之变，实际上也是经济发展、社会进步的表征。从"娃娃采虫草"，到如今无一人离校上山采虫草，最好的虫草不在山上而在课堂，孩子们才是"最珍贵的虫草"！这是我们在调查中的真实感受与收获，也是我们想要探寻的未来。

而现实也在印证着这种让人欣慰的改变，以2021年理塘县中考为例，前20名基本都是来自农牧区的娃娃。我们也有幸见证，美好未来正在到来。

（三）社会效果

"川西虫草产地调查"3篇系列报道围绕虫草采挖、交易及对当地的影响，层层深入，徐徐展开，完整展示了四川最大虫草产区理塘的真实生态与发展，并以此折射出地区之变，不仅讲述了当地生态保护与产业发展的共促，展现了一个民族地区脱贫致富的嬗变，更呈现了一个基层县域全面践行新发展理念的典型故事：从"全县发放采虫草证"体现的生态优先，到"万人营地直接交易"中的价值驱动，从"娃娃采虫草成为过去式"蕴含的教育振兴，到"高原骑警、服务上山"的治理创新，这组调查写虫草产地而不局限于产地，写产业发展更写基层治理，写发展方式更探寻未来，生动呈现了民族地区践行新发展理念的高质量发展之路。

整组报道推出后，立即引起广泛反响和关注，全网阅读超过百万，人民网等主流媒体先后转载，同时得到四川省、成都市、甘孜州当地等各级相关部门的赞许和

肯定，取得了积极、正面、良好的社会效果。

（都市新闻中心主编马天帅，副主编邵洲波，记者蒋麟、杨灵）

三、专业评析

纵览虫草之变，透析地区发展

长期以来，受社会经济发展水平、新技术应用能力、地理条件等诸多限制，民族地区在大多数群众眼中带有一定的神秘性。随着以互联网和信息技术为核心的新媒体技术发展，网络、手机等新兴媒体广泛进入大众生活，少数民族地区群众的信息来源渠道日益多元，做好民族地区的新闻报道也成为国家新闻传播工作的重中之重。红星新闻顺应国家要求，立足四川地域特色，以虫草为话题切入，将川西民族地区的生态民生展现于大众眼前。

党的十九届四中全会提出"建立以内容建设为根本、先进技术为支撑、创新管理为保障的全媒体传播体系"[①]。良好的新闻报道首先需要有新鲜的新闻内容作为支撑，这就需要采编人员不断下沉一线，深入基层，寻找相对新鲜的新闻写作素材。红星新闻记者敏锐地注意到虫草价格的变动，借助丁真挖掘虫草视频的流量趋势，深入理塘阿加沟这一虫草采挖地，实地实景地展现川西少数民族的虫草故事。"川西虫草产地调查"系列报道的成功，源于社会民生敏锐感知下兼具思想与内涵的深度解读，也离不开媒体融合阶段顺应互联网语态的大众化表达形式。

一、深入一线，借势热点，多维度、纵深化解读川西虫草产地

（一）以小见大，小切口洞察大变革

2018年8月，习近平总书记在全国宣传思想工作会议上强调，宣传思想干部要不断掌握新知识、熟悉新领域、开拓新视野，增强本领能力，加强调查研究，不

[①] 《实施全媒体传播工程　加快推进媒体深度融合发展》，中国共产党新闻网，http://theory.people.com.cn/n1/2021/0519/c49157-32108028.html。

断增强脚力、眼力、脑力、笔力,努力打造一支政治过硬、本领高强、求实创新、能打胜仗的宣传思想工作队伍。① 这便要求新闻工作者的报道不能停留在表面,而是要洞察事件背后的新闻价值,深入调查,挖掘现象本质。红星新闻记者注意到自 20 世纪 80 年代起虫草的价格不断上涨并引发一系列生态问题的社会现象,从 2010 年起便持续关注川西虫草采挖情况,力图通过虫草采挖探究新时代川西地区生态保护与脱贫致富之间平衡、共促的方式。大多数人对虫草的印象仅停留在昂贵的补品,对虫草产地及背后故事知之甚少。"川西虫草产地调查"系列报道由虫草采挖、交易情况切入,见微而知著,深入分析虫草采挖变化所体现的川西地区生态保护、产业发展、教育理念等诸多方面的时代变革,从虫草之小处落笔展开宏大的地区发展格局。

"川西虫草产地调查"系列报道是川西理塘地区社会发展的一个缩影。3 篇报道从虫草淘金营地到虫草交易新模式,再到当地产业发展及下一代教育,通过虫草采挖事件中采挖数量、管理规范、群体身份等变迁,映照出四川理塘的民生与发展。虫草采挖数量逐渐减少的背后是生态保护与可持续发展的选择;传统虫草交易模式遇冷、电商主播开启售卖的新渠道与新模式、虫草交易历史与现状的对比,印证了互联网信息技术对虫草销售的影响;民警对虫草采挖地区逐渐稳定、规范化的管理反映出"高原骑警"的治理创新;从"离校采虫草"到"最好的虫草在课堂"折射出川西地区教育理念的改变及教育质量的提升。红星新闻记者敏锐地把握了虫草这一贯穿川西民众生活的关键线索,以川西最大的虫草采挖地理塘为样本,通过虫草采挖这一民生事件摹写川西地区人们的生活特征,以虫草采挖之变展示了社会发展过程中西南民族地区的产业之变、生态之变、教育之变、治理之变。

(二)立体展现,多维度平衡报道全貌

不同于大多数虫草报道单一时间、单面内容的展现,"川西虫草产地调查"系列报道并未局限于理塘县阿加沟这一虫草采挖地及虫草采挖这一孤立事件,而是走访虫草所影响的方方面面,涵盖了虫草采挖者、治安管理民警及山下众多依靠虫草

---

① 《增强脚力眼力脑力笔力 守正创新做好新形势下宣传思想工作》,求是网,http://www.qstheory.cn/dukan/qs/2019-01/01/c_1123923852.htm。

交易来维持生计的家庭，全景式展现了虫草与川西民众之间的紧密关系，使得虫草不仅仅是贴有冰冷价格标签的"奢侈品"，也是蕴含着川西理塘民风与人情的符号。阿加沟虫草产地不再仅仅是大众认知中的地理位置，还是由千万名虫草采挖者与其背后家庭以及众多虫草交易商、治安管理民警等鲜活面孔构成的立体人文空间。无论是内容所涵盖的广度，还是内涵分析的深度，3篇报道互为补充，完整、生动地将川西虫草产地引入大众视野。

此外，"川西虫草产地调查"系列报道用发展的眼光、历时比较的方法来分析川西虫草产地，不仅深入了解当下的虫草采挖、交易、产地治安以及下一代教育的状况，同时关注到多年来虫草产地的发展变化，虫草采挖数量、交易方式、采挖群体等均随着社会发展产生了巨大变革。该系列报道将历史虫草产地情况与当今相对比，更加直观地展现出在国家政策与科技发展的影响下川西理塘地区的变革，纵向刻画出虫草产地的发展全貌。

（三）典型人物，微观故事映射时代变迁

在虫草采挖情况的展现中，3篇报道摒弃了数据堆砌、生硬的概念化解释，而是选取虫草采挖、产地管理、下一代教育中的典型人物，以实际参与者的视角引导大众走进川西虫草产地。每篇报道均采取故事化叙事与人物原声回放相结合的方式，事件叙述中穿插亲历者讲述，有理有据、平实亲切的话语构成报道主体。"川西虫草产地调查"系列报道在讲述虫草采挖变化时，并未采取单一的叙事口吻，也并非大段文字铺陈和数据堆砌，而是选取虫草采挖人贡呷洛珠、恩珠夫妻、次波等为叙事人物，跟随其采挖过程将虫草获取过程呈现给大众。报道中的人物身份虽同为虫草采挖者，但每个人具有独特的采挖经历和原因，不同的虫草采挖故事、感受拼合起理塘虫草采挖的历史与现状，塑造了生动多样的"高原淘金者"面相，使得虫草采挖者在大众眼中不再是以数量一言以蔽之的脸谱化形象。

与此同时，3篇报道极具全局视野，除采挖人这一与虫草直接相关的群体，还关注到同样与虫草产地息息相关的治安管理民警与下一代孩童。报道并未直接摆数据、亮结果，而是借助当地派出所所长伍金扎西、理塘县村戈乡小学副校长李杨央等人的切实回忆，将过往尝试中的管理琐事、教育困境以故事片段呈现出来，塑造了更为立体鲜活的人物形象，增强了事件报道的客观性与真实性，使读者在微观故事的讲述中体会到川西理塘的发展变迁。报道中不同的人物以其身份特质，展现了不同层面的虫草产地，各异的微观故事融洽为宏大的时代叙事，鲜活生动的人折射出川西民族时代故事中最闪亮的光点。

（四）强化责任，塑造主体责任意识

主流媒体首先是大众媒体，主要满足的是整个社会在新闻舆论需求上的最大公约数，因此，主流媒体要影响尽可能多的大众，新闻报道需立足于社会实践，扎根于人民群众。对于大部分民众而言，虫草是昂贵的奢侈品，而对于云贵川藏少数民族中部分群众而言则是赖以为生的方式。受信息传播限制，双方认知存在隔阂，"川西虫草产地调查"系列报道多角度、全链条展现了虫草产地采挖环境、市场秩序以及下一代教育，全景呈现虫草产地的民生故事，打破了外界人们对于虫草采挖的信息壁垒。

作为西南地区地方主流媒体，红星新闻"川西虫草产地调查"系列报道立足川西人民生活基础，深入产地一线，实地实景考察虫草采挖现实。报道并未停留于虫草采挖这一单一事件报道，而是深挖虫草采挖变化背后的民生变化、政策扶持、观念变迁等深层原因，深刻体现了以人民为中心的新闻本质。既是深入现象、考据事实的新闻报道，也是一个关于时代变化与进步的典型川西故事，体现了西南区域特色，为多样化的民族地区发展报道提供了思考。

二、多形态、接地气、通俗化互联网语态提升传播效果

习近平总书记在党的十九大报告中指出，要"坚持正确舆论导向，高度重视传播手段建设和创新，提高新闻舆论传播力、引导力、影响力、公信力"[①]。优秀的新闻内容也需合适的形式才能达到传播效果的最大化。媒体融合时代，新闻传播更要适应互联网语态与全息传播的表达形式，新闻报道要语言平实、言之有物、准确客观。与此同时，移动化、社交化、可视化是当前互联网发展的重要趋势，新闻工作者要学习新的表达思维和技巧，以受众愿意听、听得懂、喜欢听的形式最大化地

---

① 《提高新闻舆论传播力、引导力、影响力、公信力》，求是网，http://www.qstheory.cn/dukan/qs/2018-09/16/c_1123429161.htm。

转型中的守正与创新
——"红星新闻"典型案例解析

实现新闻报道的传播效果。

（一）"文字＋视频"，多形态表达构建实景化体验

新闻舆论工作的特点是常干常新，"不日新者必日退"。耳目一新、引人入胜的表达离不开表达模式的创新，如何将好的故事传播出去是推动媒体融合、提升传播效果的重要命题。信息爆炸的新时代，人们获知信息的形态呈现多样化特征，单一的文字表达已无法满足民众对于信息的需求。"川西虫草产地调查"系列报道符合当下民众的阅读习惯，视频与文字结合的多形态表达是人们乐意并即时接受的形态。在内容元素上，每篇报道都包含精心拍摄的视频、照片来辅助文字叙写，并将视频置于报道开头，在阅读伊始便吸引人们的观看兴趣。

3篇报道虽篇幅较长，但结构排布划分得当且条理清晰。每篇报道分为若干单元，单元之间内容有所联系但又可单独阅读互不干扰，文字报道中适时穿插图片展示，合理地调整了阅读节奏，使民众阅读时不觉枯燥。

报道内容深入，呈现方式丰富立体，是红星新闻"川西虫草产地调查"系列报道广受好评的关键之义。

（二）生动真实，亲民式话语拉近民众距离

近年来，在新闻宣传战线广泛开展的"走基层、转作风、改文风"活动中，新闻报道大力倡导短、实、新的文风，倡导接地气、生动、活泼的语态。[1]

在"川西虫草产地调查"系列报道中，红星新闻面向广大群众，改变严肃、客观的行文风格，采用朴实、生动的语言，为读者展现了真实而接地气的虫草故事。3篇报道在标题中设置了一定的悬念，勾起了读者的探究欲望。"淘金者""山里江湖""冰与火之歌"等生动而富有幽默感的比喻，瞬间将人引入极具声色效果的虫草产地，"万人营地与山里江湖""传统收购与主播带货月入8万"等极具冲击性的数字以及前后词语的强烈对比，无不吸引着大众去了解川西地区并不广为人知的虫草故事，揭开虫草昂贵价格的面纱，去体会一根小小药材背后的人情冷暖。

（高冉）

---

[1]《媒体融合时代新闻工作者如何锤炼"四力"》，中国共产党新闻网，http://theory.people.com.cn/n1/2019/1202/c40531-31484127.html。

四、延伸案例

极目新闻：《"中国冬虫夏草第一县"青海杂多县虫草交易忙》

新华社：《新华视点｜虫草山的守护者》

央视网：《西藏巴青虫草采挖现场：考验眼力和耐心 一铲子下去刨出一根》

新华社：《虫草采挖季：雪域高原的生态馈赠》

第四章 社会民生

案例1 "70万天价药背后之难"系列报道

案例2 "的姐"退休年龄之困

案例3 "'人生归路':第一代农民工的晚年岁月"系列报道

案例 1

"70万天价药背后之难"系列报道

一、案例简介

提到罕见病脊髓性肌肉萎缩症（简称SMA），可能知道的人仍然很少，但在2021年国家医保目录药品谈判现场，医药谈判代表"灵魂砍价"，将治疗该疾病的药物——诺西那生钠从70万一针砍至3万多一针从而冲上了热搜的事情，相信很多人并不陌生。

从2020年7月，红星新闻率先对SMA患儿进行报道，通过讲述各个年龄和不同病症的三名患者的故事，结合他们的患病经历和家庭环境，深度呈现这一罕见病群体现状。

8月5日，我们获知广州一位母亲向国家药品监督管理局提交信息公开申请，源于网传治疗SMA的药物诺西那生钠在国内售价70万一支，但在澳洲仅要41澳元，兑换成人民币为200多元。一时间该药物的国内定价备受质疑。由此衍生出的罕见病药物如何进医保的问题再次成为该事件最核心的问题。

红星新闻抓住契机，着手采访该领域的重要专家，分析了我国目前罕见病保障机制的现状、难题，提出建议性意见。最后记者采访了国家药品监督管理局、国家发改委、医保局等政府部门，并独家拿到主管药物价格部门医保局的具体回应。

转型中的守正与创新
——"红星新闻"典型案例解析

扫码阅读案例原文

一针70万元,每4个月一针:那些等针救命的 SMA 罕见病患儿

为何一针药卖到70万?医保局:该药处于市场垄断 一直在谈判降价

70万元一支罕见病天价药背后:罕见病治疗该如何"买单"

"一针70万"罕见病背后真相 天价药进医保到底有多远?

人口基数优势"70万一针"天价药入医保实现"零突破" 家属:孩子腿部已变形 希望赶紧去打针

二、创作札记

(一)线索判断

2020年7月1日,深度报道中心负责人蓝婧将一条病患求助线索转发给记者罗丹妮。这不是记者第一次接触求助类线索,按照正常流程就是查阅过往报道和国内外的医学资料,充分了解 SMA 这种罕见病人群的病症现状,再与受访者沟通亟须解决的问题,试图通过简单的新闻曝光帮助当事人个体。

但当时部门认为,不能简单做一个求助类的稿件,并提供了一篇文章《用伟哥续命的"蓝嘴唇人"》作为参考。相同的是这两种都属于重大疾病,面临着高昂的靶向药治疗费用,一旦患病便终生服药。幸运的是,在"蓝嘴唇人"这篇文章发表的半个多月前，国家医保目录首次出现了治疗"蓝嘴唇人"的靶向药，而 SMA 的药物还没有在医保目录中出现。

什么时候我们的药物也可以进医保？对罕见病患者而言，找到有效药物并以负担得起的价格使用，是他们共同的心愿。因此，不少罕见病家属寄希望于国家医保。部门认为，报道方向是要做群像，深入挖掘直击痛点。记者通过各个年龄和不同病症的三名患者的故事讲述，结合他们的患病经历和家庭环境，将这一罕见病群体现状深度呈现，发出了第一篇报道。

（二）采写过程

记者罗丹妮找到的第一位采访对象是患儿的父亲，她和对方从上班聊到下班，夜深记者走出报社大门，冒着大雨也在打电话；坐上出租车，还在和采访对象聊；小区电梯下来五六趟，记者害怕信号中断，在楼下大厅来回踱步，只是因舍不得打断他的讲述。

他说到自己小孩患病征兆，再到去医院如何筛查基因缺陷，国外对 SMA 的研究成果等，已然成了半个专家。他用自己的力量带着湖北 34 个病患家庭寻求帮助，陪他们撑过命悬一线的时刻，也一起熬夜睡在医保局门口等一个回复。对孩子的爱，让他产生近乎偏执的毅力，让记者很感动。

一位主观能动性极强的受访者，能为报道提供很多思路和帮助。后来不同年龄段和不同程度病患，也是他为记者推荐并说服对方接受采访，整个报道中他起到至关重要的作用。

为了让稿子得到最好的呈现，负责人蓝婧和罗丹妮一起把稿子改了一遍又一遍。7 月 9 日，首篇对 SMA 患者的群像报道出炉，题目为《一针 70 万元，每 4 个月一针：那些等针救命的 SMA 罕见病患儿》，报道被转发在病患群里，多位病患家属看到后告诉记者："报道说出了我们的心声。"10 天后，受访者告诉记者，当地医保局看到报道后找到他们，并说会参照别的省份的政策，他们看到了希望，漫漫求药之路终于向前迈了一步。8 月 5 日罗丹妮又采访到了国家药品监督管理局、国家发改委、医保局等政府部门，并拿到主管药物价格部门医保局的具体回应，形成《为何一针药卖到 70 万？医保局：该药处于市场垄断　一直在谈判降价》，红星

新闻也是唯一拿到医保局回应的媒体。随后用于治疗 SMA 的药物——诺西那生钠注射液因高昂费用引发社会关注，由此衍生出的罕见病药物如何进医保的问题成为该事件最核心的问题，部门要求记者朝这个方向继续深入调查，最后形成深度报道《"一针 70 万"罕见病背后真相　天价药进医保到底有多远？》。

记者从 SMA 患者现状出发，以患者用药需求与药企研发动力为主要矛盾点进行阐述，分析出高额药价与长达 7 年的专利期成为药企垄断市场的根本原因，但这也是药企耗费科研经费研发药物的动力，天价罕见病如何降价成了公认的世界难题。

为对比体现药物价格不等的具体原因是国家政策的不同，记者分析了美国、澳洲、日本等国家对该疾病药物的具体优惠和救助政策，并从我国各地区所做出的艰辛尝试进行分析，查阅了多方面资料，其中包括寇德罕见病中心（CORD，原罕见病发展中心）和艾昆纬中国（IQVIA）联合发布的《中国罕见病医疗保障城市报告 2020》，最后采访该领域的重要专家分析我国目前罕见病保障机制的现状、难题和建议。

与此同时，时政要闻中心负责卫生新闻报道的记者严雨程也迅速反应。他认为，大众对于高价药特别是专利药的认识非常匮乏，这种信息不对等和认识门槛可能是引起关注的首要原因。而在未纳入医保的情况下，罕见病患者如果要使用已经上市的昂贵原研药，究竟应该怎样减轻他们的负担？

严雨程首先向同行寻求帮助，寻找那些操作过罕见病报道选题的记者，让他们帮助介绍领域内的专家。比较幸运的是，一位同行推荐的专家不仅对报道领域非常了解，并且在接受采访后还热情推荐了几名罕见病领域内可以交流的其他对象，其中就包含罕见病公益组织——"病痛挑战基金会"。严雨程顺利采访到了"病痛挑战基金会"会长、创始人王奕鸥，对方提出了一个重要概念——多方共付。此外，她还推荐了青岛市在罕见病患者用药保障上所做的尝试，提供了稿件在设想框架外的新增量。

完成了上述工作以后，严雨程又采访了卫生经济学领域的药品政策专家，补足了稿件在医保制度和药品政策层面的最后一块拼图，于 8 月 9 日推出报道《70 万元一支罕见病天价药背后：罕见病治疗该如何"买单"？》，讨论罕见病患者用药的支付问题。

（三）社会效果

7月9日红星新闻第一篇稿件发出，当天持续位于微博热搜榜第一位，稿件话题超5亿，引发澎湃新闻、《新京报》等十余家主流媒体持续跟进报道，引发社会对该疾病的群体现状的高度关注。此后，多家媒体以同题进行了跟进报道，但由于红星新闻执行力强，操作速度快，并兼具报道深度，成为同题报道中的佼佼者。

在红星新闻报道的持续关注下，医保局在对公众关切的"罕见病进医保"相关问题的答复中表示，下一步将研究探索建立政府主导、多方筹资、社会参与的罕见病用药保障机制；同时，通过带量采购和药品谈判来降低罕见病药品的价格、提高罕见病患者诊疗服务水平、鼓励商业保险机构提供更多保障产品等也都在"目标政策包"之内。

实际上，天价药不进医保只是新闻的表象，其背后有着非常复杂的历史原因和制度原因，各方也有自己的考量和局限性，所以要把这件事解释清楚是非常具有挑战性的。而在实际操作上，消息与深度报道结合，连续多篇的报道使得红星新闻在该选题上生动展现了新闻的连续性和生命力，既在时间上为读者"解渴"，又在智识层面为读者提供了深度思考的空间。

在媒体呼吁和多方博弈之下，报道涉及的天价罕见病药物诺西那生钠注射液于2021年底被国家医保局正式纳入医保，从2022年1月1日起执行。随后，我们又推出《人口基数优势"70万一针"天价药入医保实现"零突破"　家属：孩子腿部已变形　希望赶紧去打针》一稿。元旦当天，广东、北京、上海、湖北、山东等地有近20名SMA患者接受治疗，得知这一消息，我们感到所有的付出都是值得的。

（深度报道中心记者罗丹妮、时政要闻中心记者严雨程）

三、专业评析

深度回应民众"思需盼" 彰显新闻舆论"四力"

习近平总书记在 2016 年的"2·19"讲话中提出,党的舆论工作要坚持"以人民为中心的工作导向,尊重新闻传播规律,创新方法手段,切实提高党的新闻舆论传播力、引导力、影响力、公信力"。作为新闻报道的重要体裁,民生新闻以民生内容、平民视角、民本取向为特征。关注民众生活,以人民为中心,回应人民群众所思、所需、所盼,揭示出民生新闻以民为本的价值取向,也是其塑造新闻舆论传播力、引导力、影响力、公信力的重要立基。治疗罕见病脊髓型肌肉萎缩症(简称 SMA)的药物——诺西那生钠在未纳入国家医保药品之前,国内售价高达 70 万一支。如此高昂的治疗费用,对全国 1600 多个 SMA 患者家庭是不小的负担。对此,红星新闻于 2020 年 7 月率先关注 SMA 患者并对其现状进行深度呈现,而后拿到医保局对罕见病药物诺西那生钠未能进医保的独家回应,并随之刊发多篇系列深度报道解析背后复杂原因。在媒体呼吁和多方博弈之下,报道涉及的天价罕见病药物诺西那生钠于 2021 年被正式纳入医保。红星新闻顺势推出报道对之前采访过的患者家庭进行回访。这一议题在红星新闻的持续关注下,以系列报道合力创势。选题回应民生关切,报道深入挖掘事件背后的复杂原因,以民生为本、专业立基、调查见长的媒体责任感彰显了红星新闻致力挖掘深度新闻的媒体宗旨,也在内容深耕与效能创益中释放新闻舆论"四力",凸显主流媒体的担当与作为。

一、回应民情,连续跟进,增强报道传播力

传播力是主流媒体生产新闻内容,并实现有效传播的能力。[①] 传播力的释放,从媒介角度来看主要依托优质内容的持续性生产来吸引社会关注,从受众角度来看

---

① 许向东、向洁:《提升主流媒体新闻舆论"四力"》,《中国社会科学报》2022 年 6 月 9 日第 003 版。

主要取决于新闻所引发的共情共鸣来产生媒介接触。新闻选题立意深远，回应民切，关注民情，紧扣民众生活"思需盼"，是激发民众关注的先天优势。新闻内容高质精品，深入挖掘，持续跟进，揭示新闻背后错综复杂的来龙去脉，则是引发受众深思的必要保障。

2020年7月1日，在接到SMA病患的求助线索后，红星新闻记者敏锐地捕捉到个体遭遇背后所隐藏的群像困境，报道方式随之由最初设想的个体曝光转向直击痛点的群像报道。作为关乎上千名SMA病患利益同时受到社会广泛关注的议题，其所蕴含的新闻价值被记者精准挖掘，深度呈现。红星新闻随即于2020年7月9日发布首篇报道——《一针70万元，每4个月一针：那些等针救命的SMA罕见病患儿》，文章选择SMA湖北病友群中具有代表性的三名病患，通过深入挖掘他们的患病经历和家庭环境，深度呈现这一罕见病群体现状。这篇报道成功地引发了病患群家属的深切共鸣，既反馈了相关群体的民意诉求，又督促着相关部门的关心关注。此外，报道刊发后，用于治疗SMA的药物诺西那生钠注射液因高昂费用引发社会关注，红星新闻记者直面SMA药物无法进医保的核心事实，厘清背后原因，及时解疑释惑，进一步回应社会关切。首先是获得国家医保局的独家回应，推出《为何一针药卖到70万？医保局：该药处于市场垄断 一直在谈判降价》。随后继续深入调查，形成深度报道《"一针70万"罕见病背后真相 天价药进医保到底有多远？》，从深层次的药企研发与政策保障等方面阐释天价药无法进医保的复杂原因。同时还采写刊发《70万元一支罕见病天价药背后：罕见病治疗该如何"买单"？》，细致探索我国SMA罕见病用药的支付问题。2021年底，天价药诺西那生钠注射液被正式纳入医保后，红星新闻随即推出《人口基础优势"70万一针"天价药入医保实现"零突破" 家属：孩子腿部已变形 希望赶紧去打针》，对采访病患进行回访。以上系列报道对该议题进行持续追踪，及时回应民情，不断拓宽信源，增加报道深度与广度，以系统深入的专业调查揭示新闻背后的复杂动因，以选题上的民生取向与报道上的深度优质，切实增强了报道的传播力。

二、突破表象，深入内核，发挥新闻引导力

引导力是新闻报道凝聚共识、凝心聚力，并获得受众认同的能力。从新闻传播

转型中的守正与创新
——"红星新闻"典型案例解析

过程来看，引导力主要产生于受众对新闻的广泛认同，即新闻被受众认可的程度决定了新闻引导的力度。而具有受众认同感的新闻往往与民众生活息息相关，或所揭示的新闻事实高度契合于社会关注。[1] 体现在新闻生产环节则强调新闻媒体高度的社会责任感和使命感，通过对新闻事实的深度挖掘与持续追踪，呈现新闻事实的复杂面向，起到发人深省、增益智识、启迪思想的作用。

红星新闻推出的"天价药"系列报道，并未将关注视域仅仅停留在病患的个体遭遇，简单对个体进行报道，而是深入 SMA 病患及其家庭，详细讲述其患病经历和生活现状。首篇报道《一针 70 万元，每 4 个月一针：那些等针救命的 SMA 罕见病患儿》被转发到 SMA 湖北病患群，引发了病患家属的深切感触与共鸣认同，真正做到了想人民之所想、急人民之所急。当然，系列报道也并未停留于现状揭露，而是抓住病患经历所衍生出来的罕见病药物未进医保的核心事实，以多篇深度报道回应与解读，从新闻事实的矛盾入手，突破表象，由表及里地揭示天价药未进医保背后的复杂原因。一方面，系列报道通过多种报道体裁合力创势，立足受众关切，深挖背后原因，在及时满足信息需求的同时进一步延长事实链条，从新闻事实所涉及的多元面向展开调查分析，对新闻的生命力和价值性进行深入开掘；另一方面，记者的专业素养与敏锐判断将新闻图景导向了"既见树木，又见森林"的纵深感与复杂感，正因此，系列报道为患病家庭与相关部门搭建沟通交流的平台，有效规避了信息不畅可能导致的风险，促进了新闻事实所涉主体的相互理解。正是红星新闻在该系列报道中点面编织的专业匠心与促进沟通的责任担当，增强了新闻的受众认同感，发挥了新闻的舆论引导力。

三、扎实采写，抢占先机，提升报道影响力

影响力指的是新闻传播的效能，是将新闻资源转化为优质新闻报道并取得理想传播效果的能力。[2] 影响力是评价新闻报道传播效果的"指示器"和"晴雨表"，一方面包含新闻报道在媒体机构之间所形成的联动跟进效应，另一方面包括新闻报

---

[1] 刘建明：《新闻引导力的受众认同理论》，《新闻爱好者》2019 年第 2 期，第 4—8 页。
[2] 许向东、向洁：《提升主流媒体新闻舆论"四力"》，《中国社会科学报》2022 年 6 月 9 日第 003 版。

道在传播过程中引起关注、产生反响、激起共鸣的能力。[1] 以扎实的采写助力优质内容生产,准确把握新闻报道的时、度、效,是新闻报道影响力提升的重要保障。

红星新闻"天价药"系列报道的第一篇稿件《一针70万元,每4个月一针:那些等针救命的SMA罕见病患儿》,在2020年7月9日发出当天,位列微博热搜榜第一,话题浏览量超5亿,并引发了澎湃新闻、《新京报》等十余家主流媒体持续跟进。这有赖于红星新闻敏锐准确的价值判断,前期扎实的新闻采写与高效优质的执行能力,也助力于该报道在同类报道中出类拔萃,引发社会高度关注。此外,红星新闻在其后刊发多篇系列报道,全方位地开掘新闻价值,立体化拓展事实链条,为报道影响力的扩散奠定了重要基础。在《为何一针药卖到70万?医保局:该药处于市场垄断 一直在谈判降价》报道中,红星新闻独家拿到医保局的回应,在对新闻时效与采访时机的精准把握中增益报道权威性与重要性。而在随后对天价药未进医保的政策与制度原因的深度追踪中,红星新闻发挥多部门记者联动协同采访、多点跟进的优势,深入新闻事实背后的复杂动因,探寻国内现存的用药保障途径,在智识层面为读者提供了深度思考的空间。值得一提的是,该系列报道之所以能够引发媒体跟进和社会相关各方的关注,并在最后推动"天价药"纳入医保,离不开红星新闻记者扎实深厚的采写实践。记者从丰富多元的信源处获取了丰厚、翔实的采访素材,同时在写作中巧妙地应用背景材料,将故事与事实融汇于报道文本中,兼具可读性与可信度,亦提升了报道影响力。

四、以民为本,推动进步,塑造媒体公信力

公信力体现公众对媒体的信任与认可,是媒体的无形资产,亦是其安身立命的保障。[2] 新闻媒体的公信力,主要取决于新闻报道以民为本、取信于民的能力。新闻报道越是坚持民本取向,用真实、准确、及时、客观、公正的报道来取信于民,越是容易塑造公信力。

---

[1] 沈正赋:《新媒体时代新闻舆论传播力、引导力、影响力和公信力的重构》,《现代传播(中国传媒大学学报)》2016年第5期,第1—7页。

[2] 沈正赋:《新媒体时代新闻舆论传播力、引导力、影响力和公信力的重构》,《现代传播(中国传媒大学学报)》2016年第5期,第1—7页。

转型中的守正与创新
——"红星新闻"典型案例解析

红星新闻"天价药"系列报道无论是从选题还是新闻呈现来看，始终贯穿着以民为本的人文关怀。该系列报道起源于病患的求助线索，凭借记者对新闻价值的专业判断以及对SMA病患家庭的关心关怀，红星新闻最终选择立足群像全方位呈现该群体的生活图景。首篇关注SMA病患的报道一出便引发病患家属共鸣，也由此塑造了红星新闻取信于民的亲和形象。报道引发社会关注后，红星新闻及时回应舆论关切，极力发掘"天价药未进医保"事实背后的复杂原因，在更广阔的历史视野下深入呈现问题脉络，于深入调查与理性审思的专业素养中凸显其精品意识，由此形成多篇深度报道，以持续关注发挥传播效能，以民本取向展现媒体关怀，以多方参与共促政策完善。系列报道持续5个多月的时间，红星新闻的报道不仅获得了患病家属的认可，而且推动着SMA病患所在省份医保局的政策反思，而后还独家得到国家医保局的回应，最终在媒体呼吁和多方博弈下促进了"天价药被纳入医保"的政策完善。这充分展现了新闻报道作为政策参考，推动社会进步的重要力量，也充分彰显了红星新闻以深度报道推动时代进步的自觉担当，同时也是红星新闻不断塑造其媒体公信力的有力保障。

（高敏）

四、延伸案例

澎湃新闻：《观察｜中国首份罕见病患者健康信息素养白皮书背后：SMA患者如何浮出？》

案例 2

"的姐"退休年龄之困

一、案例简介

2022年3月下旬,在四川资阳,13名女出租车司机突然被注销从业资格证。在国家即将实行渐进式延迟退休的大背景下,她们却因年满50周岁法定退休年龄,被主管部门从出租车行业"清退"。然而,除了开出租车,她们无一技之长,面临失业的尴尬。

"小群体,大民生",资阳13人"小群体"背后涉及的是全国一个庞大的"的姐"群体。红星新闻洞悉这一社会问题,率先介入调查,深度对话资阳"的姐"群体,并与行业主管部门充分沟通,获得回应。2022年4月15日,调查报道推出。

该报道调查深入,逻辑清晰,充分呈现了"的姐"们的真实反映,以及"想多开几年"的现实期许,同时还梳理国内多个城市地方立法延迟"的姐"退休年龄的典型案例,深入探讨了"的姐"延迟退休的合理性。报道呈现多方声音,内容全面,在引起社会讨论的同时,也引起了官方和同行的关注,多家主流媒体跟进评论,最终推动官方调整相关政策,改变了女出租车司机这一群体的命运,促动了制度进步。

扫码阅读案例原文

50岁"的姐"从业资格证被注销:满法定退休年龄,"希望开出租车到55岁"

的姐满50岁被"叫退"是否太早?四川最新通知:暂缓,各市州自主确定注销从业资格时间

转型中的守正与创新
——"红星新闻"典型案例解析

《成都商报》案例报道版面截图（《成都商报》 供图）

二、创作札记

（一）线索判断

四川资阳 50 岁"的姐"群体从业资格证被注销，最初此消息仅有当地出租车行业圈内少部分人知道，并未引起社会关注。后经记者采访了解，资阳出租车少，女出租车司机仅 92 名，年满 50 岁被"清退"的女出租车司机更是少之又少，仅 13 名。

2022 年 4 月，一名"的姐"在当地论坛发帖反映，她因满 50 岁被注销从业资格证，但"家里上有老，下有小"，她又没有其他技术，"不开出租车，不知道干啥？希望多开几年"。

这篇网帖并未引起太多关注和讨论，记者则敏锐地捕捉到这一线索。同时，进一步梳理发现，此前一个月四川德阳市运管处曾在公开回复中提及四川省交通运输厅的相关批复表示，出租车司机从业资格证的有效期设置为法定退休年龄，其中女司机为 50 周岁，达到法定退休年龄的由发证机关注销从业资格证。这也从侧面呼应并证实了资阳"的姐"发帖反映的年满 50 周岁被"清退"的情况。

因此，部门对这一线索充分讨论后判断：这不仅是资阳"的姐"一地一人之事，更是事关四川 21 个市州乃至全国女出租车司机群体的"退休之困"，是一条关乎群体命运的重大时政民生新闻。

(二) 采写过程

经过部门充分讨论，我们初步确定报道方向，即先从当地"的姐"群体切入，厘清事件前因后果，讲述她们的困境与期许，进而追问官方寻求回应——除了解释为何注销 50 岁"的姐"从业资格证，关键还在于如何呼应"的姐"的期许。

随后，记者联系多家出租车公司，最终找到一名被注销从业资格证的"的姐"，通过她又采访到这个"小群体"的多名当事人，其中既有年满 50 岁已被"清退"的，也有即将年满 50 周岁而忧心忡忡者。

通过与多名"的姐"的采访对话，记者掌握了她们被出租车行业"清退"的核心事实：不管是刚满 50 周岁的，还是年过 50 者，她们均在 2022 年 3 月中旬突然接到资阳交通运输部门通知，很快便在下旬因年满 50 岁"法定退休年龄"，被注销从业资格证。

从业资格证，是"的姐"上岗的必要资质，没有此证，她们就只能离开出租车行业。记者调查了解到，她们中不少人，因家庭原因无法割舍这份职业，没有这份工作和收入难以养家。为此，别无他技的她们想不通，为何国家在鼓励延迟退休，却让她们 50 岁就"早早退休"，希望能多开几年出租车挣钱养家，"干到 55 岁也行"，实在不行还可"考核服务质量和身体条件"。

那么，除了四川资阳，国内其他城市的女出租车司机是否也面临同样的"退休

转型中的守正与创新
——"红星新闻"典型案例解析

之困"呢？通过检索梳理，记者发现这不仅是资阳一地"的姐"群体的困境，国内其他城市也存在类似现象——贵阳、威海等城市的公开回复也与资阳几乎相同。但也有一些城市通过地方立法，延长了女出租车司机的退休年龄，比如青岛，不分男女，不超过65岁均可继续从事出租车驾驶工作。因此，在调查呈现资阳"的姐"群体反映的真实困境之后，我们又结合全国案例进一步延展探讨了延迟"的姐"退休年龄的合理性和可操作性。

接下来，就是突破官方，寻求正式回应。对于为何注销年满50岁"的姐"的从业资格证，资阳市道路运输发展中心负责人出示了交通运输部关于出租车司机从业资格证管理的相关规定，以及国务院1978年关于法定退休年龄的相关文件。不仅如此，他们还在网上咨询了交通运输部，得到的答复也是"的姐"从业年龄限制为50周岁。他们只能"严格、依法行政"。

由于掌握了国内其他一些城市通过地方立法延迟"的姐"退休年龄的真实案例，记者也和资阳当地行业主管部门进行了交流，他们也认识到法规与现实存在冲突的情况。然而，涉及出租车方面的地方立法，不在普通地级市的地方立法范畴，这也让地方行业主管部门陷入"两难"，既理解"的姐"，又必须依法行政。

那么，此事该如何解决？记者又联系采访了四川省交通运输厅道路运输管理局，证实四川其他市州也在反映同样的问题，他们已向交通运输部建议出租车司机法定退休年龄和从业资格证年龄"松绑"。

最终，这篇深度调查报道既充分反映了资阳"的姐"的真实困境及希望延迟退休的呼声，又获得了相关行业主管部门的详尽回应，还延展探讨了"的姐"延迟退休的合理性。报道逻辑清晰，深入全面且充满建设性，体现了成都商报—红星新闻记者的敏锐度、思想性和执行力。

（三）社会效果

在红星新闻的调查报道发布之前，尽管资阳"的姐"曾多次向行业主管部门反映，希望延迟退休"多开几年出租车"，但在交通运输部及四川省交通运输厅反馈前，当地寻求了很多办法也无能为力。

调查报道发布之后，引起广泛的社会关注和讨论，记者也继续和行业主管部门保持联系和沟通。此外，主流媒体光明网和《新京报》等也相继发表评论文章，既对"的姐"满50周岁被"清退"的法律依据进行分析，也呼吁在国家即将实行渐进式延迟退休的大背景下，不妨适当放宽"的姐"从业年龄限制，并认为现有条件下延迟"的姐"退休年龄是可行的。

最终，报道推动四川省级层面调整政策。调查报道发布后第10天，2022年4月24日，四川省交通运输厅发文，暂缓注销满50周岁"的姐"从业资格证，由各市州自主确定"的姐"退休年龄。由此，资阳13名"的姐"的从业资格证顺利恢复，重新开上了出租车。

报道直面社会问题，关注大时代下的小人物群体，通过建设性的报道与探讨改变了她们的命运，也直接推动了制度进步，体现了成都商报—红星新闻作为主流媒体的责任与使命。

（都市新闻中心主编马天帅、副主编邵洲波、记者姚永忠）

三、专业评析

深入调查、回应关切、引发变革："小群体、大民生"为民生新闻注入新价值

一、选题：以平民视角反映民情，以人文关怀书写报道

民生新闻是聚焦平民百姓的生活、生计、生存、生命的新闻，要坚持以人为本的价值取向，坚持平民视角。过去传统媒体注重自上而下的指导性，容易存在脱离群众的倾向。而报道立场上的平民视角，就是贴近百姓生活，站在百姓的立场上去关注民生问题，用"平视"而不是"俯视"的目光去看待百姓。民生新闻要更多聚焦平民百姓，反映其生活状态，为民众排忧解难，体现人文关怀价值。

"的姐"退休之困不仅关乎平民百姓的实际利益，也引发对女性职业群体利益的关注和探讨，帮助不同年龄段的女性群体更好地被社会接纳。根据调查，记者了

转型中的守正与创新
——"红星新闻"典型案例解析

解到资阳"的姐"面临的退休困局并不只是一地一人之事，更是事关四川21个市州，乃至全国女出租车司机群体的"退休之困"，关乎千万民众的实际利益，具有相当高的实际价值。红星新闻记者敏锐地捕捉到了网友声音，关心底层百姓和女性群体的生活难题。同时，报道多次展现"的姐"心声，讲述其生活面貌、工作动机和个人期许，给予被报道者尊重，彰显民生新闻的人文关怀。

二、采访调查：敏锐洞察，深入思考，迅速执行

（一）敏锐的洞察力抓住新闻线索

在当下web 2.0时代，去中心化的网络传播格局给传统媒体带来了话语权的下移和注意力危机。因此，如何第一时间抢占落地，挖掘新闻点成为传统媒体人面临的新挑战。敏锐的新闻眼成为当下记者更重要的能力，正如人民日报社内参部主任王方杰所说："对新闻工作者来说，好眼力是观察力、发现力，更是辨别力、判断力。面对采访中发现的新情况，随时调整采访报道方向和重点，不仅应该成为记者对自身的一贯要求，而且应该内化为一种本能。"

2022年4月，一名"的姐"就在当地论坛发帖反映，她因满50岁而被注销从业资格证，但"家里上有老，下有小"，她又没有其他技术，"不开出租车，不知道干啥？希望多开几年"。记者在网络上敏锐捕捉到了"的姐"退休的相关线索，并迅速结合资阳相关部门颁发的条例，对这一线索进行了侧面求证。在得到证实后，对这一线索进行层层深入，首先从当地"的姐"群体切入，厘清事件前因后果，对该群体的困境与期许进行了详细了解，进而追问官方，寻求回应。整个流程脉络清晰，执行迅速。

（二）资料调查夯实，采访深入细致

调查性的深度报道要求内容翔实、丰富，善用事例和数据来说明问题、分析问题。除了采访"的姐"王红，记者还对在资阳面临与王红相同困境的女司机们进行了采访，展现了该报道中矛盾的普遍性和真实性。从采访资阳"的姐"的过程当中，记者不仅关注"的姐"关切的问题，还深入群体内部，询问她们的家庭生活、内心感受等，做到真正全面地了解"的姐"群体。根据得到的线索，记者并不局限于资阳一地"的姐"群体的困境，还结合各地交通运输厅条例，调查了国内其他城

市存在的类似现象。另外，通过梳理国内多个城市地方立法延迟"的姐"退休年龄的典型案例，结合全国案例进一步延展探讨了延迟"的姐"退休年龄的合理性和可行性。红星新闻以专业的态度和职业素养深入人民所急、所想，起到了良好的社会效果。

三、内容：内容全面，结构清晰，语言亲切贴近民心

调查性的深度报道不同于短小的消息，它要求用典型的案例和数据资料作为支撑，围绕一则线索逐步展开深入，去探究事情的来龙去脉或揭开制度性的冲突、矛盾，在组织报道内容时应充分考虑多方观点，在充分调查和分析基础上提出建议。

该系列报道展现了在延迟退休大背景下，四川资阳"的姐"群体却遭遇因年满50岁"法定退休年龄"被注销从业资格的尴尬困境。报道深入对话当地"的姐"，表达了她们希望延迟退休的呼声，同时梳理多个城市地方立法延迟"的姐"退休年龄的案例，探讨了"的姐"延迟退休的合理性，并积极询问官方，引发社会性关注。该报道做到了以下三点：

（一）结合民间和官方声音，内容全面

报道内容层次清晰，全面呈现多方观点，引用典型案例和事例，既反映作为平民百姓的"的姐"的个人立场和期许，又搜集四川资阳的相关文件条例，并报道了官方对此及时、详细的回应。在此，媒体作为民间与官方的联结者，发挥了上下沟通的作用。同时，两种声音突出了报道所要展现的现实与规定之间的矛盾点，使报道内容平衡充分，凸显新闻价值。

（二）报道结构分明，层层递进式展开

该系列报道采用"小故事、大民生"的报道思维，以点带面，从"的姐"王红个人的小故事，引向对"的姐"群体乃至四川省相关政策法规的关注。该系列报道行文结构分明，从"的姐"王红个人的亲身经历出发，再从个体上升到四川整个"的姐"群体，重点聚焦了出租车司机群体所面临的现实与行业规定之间的矛盾。围绕这一矛盾，报道主要内容分为现状、期许、回复、探讨四个部分，由浅入深地进行事件报道、挖掘，以解决百姓利益问题为导向呈现全文。

转型中的守正与创新
——"红星新闻"典型案例解析

（三）采用民众话语，增强报道接近性

红星新闻在该系列报道中大量直接引用了受访者王红和其他"的姐"的真实回答，其中夹杂了四川本地方言，增强了报道的可读性和生动性，能在心理上拉近报道与读者之间的距离，除了增强报道的亲近性，还凸显了红星新闻作为四川媒体的本土化风格。

四、发布渠道：移动优先，矩阵推广，构筑传播合力

2019年1月25日，习近平总书记在中共中央政治局第十二次集体学习时的讲话中指出："推动媒体融合发展，要坚持一体化发展方向，通过流程优化、平台再造，实现各种媒介资源、生产要素有效整合，实现信息内容、技术应用、平台终端、管理手段共融互通，催化融合质变，放大一体效能，打造一批具有强大影响力、竞争力的新型主流媒体。"[1]

红星新闻客户端于2018年上线，是由成都传媒集团致力打造的一款聚焦热点新闻的主流新兴媒体。红星新闻秉承"坚守内容主场，坚持新闻原则"的理念，以调查新闻、深度报道和时政评论为特色，坚持内容至上，提升主流媒体的传播力、权威性、影响力。2022年4月15日，红星新闻率先在移动客户端发布了《50岁"的姐"从业资格被注销：满法定退休年龄，"希望开出租车到55岁"》的深度报道。之后，《成都商报》、红星新闻微博账号根据其媒介特性进行了内容版面的相应调整，同步发布该则报道，形成传播合力。报道一经发布，就引起全国多家媒体关注并陆续跟进评论，呼吁适当放宽女出租车司机年龄限制。

五、社会效果：体察民情，积极为民发声，有效介入推动制度变革

这是一组直接推动四川省级层面制度进步的报道，也是成都商报—红星新闻近年来直接影响四川省决策改变的时政深度报道。首篇深度报道刊发后，引起了社会面的广泛关注，也引起四川省运管局的高度关注。全国多家主流媒体跟进评论，呼

---

[1] 《习近平：推动媒体融合向纵深发展 巩固全党全国人民共同思想基础》，新华网，http://www.qstheory.cn/yaowen/2019-01/26/c_1124046672.htm。

吁适当放宽女出租车从业者年龄限制。最终，在成都商报－红星新闻报道推动下，四川省交通运输厅率全国之先改变政策：发文暂缓注销满 50 周岁"的姐"从业资格证，由各市州自主确定"的姐"退休年龄。

民生新闻以关切的目光关心民生疾苦，将"硬"新闻"软"处理，同时赋予"软"新闻"硬"道理，在进行新闻报道时，立足于问题的解决，而不是简单揭示。新闻媒体要担任社会舆论的引导者，同时积极发挥舆论监督功能，积极关心、了解百姓所感所想，协调社会关系，化解社会矛盾。要畅通信息交流渠道，联结政府和公众，将民众的声音传递给政府部门，推动政策改革。红星新闻将搜集到的"的姐"年龄限制问题迅速反馈给有关部门，并积极询问官方意见，体现了民生新闻的实用性、建设性。

近年来，建设性新闻的引入对我国新闻业及社会产生了多层次的影响。相较于传统新闻，建设性新闻最主要的特性是新闻报道不仅要对正在发生的事件内容进行相关报道，还要对新闻所报道问题如何解决进行后续的跟踪报道，从而使得新闻的信息传播具有更深远的意义，让新闻事件的报道能够不断起到连接社会与沟通群众的作用。主流媒体积极进行建设性新闻尝试，把广大人民群众的需求作为采编的核心，有利于不断满足人民的新闻需求，促进社会进步发展。

（吴含）

四、延伸案例

华商网：《西安端履门盲道占压乱象：城管管不过来　违法者认为小题大作》

红星新闻：《67 岁老人在外务工，春节回家咨询社保被告知自己三年前"已死亡"　社保部门介入调查》

案例 3

"'人生归路'：第一代农民工的晚年岁月"系列报道

一、案例简介

国家统计局最新数据显示，2022年，全国农民工总量达29562万人，其中50岁以上农民工约有8632.1万人。再过10年，这8600多万农民工都将迈过60岁。

农民工是一个庞大的社会群体，见证和参与了我国改革开放以来的发展历程。尤其是20世纪70年代及以前出生，并在80年代初至90年代外出务工的人群，他们的个体生命历程完整经历了国家社会变迁过程，在学术界被称为"第一代农民工"。

如今，第一代农民工大多已超过50岁，正步入晚年，他们的就业权益保障、养老问题值得关注。红星新闻洞悉这一社会现象及群体命运后，从个案入手，并深入对话第一代农民工研究学者，于2023年5月重磅推出"'人生归路'：第一代农民工的晚年岁月"系列报道。

整组报道既有第一代农民工典型个案，也有第一代农民工典型村落现状，还有第一代农民工研究学者对第一代农民工就业权益保障、晚年养老问题的深入分析，以及针对性提出的务实建议。

系列报道层次丰富、内容全面，探讨深入且充满建设性，在引起社会广泛关注的同时，也启发国内媒体同行跟进，一同记录、关注、观察第一代农民工的群体命运，探寻他们的就业权益和养老保障优化之道。

> 扫码阅读案例原文
>
> "'人生归路':第一代农民工的晚年岁月"系列报道

二、创作札记

(一) 线索判断

2023年4月,四川泸州市合江县神臂城镇上大村返乡农民工冯必全在村委会帮助下搬进新家,结束了两个月的"穴居"生活。之前,他已离乡在外务工23年,如今孤身回乡,因老屋已塌,只得寄居岩洞……

记者获悉这一线索后,经部门深入讨论后发现,冯必全是典型的中国第一代农民工,他的遭遇虽然极端,却有一定的代表性,也让第一代农民工的养老保障问题凸显。事实上,国家统计局公布的最新数据也表明,正步入晚年的第一代农民工已成为一个庞大群体。2022年全国农民工总量达29562万人,其中50岁以上农民工约有8632.1万人,所占比重为29.2%,接近三分之一。这也意味着,再过10年,这8600余万农民工都将迈过60岁,进入晚年岁月。

庞大的第一代农民工群体,他们的晚年工作、生活及养老问题是一个值得重视、关注和观察的公共议题。因此,经部门充分讨论后,我们决定以冯必全的典型遭遇为引,更深入地观察和报道第一代农民工群体的晚年岁月,这不仅关乎这个群体本身的命运,也是一个关乎整个社会,具有重要意义的时政民生议题。

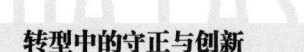

转型中的守正与创新
——"红星新闻"典型案例解析

"'人生归路':第一代农民工的晚年岁月"系列报道插图(红星新闻 供图)

(二)采写过程

经过集体充分讨论后,我们初步确定报道方向,先从典型个案入手,再从个体延展到整个群体,通过记录个体遭遇、展现群体现象,观察和探讨第一代农民工群体在即将踏上人生归途时在就业权益保障、晚年养老等方面的困境,以及解决这些问题的有益探索。进而,再采访专注于第一代农民工研究的权威学者,予以深入解读,对上述问题提出建设性意见,探讨优化之道。

在具体执行过程中,部门记者全员行动,多方寻找第一代农民工的典型人物、村落并深入采访,挖掘出"打工23年孤身回家寄居洞穴""进城挑煤40年在城里买房""四处求职的五旬农民工父亲"等多个第一代农民工典型个案。记者分别奔赴四川泸州、重庆解放碑和南岸区、四川凉山州等地,通过现场实地采访和远程连线,深入每个受访农民工的真实生活之中,还原了他们一生遭遇、打工经历、养老现状及未来规划,呈现出一个个鲜活的第一代农民工现象。通过他们不同的际遇和晚年生活,构建出一个复杂、多面又令人沉重深思的第一代农民工群像。

同时,我们还精心选择一个外出务工大县——四川南部县的典型务工村庄样本,实地走访观察第一代农民工群体的养老现状及规划。

数据显示,2022年南部县农民工共有48.61万人。其中,省外务工27.53万人,占55.6%。天波村,这个距南部县城约20千米的村庄,全村720户2520余人，约有一半村民进城务工，也是一个外出务工村庄的典型缩影。许多20世纪八九十年代进城打工的村民，是村里走出去的第一代农民工，都面临着即将到来的养老现实问题。

在采访中，记者了解到，根据天波村的统计数据，该村50~60岁年龄段的村民有590人左右，至今仍有450多人在外务工。村支书褚甫章介绍，打工多年，村里几乎家家户户都修建了楼房，而且差不多有一半村民还在城里买了房。这些第一代农民工靠着打工积攒的财富帮子女在城里购房立足，又在村里建房，这其实是他们提前规划好的养老之路。许多外出农民工都决定以后回村养老，这是他们内心深处的归属，也几乎是不愿成为儿女负担的他们的唯一选择。

村里，也为逐渐年老的农民工提供了更多的公共服务，比如建立农民工综合服务站，配套设施有小超市、快递站点等，集中为农民工提供政务服务、生活服务、金融服务、邮政服务等。这也是南部县农民工服务中心建立的50个村级农民工综合服务站之一。该县接下来还会陆续在全县剩下的400多个行政村建立村级农民工综合服务站。

在采访中，褚甫章也坦然告诉记者，未来回村的农民工会越来越多，对于这部分群体的晚年生活，他并不担心。因为回村是一种不错的选择，村里这些年基础设施完善，水泥路通到家家户户门口，还有超市、快递站点、电商服务平台、村卫生室，只要不生大病，一切都可以在村里解决。南部县天波村的真实现状和群体心声，展现出了"第一代农民群体"的未来养老真实愿景。

从典型个体到样本村庄，我们由点到面，生动、深入、丰富地呈现出第一代农民工的真实养老现状和未来规划。

然而，对于第一代农民工的晚年就业权益、养老保障等问题，还需要更深层次、更有参考和借鉴价值的专业剖析和建议。为此，我们联系了主持国家社科基金研究项目"第一代农民工可持续生计研究"的安徽师范大学副教授仇凤仙。她多年来对农民工进行了持续深入的关注和研究，被称为第一代农民工的"画像者"，也是农民工研究领域中的翘楚和代表学者。

但记者联系上仇教授后，她一度顾虑较多，担心自己的观点被曲解，不太愿意接受采访。记者并没有放弃，而是根据对她的研究项目和个人背景了解，诚恳地向她阐述了我们的专题报道意图,最终打动她接受红星新闻深度专访。

在专访中,记者与仇教授就第一代农民工的群体命运,在家庭子代的"代际跨越"实现率并不高,"回乡养老"几乎是唯一之路的背景下,对他们的就业权益保障、晚年养老问题和对策进行了深入探讨。

仇教授也结合自己多年研究和调查数据,详细分析了第一代农民工没有自我发展规划,一切为了家庭和代际使命的群体特性,并指出他们在打工生涯中缺乏社会保障、身体损伤较大的现状,以及最大梦想是实现"代际跨越"但结果并不理想、欠薪和工伤等问题发生时未获及时处理、大多数人积攒的养老钱匮乏等具体问题。

仇教授还通过调查数据分析认为,回乡养老几乎是第一代农民工的唯一选择。为此,她结合乡村振兴战略,就第一代农民工的就业权益保障、晚年养老,提出了针对性的务实建议:希望为回乡的第一代农民工再造生计机会,并建立健全农村养老服务体系等。

在专访中,仇教授几乎毫无保留地向记者阐述了对第一代农民工的研究,以及自己的思考和建议。她认为,农民养老要放在乡村解决,绝不能照搬城市老龄化应对的思路。政府全部兜底,可能也兜不起来。农村养老还是要立足农村实际,把农民尽可能留在自己社区或村庄养老,而且要有完善的照顾体系。此外,政府可购买服务,引导农民互助养老;提供一定的经费,由社会组织提供服务,起到监督作用,逐步解决农村老人尤其是失能老人的养老问题。

这就是一个学者的使命感和责任感。而对仇教授的深度专访,她对第一代农民工的分析"画像",以及深入研究的洞见和建议,也让整个"'人生归路':第一代农民工的晚年岁月"系列报道提升到一个更高的思考层次,具备了更有公共价值和社会意义的操作性和建设性。

(三)社会效果

红星新闻"'人生归路':第一代农民工的晚年岁月"系列报道连续发布后,立即在网络上引发网友广泛的情感共鸣和热烈探讨,并启发国内媒体同行和自媒体跟进关注第一代农民工群体晚年生活及保障问题。因为,很多网友和读者都是从农村走出来的"二代",不少人的父辈、兄弟、姐妹与第一代农民工有着几乎相同的经历和命运，这组报道几乎事关每一个家庭，是一个具有普遍意义的社会问题。关注他们，其实也是关注我们自身。

整个专题报道有点有面、严谨深入，不仅直面第一代农民工的群体命运，也对他们的养老保障、就业权益及公共服务进行了专业的建设性探讨，不仅激发广大公众的广泛共鸣和讨论，被腾讯新闻、今日头条等多个主要网络平台推送并重点推荐，也得到专家的高度认可，并引起更多人群、更高层面的关注和重视，展现了成都商报—红星新闻作为主流媒体的公共责任与历史使命感。

（深度报道中心主编王涵，副主编邵洲波，记者罗敏、姚永忠、王超、杨灵、江龙）

三、专业评析

关注社会痛点，体察民生民情

据国家统计局最新数据，2022年全国农民工有29562万人，其中近三分之一的人已年过50。他们见证和参与了国家改革开放以来的建设发展历程，第一代农民工为解决家庭生计外出务工，而今即将迈入晚年，他们的就业权益和养老保障成为社会关注的焦点。红星新闻刊发"'人生归路'：第一代农民工的晚年岁月"系列报道，以个体故事与学者对话呼应时代民生大问题，从报道思维到报道技巧上追求人文价值，为融媒语境下如何找准时代痛点、满足时代需求提供了经验和思考。

一、以人为本、以小见大：时代洪流中的微观眼

第一代农民工作为中国现代化进程中的重要群体之一，承担着艰辛、困难的低端体力劳动，却铸就了今日繁荣富强的中国。然而，他们受户籍制度、子女入学、社会保障等方面的条件限制，在社交活动、生活方式、价值观念等方面与城市居民存在较大差异，进而产生心理隔阂。如今，新生代农民工已然成为该群体的中坚力量，而被时代洪流推动着向前的第一代农民工，则面临着亟待解决的养老难题，徘徊在城市边缘与返乡窘境中的他们又该何去何从？

转型中的守正与创新
——"红星新闻"典型案例解析

面对这个时代提出的难题,红星新闻并没有只站在高处空谈理论政策,而是从人民的视角出发,真切地关注到第一代农民工的晚年生活,将这一庞大的时代命题落细、落小、落实。数十余载的城市务工经历究竟是否能够改变一个最普通的农民的命运呢?报道从最贴近群众的角度出发,由小及大、由点及面,讲活了中国现代化进程中一个又一个真实又动人的农民工故事。

不论是孤身回乡寄居洞穴的冯必全,还是进城挑煤实现代际跨越的大石,红星新闻的报道始终关注"人",关注人的生存状态与命运起伏,用有温度的笔触讲述有生命力的故事,用好故事做深度报道。"'人生归路':第一代农民工的晚年岁月"系列报道,将镜头对准第一代农民工中的典型人物,攫取他们生活中的细节,于细微处展现个体的困苦、现实的窘迫与生命的顽强,更体现了媒体对平凡世界真善美的真心发觉、对弱势群体精神世界的共情感知和对生命个体的终极关怀。

其中,小标题"父亲的手机看哭女儿:连发十几条求职信息无人回应"以朴实细腻的文字,击中了读者的情感共鸣点。红星新闻记者以女儿的第三视角作为报道的切入点,精准捕捉女儿无意看到父亲手机里的求职信息无人回应的细节,大大增强了新闻的张力与感染力,起到的宣传报道效果自然也不言而喻。

二、社会责任、媒体担当:作为社会瞭望者的深度报道

新媒体时代,新闻作为观察社会最灵敏的"感应器",似乎也滑入了加速轨道,短、平、快的信息几乎成为传播内容的主流。深度报道作为传统媒体的时代产物,尽管在当下遭遇流量迷雾、政治风险、低性价比等现实困境,仍具有其独特的生命力,作为舆论监督的深度表现形式,对于社会的良性运转不可或缺。

随着时代变迁,从农村走出去的第一代农民工即将踏上人生归途。然而,在出走与归来间,这一庞大群体的晚年工作、生活和养老问题接踵而至。红星新闻敏锐地把握了这个值得深思的公共议题,关注时政、贴近民生,体现了红星新闻作为主流媒体切实反映时代发展节奏的社会责任与担当,在新闻实践中贯彻落实"权为民所用、情为民所系"。

随着社会转型的逐步深入,中国社会中的价值观谱系极其多元。在看似小的新闻中间,也存在极强的新闻内部张力和强度。深度报道通过对事件之间盘根错节的

纵横梳理，以全景呈现来映射宏观真实，把新闻事件呈现在一种可以表现真正意义的脉络中，这对于记者专业性的要求则更高。难得的是，记者愿意深入新闻事件中去探寻最真实和最深层次的故事，并且严格遵守客观报道的方法重塑真相，以此剖析深层社会肌理，揭示中国社会根源上的问题。

深度报道的终极价值在于推动时代的进步。"'人生归路'：第一代农民工的晚年岁月"系列报道，正是通过对第一代农民工生存现状进行深描，客观生动地讲述了外出打工的第一代农民工晚年面临的就业权益保障、养老问题的故事。随着记者朴实传神的笔触，该群体未曾被揭示的难题与努力，活生生地展现在读者面前，这些故事犹如一块块拼图，呈现出中国第一代农民工不得不面临的晚年人生，折射出该群体难以为大众所见的现实问题，具有很强的针对性。不仅如此，该系列报道一经网络发布，还引发了广大网友的热切讨论与同行转发推荐。红星新闻作为主流媒体，不仅主动担当社会责任与媒体担当，还起到了"扩音器"的作用，以真情打动人，做社会力量的激发者和引导者。

三、对话空间、多元互动：融媒语境下的新闻功能

新闻在本质上是一种对话，但在传统新闻领域，新闻媒体更多是强调新闻信息的传递，而忽略新闻作为对话的平等性、互动性和共时性。"传统新闻媒体的聚合以及当今新闻报道向网络的迁移，正在彻底改变并扩展传统的新闻定义。"[①] 新闻功能也从"反映论"向"对话观"转型，构建一个可以对话的空间，让多元主体在信息传递过程中能够主动参与。

红星新闻"'人生归路'：第一代农民工的晚年岁月"系列报道采访了多位第一代农民工，从多个角度展现了第一代农民工的生活与晚年现状，也走访了第一代农民工研究学者，从学理角度分析当下农民工养老社会问题的背后意涵和解决方案。

"'人生归路'：第一代农民工的晚年岁月"系列报道回归事实本源，追求新闻的可读性。对话性的新闻写作要尊重受众的阅读体验和反馈，尤其是要在人物、细

---

① 查尔斯·斯特林：《大众传媒革命》，王家全等译，中国人民大学出版社2014年版，第377页。

转型中的守正与创新
——"红星新闻"典型案例解析

节和共鸣上下功夫。①《打工23年，他孤身回乡寄居洞穴 当地为其安排临时住房》中62岁的冯必全孑然一身回到老家寄居洞穴，《进城打工40年，他靠挑煤在城里买房定居，打算回村养老》中69岁的大石通过勤劳打拼完成"代际跨越"，《一个务工大县的村庄：打工几十年家家修房 回村养老仍是内心归属》中外出务工的农民工群体回到乡村养老。这一系列文章并非采用宏大叙事，而是从微观视角以个案切入，个体的力量与发生在他们身上的故事使得新闻更具有可读性，细节的描述更添几分共鸣。

《对话54岁农民工父亲：手机里十几条求职信息看哭女儿，已找到新工作，"坚持到干不动"》的新闻线索来源于女儿王而西在互联网上发布的信息。新媒体语境增强了新闻与受众对话的交互性和议论性，新闻不再是单向度的文本线性模式，更表现为一种传受双方互动和对话的过程：新闻是一个发现的过程。王而西在网络上书写自己的故事引发网友的共鸣与热议，进而记者找到王而西和她的父亲，进一步挖掘其背后的故事和深层意义。新闻在反馈、交互和讨论中产生，新闻本身所衍生的沟通路径使得新闻的对话功能得到进一步深化。

《专访"第一代农民工"研究学者仇凤仙：回村养老几乎是他们唯一的路，需再造生计机会》是对第一代农民工研究学者仇凤仙进行采访，对农民工群体的就业保障权益、养老问题和对策进行深入探讨。从传播主体来讲，该报道给予了专业人员一个发声平台，让他们可以直接在公共领域发表意见，发挥舆论引导的功能②。仇教授对于农民工问题的持续探讨和充分对话为新闻提供了更有层次、更具参考价值的专业剖析。从受众需求角度来看，媒介技术和网络黏性使得受众获取信息的需求在当下很容易得到满足③，受众有寻求更高层次的解读信息的需求。"'人生归路'：第一代农民工的晚年岁月"系列报道中人们不满足于知晓这一群体的故事，叹惋他们命运的走向，更想知道事件背后的深层原因和评论分析。通过专业学者对农民工议题的剖析，受众对于相关问题的思考提升到一个更高的层次，使得新闻更

---

① 王凡华：《对话理论下新闻写作的"对话性"研究》，《新闻界》2012年第21期，第16—18页。
② 刘双庆：《网络传播环境下媒介使用的变化与启示》，《中国出版》2018年第10期，第32—35页。
③ 田智辉、梁丽君、高枝：《新闻是一种对话——新闻价值与定位的重新考量》，《新闻与写作》2016年第3期，第32—35页。

具有公共价值和社会意义。

四、回归现场、深入一线：还原故事的报道技巧

新闻现场是记者的主战场。新闻写作要找到核心现场、抓住现场核心。新闻现场为记者准备了最鲜活的第一手素材和最生动的细节，记者能相对容易地找到当事人或见证者还原事情经过，并对事情发生的场所、环境、氛围有切身感受。记者的"身体在场"使得信息的获取有了稳定的前提，使得新闻的真实性、可靠性和完整性更有保证。[1]

在"'人生归路'：第一代农民工的晚年岁月"系列报道中，记者为了找到第一代农民工的典型个案，呈现这个群体最真实的故事，必须回到现场，多采集、观察和核实信息，将富有社会生活的经验和经历融入表达之中，让新闻更有真实的细节和打动人的力量。记者奔赴了四川泸州、重庆解放碑和南岸区、四川凉山州等地，通过现场实地采访和远程连线，去了解每个受访农民工最真实的生活，还原他们过往的经历，去构建复杂、多面的人物群像。事实元素是新闻区别于其他传播的主要依据，也是内在和外在构成新闻的表征，对新闻事实适时地呈现、选择成为采写的思维核心和技能把握重点。红星新闻记者以冯必全结束"穴居"生活的新闻为切入口，与第一代农民工的身份相结合，进一步探讨第一代农民工的养老保障问题。新闻由头像一个桥梁，把新闻信息和人们利益关切联系起来。据国家统计局公布的最新数据，第一代农民工基数庞大，且即将步入晚年。关注第一代农民工的晚年岁月，不只是对这个群体本身的观照，也是以人为本的民生议题。红星新闻的这一系列报道从典型个案再到典型村落，从个体延展到整个群体，对农民工群体的困境进行了一系列探索。红星新闻立足于西南地区，服务全国，尽管这一系列农民工典型个案均来自川渝地区，但并不意味着这只是地区性的新闻，以川渝地区人口输出地为观察点，也可以看到全国第一代农民工的晚年困境。

"'人生归路'：第一代农民工的晚年岁月"系列报道回归新闻现场，细节真实、

---

[1] 胡洪江：《从"身体在场"到"多元在场"：移动互联时代记者与新闻现场的关系重构》，《青年记者》2022年第15期，第53—55页。

线索可靠、情节完整而具有时代意义。

（王卓颖、郭筱雨）

四、延伸案例

财经杂志：《中国第一代农民工，还在打工》

《新京报》：《对话学者仇凤仙："第一代农民工"的养老生计在乡村》

上观新闻：《想为孙子再干十年，中国第一代建筑农民工超龄后：有人染黑头发再面试》

第五章 特别聚焦

案例1 《谭鱼头老板谭长安：我是如何把百亿资产集团做垮的》

案例2 "叶飞举报门"系列报道

案例3 "冰岛奇迹"系列报道

案例 1

《谭鱼头老板谭长安：
我是如何把百亿资产集团做垮的》

一、案例简介

依靠成都商报—红星新闻这一平台，很多记者都在工作中见识过一些企业家，也听说过一些财经"大佬"的商业故事。2020 年 11 月底，我们采访的知名火锅品牌谭鱼头创始人谭长安，便是极具代表性的一位。

当时，谭长安在沉寂多年后回到成都。

他是一位极有代表性的中国民营企业家。2007 年，他在"胡润餐饮富豪榜"上排名第三，远超重庆小天鹅、海底捞等企业掌舵人，他也自称谭鱼头集团曾辉煌一时、资产达百亿。不过，从 2012 年以后，谭鱼头由盛转衰，甚至在 2016 年被清算拍卖。

谭鱼头的成功和衰落都是为何？谭长安本人又经历了什么？是否如外界所言，赌输了百亿集团？

11 月 25 日，我们凭借客观、中立的报道风格，以及前期扎实的功课，成功说服谭长安接受独家采访。这是他首次向外界承认谭鱼头被"做垮了"，也是唯一一次回应 IPO、赌博、老赖等公众关注的焦点话题。

随后，记者结合采访内容和历史材料，抽离企业家思维后，从专业、客观的财经角度还原了"谭鱼头百亿帝国"坍塌始末。

稿件发布后，迅速成为全网热点，不仅被网友热议，也引起餐饮行业的思考。这是我们首发线索、独家专访并制造出热点的稿件，影响深远。直到现在，媒体涉及谭鱼头、谭长安的诸多关键信息，仍大多来自这篇稿件。

转型中的守正与创新
——"红星新闻"典型案例解析

> 扫码阅读案例原文
>
> 谭鱼头老板谭长安：我是如何把百亿资产集团做垮的

二、创作札记

（一）线索判断

2020年8月，谭鱼头关闭了在大本营成都的最后一家店。至此，这家号称"当年比海底捞更牛"的连锁火锅——谭鱼头，正式结束了自己的时代。

3个月后的11月24日，谭长安在抖音发布了一条视频，讲述自己的浮浮沉沉：几乎全部店铺的关张，全国各地餐饮公司的吊销注销，历史遗留问题所造成的高额债务，先后10余次列入失信被执行人名单……

基于谭鱼头在全国的知名度及谭长安本人的话题度，红星新闻财经新闻中心主编袁野迅速判断：这将是一条既有关注度又能深挖商业故事的线索。

（二）采编过程

采写谭长安稿件，我们第一个优势是快。

2020年11月24日，也就是谭长安发布第一条视频的当天，我们就发现了这条线索。当天晚上记者俞瑶就通过抖音平台私信谭长安本人约见，并同步联系成都餐饮协会、熟知谭长安的餐饮业内人士等多个渠道，让他们为记者背书，助力联系谭长安。多渠道的共同努力之下，谭长安在11月25日上午答应采访。随后，我们就在当天下午5点完成了这一次面对面的采访。

然而，比约见更重要的，是采访前扎实的准备工作和采访中独立的思考。

谭长安答应采访之前，对谭鱼头2次欲借壳上市、1次IPO的背景，全国店面关张的现状，记者都已了然于心，所以在谭长安讲述过程中，记者已掌握故事框架，所缺少的拼图块是其中细节及他本人的视角。而几年的财经记者经历也让记者明白，商业并购的失败并不是"遇人不淑"等原因可以简单解释的。掌舵人的眼界与管理水平、对行业的发展趋势与对企业的认知，都在这一过程中起着至关重要的作用。

也正是基于提前扎实的功课和商业认知，记者可以在一个所谓"大佬"的侃侃而谈中找出问题并发出提问，与这一极具代表性的民营企业家进行平等的交谈。最终写出的稿件将故事讲述清楚，呈现了一个因经营、发展问题而由盛转衰的民营企业的典型样本。

稿件发布一年后，我们仍经常讨论这一案例被认可的原因，即在采访前便有自己的认知；在采访时以平等的姿态交谈，不陷入企业家思维；在采访后有深入思考。其实这些，也是一个财经新闻记者所必需的专业素养和判断力。

如今，人们的生活大多被网络包围，信息变得复杂和迅速。在这样的情况下，比起信息，思想才是稀缺资源。普通人尚且需要甄别有效信息、独立思考，而工作即是"输出信息"的记者更需要做到真正的独立思考。

我们相信，也正由于敏锐和独立的思考，记者才能更好地见证、观察、感受和记录这个充满变化的时代，并且留下一些能够被大家讨论的作品。

（三）社会效果

稿件发布之前，"谭长安因赌做垮谭鱼头"的传言在网络上流传甚广。而作为当下中国一名极具代表性的民营企业家，完整经历了企业兴衰荣辱全过程的谭长安，究竟是如何一步步急转直下的？外界无从知晓。通过对谭长安故事的还原，稿件讲述了一个中国民营企业因经营者个人素质有限等而遭遇经营、发展问题并由盛转衰的典型样本。

稿件发布后迅速成为热点新闻。一是传播性极强，进入今日头条"头条热榜"，阅读量超2000万；在《成都商报》、红星新闻等多个平台都创下10万＋的阅读量；在百度搜索被首页推荐。二是全国主流媒体转发，包括人民网、澎湃新闻、上观新

闻、上游新闻等，超过 100 家媒体。三是在餐饮界、创业界和资本圈引发了广泛的热议。诸多餐饮从业者、企业管理人员、投资者甚至谭鱼头的前高管都对这一案例进行了深刻讨论，成为一个现象级的媒体作品。

（财经新闻中心主编袁野、记者俞瑶）

三、专业评析

深耕区域，专注刚需，借力纸媒：
独家财经报道"做爆款"，融媒转型之路"接地气"

一、选题：独家新闻，抢占高点，发现有价值的"故事"

随着新闻竞争日趋激烈，每家媒体、每个记者都在追求独家报道。然而学界迄今为止对于独家新闻还没有一个公认的定义，归纳起来有以下几种代表性说法：（1）独家新闻是由一家新闻机构向外界发布的新闻，发布独家新闻要求采编人员增强发现、收集、采写（制作）新闻的素质，并具有创新和竞争的意识[1]；（2）重要的独家新闻，不仅具有重要的新闻价值，还常常具有被其他媒体再传播的价值，它是新闻竞争的焦点和重要手段，基本上靠记者的活动能量和新闻敏感来采写，靠高效率的现代化通信设备捕捉、传输，并"捷足先登"地加以播发[2]；（3）独家新闻要求记者有较高的新闻敏感、业务能力、活动能力和采写技巧，有锲而不舍的追求精神，一经发表往往会受到社会的高度关注，还常常被其他新闻机构转载，是新闻界工作荣誉的标志之一[3]；（4）传统意义上的独家新闻是指一家媒体抢先其他新闻机构向外界发布具有重大价值的新闻，在当今的信息共享时代，独家新闻更强调独

---

[1] 甘惜分：《新闻学大辞典》，河南人民出版社 1993 年版，第 150 页。
[2] 冯健：《中国新闻实用大辞典》，新华出版社 1996 年版，第 90 页。
[3] 刘建明：《宣传舆论学大辞典》，经济日报出版社 1992 年版，第 215 页。

家的视角和观点[1]。

综上所述，独家新闻不仅指涉新闻内容上的独家，也包含观点与视角的独特。《谭鱼头老板谭长安：我是如何把百亿资产集团做垮的》这一案例，作为红星新闻首先发掘的线索、独家的专访，体现了新闻工作者的职业敏感和功力、对各种前沿理论和知识的及时涉猎、对社会现实和社情民意的深刻洞察。这一案例生动反映出，面对纷繁复杂的社会现象和众声喧哗的多元舆情，新闻工作者"写诗的功夫在诗外"。

（一）及时发现报道线索

在新的传播格局和舆论生态下，中心化的线性传播格局逐步演化为去中心化的网状新格局，以"互联网"和"互联网＋"为依托的各类自媒体传播渠道不断崛起，抢夺了主流媒体的用户份额、市场绩效和传播成果。因此，主流媒体的自我赋能有赖于占领信息传播领域的制高点，赢得主动权。

2020年8月，百亿资产的"餐饮巨鳄"谭鱼头关闭了在大本营成都的最后一家店；11月24日，创始人谭长安在抖音发布了一条视频。红星新闻敏锐地感知到这条新闻的重要性，随即组织团队采访新闻当事人谭长安，第二天就完成了面对面的专访。抢占了"第一落点"，也就掌握了主动权。正如人民日报社内参部主任王方杰所说："对新闻工作者来说，好眼力是观察力、发现力，更是辨别力、判断力。面对采访中发现的新情况，随时调整采访报道方向和重点，不仅应该成为记者对自身的一贯要求，而且应该内化为一种本能。"[2]

（二）深入挖掘事件细节

曾轰动餐饮圈的品牌谭鱼头跌落神坛，是一个动态发展的新闻事件，涉及市场经济和餐饮业市场竞争、上市融资，中国民营企业经营者谭长安个人的生活和工作经历等。报道主线聚焦在谭长安身上，还需要进一步挖掘相关细节。

在本案例报道发布之前，"谭长安因赌做垮谭鱼头"的传言在网络上流传甚广。因此，客观、真实地还原谭鱼头这一市值百亿资产的餐饮帝国由盛转衰的经过，坦

---

[1] 程曼丽、乔云霞：《新闻传播学辞典》，新华出版社2012年版，第174页。
[2] 王方杰：《独家报道，贵在练就一双慧眼》，《中国记者》2020年第12期，第34—35页。

转型中的守正与创新
——"红星新闻"典型案例解析

然处理舆论争议,用事实和逻辑对经济话题进行权威解读、避免社会误读,是财经类媒体的社会责任。无论是还原谭鱼头两次借壳均告失败的经过,还是廓清谭长安本人的赌博争议,报道客观地详述了事件经过,真实地展现了主人公的心理状态。红星新闻立足专业,深入经济话题,做到了关注民众题材、捕捉民众热点,起到了良好的舆论引导效果。

二、内容:激活话题,贴近受众,以鲜活记录做客观报道

截至2021年12月,我国网民规模已达10.32亿,互联网普及率达73.0%,其中使用手机上网的比例达99.7%,网络新闻用户为7.71亿[①]。随着全媒体时代来临,社会信息传播方式快速迭代,人们的话语表达方式趋于多元化,这要求主流媒体进一步加强传播手段和话语体系的创新,在传播过程中最大限度凝聚社会思想共识。信息传播方式的快速更新迭代,给人们的信息获取渠道、生产方式乃至生活方式带来了深刻的变革,呈现出传播者多元化、传播内容分众化、传播方式裂变化、传播媒介多样化、传播关系去中心化、用户注意力成为稀缺资源等新特点。"大众麦克风"时代的来临,直接推动了社会思想的多样化话语表达[②]。这对融媒体时代的财经报道提出了新的发展要求:以用户为驱动中心,为优质内容服务。

诚然,增加内容可读性、贴近受众,并不意味着走入"标题党"引流量、博眼球的误区,或者一味简单地进行内容堆砌和观点输出,而应在保证内容的深刻性、全面性的基础上,做到新闻内核够硬、产品形态够软。《谭鱼头老板谭长安:我是如何把百亿资产集团做垮的》基于记者采访前扎实的功课和商业认知,以及采访后独立的思考,在内容上做到了以下三点:

一是报道主题鲜明。以谭长安的创业经历为主线层层铺开,呈现了谭鱼头企业一步步急转直下的历程。

二是报道结构清晰。"陨落""上市""赌徒""老赖""火锅""网红"六个部分

[①] 《第49次中国互联网络发展状况统计报告》,中国互联网信息中心(CNNIC),https://www.cnnic.com.cn/IDR/ReportDownloads/202204/P020220424336135612575.pdf。

[②] 汪文斌:《新传播生态下主流媒体话语体系创新探析》,参见中国记协新媒体专业委员会编:《中国新媒体研究报告2020》,人民日报出版社2020年版,第139—147页。

组合成完整叙事，不仅有真实情况的插叙，也有背景资料的补充，整体脉络清晰。

三是报道语言生动。夹叙夹议的报道方式建构出个性化的叙事路径，"如今在市场上挑选着干辣椒、干花椒的谭长安，想起曾经澳门赌场的纸醉金迷，想起KTV和夜总会的觥筹交错，会不会觉得恍如隔世""谭鱼头是否能再次得到市场的认可，还需时间的检验"等表述，在一定程度上打破了传统文本叙事的线性逻辑，通过引发读者思考，形成文本与互动的双重叙事，不断强化用户思维导向，搭建起良好的传受关系。

简言之，财经新闻本身专业性和服务性的特点决定了其需要更多地运用新闻的深度报道方式。记者只有把新闻事件的前因后果、本质意义和发展趋势给大众解释清楚，才能有效传达财经信息[①]。本案例以小人物的故事讲述经济大主题，以小切口折射大时代，接地气地精准把握社会需求、回应社会疑问的财经热点，为普通民众的生产生活以及投资活动提供意见参考，实现与受众群体的零距离沟通，兼顾主流价值与个性诉求，从而推动移动网络环境下舆论的良性发展。

三、渠道：移动优先，矩阵推广，争取传播效果最大化

（一）打造本土化、特色化地方财经平台

2013年，都市报十年黄金期结束，很多纸媒的赢利能力迅速衰减，面临着裁撤转场的危机。这一年，《成都商报》提出"办网络时代有阅读价值的报纸"，以新闻事实的专业挖掘与客观呈现为安身立命之本。除了与国内同行同场竞技，《成都商报》还基于地域属性提出了"深耕区域、专注刚需、借力纸媒"的转型优先原则。[②] 为顺应市场的潮流，红星新闻扩大财经报道的影响力，创立起特色财经品牌"红星资本局"。凭借微信、微博等综合的全媒体平台，"红星资本局"在激烈的传媒竞争时代大潮中，立足全国经济，成为成都商报—红星新闻财经媒体品牌。

本案例以专业、客观的财经角度，还原了"谭鱼头百亿帝国"的坍塌始末，不仅依托红星新闻特色财经品牌这一优质平台得以推广传播，而且凭借深度独家报道

---

① 王佩：《论财经新闻深度报道的大众化与贴近性——以〈南方周末〉为例》，《西部广播电视》2021第24期，第22—24页。
② 陈海泉：《闪闪的"红星"：成都商报的转型探索》，《青年记者》2017年第19期，第17—18页。

转型中的守正与创新
——"红星新闻"典型案例解析

扩大了"红星资本局"这一品牌的影响力,从而实现媒体与报道的良性互动。

(二)打造传播矩阵,创设现象级话题

在发布阶段,本案例报道在《成都商报》、红星新闻等多个平台都创下10万+的阅读量,被人民网、澎湃新闻、上观新闻、上游新闻等全国100余家主流媒体转发,形成多平台权威发布的传播矩阵,多路径传播提升全网触达率,极大增强了该报道的传播力与影响力,进入今日头条"头条热榜",阅读量更是超2000万。

在后续传播阶段,本案例运用社交媒体进行二次传播,推动话题的多角度深入讨论。一方面,积累大量流量与用户认知度,在新浪微博等公共社交平台形成热点话题,引发网友讨论;另一方面,在餐饮界、创业界和资本圈引发广泛热议,公众号文章、知乎问答、短视频等二次创作再次推动红星新闻这篇首发独家报道的有效话题传播。

综上所述,融媒体时代,以《成都商报》为代表的传统都市报,在"谋定而后动"的转型历程中更需瞄准市场定位,强化深度财经报道能力,精准把握社会需求,兼顾主流价值与个性诉求,深耕公司、行业、金融等领域的专业报道,让复杂晦涩的财经消息变得更通俗易懂,更加贴近生活和群众。同时,立足主流媒体优势,坚持"真相创造价值"的原则,在不断完善的采编系统下,以前后端一体化写作的生产模式,解读群众最关注的热点经济话题,探索深度融合常态化,用新技术、新形式加持新闻内容、提升用户体验、助力产品传播,在"接地气"的媒体融合纵深发展中创造更多"爆款"优质内容。

(郑秋)

四、延伸案例

《21世纪经济报道》:百亿餐饮帝国轰然倒塌!曾比海底捞还牛,如今破产,连商标都卖了,发生了什么?

界面新闻:《弃子戴威:100亿的青春和1000万追债人》

界面新闻：《海底捞敲钟上市，被它改写命运的人目睹了这一切》

转型中的守正与创新
——"红星新闻"典型案例解析

案例 2

"叶飞举报门"系列报道

一、案例简介

2021 年 5 月，被称为"私募冠军"的大 V 博主叶飞的爆料引起舆论哗然，事件发生后，红星新闻（红星资本局）第一时间独家对话叶飞，回溯事件全程，根据舆论动态与事件发展持续跟进，拷问矛盾焦点，深挖事实细节，厘清事件来龙去脉，回应受众关注的核心问题。

同时，该系列的报道恰当配置图文与视频，直观展现采访过程与事件全貌，多报道配合形成热点声势，以融媒思维赋能经济报道，以迅捷、深入和深度担当媒体责任，唤起社会讨论，推动了监管部门的介入和调查，对资本市场起到了监督作用。

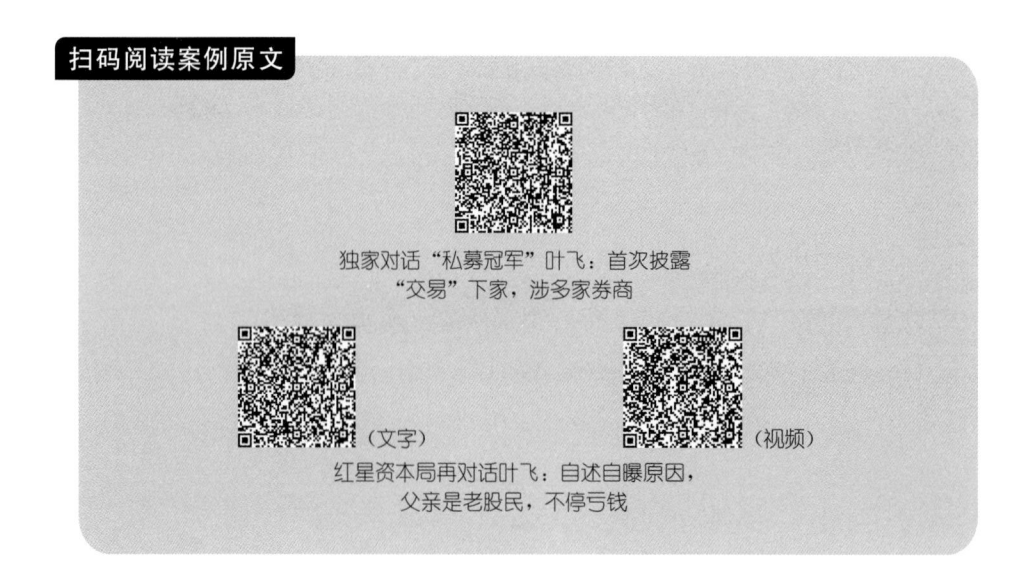

扫码阅读案例原文

独家对话"私募冠军"叶飞：首次披露"交易"下家，涉多家券商

（文字） （视频）

红星资本局再对话叶飞：自述自曝原因，父亲是老股民，不停亏钱

二、创作札记

（一）线索判断

2021年5月14日，叶飞在新浪微博向"市值管理"的"上家"要债，并指出多家公司涉嫌操纵股价。基于叶飞过往履历等信息，他一向被认为是资本市场上的"草根派"代表人物，所以我们在发现线索后即预判这起举报事件将会是一则重磅的资本市场新闻。

（二）采写过程

在判断这一条线索的价值后，我们当即派出部门的精锐记者介入采访。2021年5月14日，记者联系上了叶飞本人进行采访，简单还原整个事件，该稿件被独家出售给腾讯。

在后续复盘时，我们分析认为：第一篇稿件很客观、中立，在一定程度上增加了叶飞对红星资本局的信任，为后续撬动叶飞接受更为详尽的采访埋下了伏笔。

在爆料之后，叶飞曾在不同的平台直播多场，甚至有平台因为他说了太多"禁词"而掐停直播。记者基本上跟了他的直播全程。

2021年5月15日，叶飞在新浪微博直播，为了向观众证明他没有撒谎，叶飞临时起意建立了一个QQ群，该QQ群在短短几分钟内便满员达到1000人，后续再无法加入。

由于记者全程观看了直播，抢先进入叶飞建立的QQ群，拿到了叶飞在QQ群中上传的文件资料，又通过这些资料了解到更多的细节，并就相关细节问题与叶飞进行沟通，最终说服他接受了专访。在专访中，叶飞首次透露了"接货"的下家，即两家公募基金，并有多家券商卷入其中。

这一篇报道发布后在整个资本市场引起巨大震动，其他主流媒体也纷纷介入，多引用红星资本局专访内容进行整合报道。

2021年5月16日，我们得知叶飞正在从深圳来成都的高铁上，又立即与其反

复联系沟通，劝说其来我们的演播室接受面对面专访。叶飞比较敏感，认为在线上举报后可能会有人线下伺机报复，因此他对于线下的采访邀约比较犹豫。我们提出去高铁站接他、请他吃饭等，也统统被拒绝。

经过反复拉锯和劝说，我们向叶飞再三承诺"对外保密""全程保密"，他最终答应了我们的采访邀请。

在劝说叶飞接受专访时，整个部门的同事都在加班做准备。在叶飞尚未到达成都时，所有准备已经就绪，演播室等已经调整到最佳状态。2021年5月16日晚上20时40分，叶飞来到了报社，进入我们的演播室接受采访，在面对摄像头时，叶飞提供了更加详尽的内幕和细节。整个采访时长约为40分钟，但不少内容由于不适合公开报道并未全部发布。经过后期复盘，我们发现：这是叶飞在整个事件的发酵过程中唯一一次接受面对面的采访。

而在对"叶飞举报门"整个事件的跟进中，我们不仅报道了叶飞的声音，也同步报道了监管机构的行动，并且采访了被卷入该事件的上市公司，全面地覆盖了此次事件的方方面面。

（三）社会效果

我们的系列稿件都有独家的增量信息，在阅读量、视频浏览量上均表现亮眼。以视频《红星资本局再对话叶飞：自述自曝原因，称父亲是老股民，不停亏钱》为例，在抖音点击量超过320万。

该系列稿件引起了公众对"叶飞举报门"一事的关注，主流媒体的报道基本是引述红星新闻（红星资本局）的报道、视频内容、视频截图。系列稿件也推动了证监会的介入和调查。

2021年7月23日，证监会在例行新闻发布会上通报了"叶飞举报门"的调查情况：经查，史某等操纵团伙控制数十个证券账户，通过连续交易、对倒等违法方式拉抬"中源家居""利通电子"股票价格，交易金额达30余亿元，相关行为已达到刑事立案追诉标准，涉嫌构成操纵市场罪。

通过一系列持续、独家的报道，我们对部分上市公司涉嫌违规操纵股价这一乱象长期跟进，在媒体舆论方面引导了"叶飞举报门"的进程，对资本市场起到监督作用，促进了资本市场的健康发展。

（财经新闻中心主编袁野，副主编俞瑶，记者杨佩雯、强亚铣）

三、专业评析

聚焦内容建设　借力新媒体矩阵
以双轮驱动经济新闻有效传播

一、反应迅速，以跟踪报道把握新闻时效性，回应受众关切

在数字化与传播技术的作用之下，新闻朝着加速的方向发展，传统的新闻循环被打破，取而代之的是对新闻时效性乃至即时性的无限追求。为了满足互联网时代受众对于"新闻永远在线"的需要，新媒体的生产周期缩短，争分夺秒的理念深入人心，但与此同时，新闻生产的整体链条拉长，呈现出全天候运作的趋势。[①] 由此，作为社会瞭望者与守望人的媒体既有责任以最快的发稿速度回应受众关心的焦点问题，也有必要完整、动态地呈现新闻事实，回应新闻加速态势下媒体编辑部所面临的新挑战与新要求。红星新闻（红星资本局）以高度的新闻敏感洞察了"叶飞举报门"的新闻价值，跟随叶飞微博爆料的脚步，于2021年5月14日派出记者采访当事人，后续更是凭借在QQ群中获取的文件资料以及更进一步的线下专访及时发布报道，回答了庄家与接盘方是谁、叶飞为何自曝、各方说法如何等核心问题，体现了时、度、效原则。此次事件以叶飞在新浪微博爆料为始，至叶飞直播、证监会回应发展为高潮，又伴随证监会的通报与相关人员的处理走向明晰与结尾。在这一过程之中，红星新闻（红星资本局）始终聚焦事件与舆论的动态发展，紧随热点步伐，自2021年5月15日起连续发布多条报道，从聚焦爆料一事，到2021年7月发布证监会最新调查进展、2021年9月报道叶飞被抓捕归案、2022年1月报道

[①] 王海燕：《加速的新闻：数字化环境下新闻工作的时间性变化及影响》，《新闻与传播研究》2019年第10期，第36—54页。

转型中的守正与创新
——"红星新闻"典型案例解析

牵涉其中的上市公司实控人被刑拘,既回溯事件历程,厘清事件细节,又以系列报道的形式持续更新事件进展,为读者呈现了"叶飞举报门"的起因、经过与结果,实现了重大财经新闻的全周期跟踪报道。

二、多方求证,以独家信源铸就新闻竞争力,抢占受众注意

如今,新媒体的发展催生了大量的媒体机构与公民记者,新闻生产不再是传统媒体的"特权",但报道数量增加并不必然意味着信息量的增加,"反复性新闻"泛滥导致的信息同质化恰恰是新闻媒体面临的难题之一。加上日趋激烈的市场竞争,如何使自己生产的内容在庞杂的互联网中脱颖而出是当前新闻媒体需要思考的核心问题。而获取竞争力的核心就在于差异化,为此,媒体一方面不断追求新闻发布与事件发生的"零时差",在时效性上取胜,另一方面则试图在内容上体现独特性。其中,信源作为新闻事实的重要来源,是媒体拓展报道面、提升竞争力的主战场。美国新闻学家麦尔文·曼切尔曾言:"消息来源是记者生命的血液。"[1] 无论技术如何演变,新闻都离不开事实,而事实离不开信源。在着手准备报道时,红星新闻(红星资本局)以其专业能力取得了采访对象的信任,不仅说服叶飞接受了事件发酵过程中的唯一一次面对面专访,还首先获知了交易下家的相关信息,抓住了受众关心但尚未知晓的要点,从而得以在舆论场引发广泛关注与讨论。在写作之时,红星新闻(红星资本局)也充分利用这一优势,在标题中使用"独家""首次"等词,在内容中表明"叶飞此前从未披露过",以最显要的形式强调其报道的独特价值,第一时间抓住读者眼球。

新闻信源对于新闻工作者来说,既是获取竞争力的关键,也是接近事实、触摸真相的必要因素,而求真必然离不开对真假的探问,也就是对信源可靠性的求证。受利益归属、视角单一等主客观因素的影响,即使是由当事人提供的新闻材料,也仍需核实。[2] 如果为了盲目追求时效与轰动效应,忽略此道程序,一旦出现失实,就会极大损害媒体形象。因此,新闻媒体的长久竞争力不仅建立在独家信源与首发

---

[1] 麦尔文·曼切尔:《新闻报道与写作》,艾丰等译,广播出版社1981年版,第151页。
[2] 郁振兴:《由当事人提供的新闻材料仍需核实》,《新闻通讯》1993年第5期,第39—40页。

报道上，也建立在对信源的核实上。红星新闻（红星资本局）在获取叶飞的"独家爆料"之后，并未将其当作既定事实进行报道，而是以对话形式呈现专访内容，在提供背景材料支撑的基础之上，把判断的权力交给读者。对于当事人叶飞的说法，红星新闻（红星资本局）也通过信息检索与分析的手段，配以网站截图、文件照片辅证，并主动致电涉及其中的多家上市公司、券商，平衡各方观点以求交叉印证。

三、纵横延伸，从时空维度重构新闻真实性，发挥监督功能

从纵向时间维度上看，红星新闻（红星资本局）结合记者第三人称的全知视角和当事人叶飞的主观视角为读者梳理了事件的发展经过，包括交易过程、叶飞与蒲菲迪冲突过程、爆料过程、各方回应过程，既以链接形式关联此前报道，以独立版块回溯事件背景，也交代了证监会已启动核查程序并会及时公布调查结果的未来走向。相较于以时间为脉络进行叙述的方式，报道中由于既包含专访的对话内容，也呈现不同主题类属下的事件细节，一定程度上缺乏线索上的连贯性。红星新闻（红星资本局）的另一篇报道《腾讯真被骗了！撤诉，向老干妈当面致歉，并向贵阳警方报案》依据时间顺序对事件进行整理，可以作为同类报道的补充参考。

从横向空间维度上看，"叶飞举报门"涉及上市公司中源家居、盘方蒲菲迪、上家刘鹏、下家民生证券与天风证券等多家公司，红星新闻（红星资本局）在主动向各方核实、以多条报道呈现各方回应的同时，也通过公开信息检索向读者交代了"蒲菲迪是谁"，为"叶飞举报门"事件勾勒出一幅清晰的人际网络关系图。此外，报道也借叶飞之口交代了其私募冠军的人生经历，这映射出叶飞在资本市场中的"草根派代表人物"定位，有助于读者理解其爆料动机。

报道对深度的追求是探寻"真正意义的脉络"的过程[1]，红星新闻（红星资本局）在时空的纵横延伸之下把握结构化变动中的事实真相，可以最大限度地呈现事件的多样性与复杂性，而这恰恰体现了红星资本局"真相创造价值"的追求。在对事实的追问与探寻之中，红星新闻（红星资本局）揭露了部分上市公司违规操纵

---

[1] 哈钦斯委员会：《一个自由而负责的新闻界》，展江、王征、王涛译，中国人民大学出版社2004年版，第15页。

转型中的守正与创新
——"红星新闻"典型案例解析

股价的乱象，形成的舆论力量有效推动监管部门的介入，实现了对资本市场的监督。

四、多平台联动，以融媒思维提升新闻可读性，构筑传播合力

2019年1月25日，习近平总书记在中共中央政治局第十二次集体学习时的讲话中指出："推动媒体融合发展，要坚持一体化发展方向，通过流程优化、平台再造，实现各种媒介资源、生产要素有效整合，实现信息内容、技术应用、平台终端、管理手段共融互通，催化融合质变，放大一体效能，打造一批具有强大影响力、竞争力的新型主流媒体。"[1] 以融合为背景，主打"调查＋评论"的红星新闻在拥有独立客户端以及微博、微信账号的同时，也入驻了抖音、今日头条等第三方资讯分发平台，建立起全媒体分发体系。红星资本局作为红星新闻旗下的财经媒体品牌，也在多个平台上拥有相应账号。在对"叶飞举报门"进行报道时，红星新闻综合运用图文、视频等多种形式，着力打造丰富直观的视听内容，并同步发布于红星新闻客户端，以及红星新闻与红星资本局的微信公众号、官方微博等账号，通过多平台联动构建立体报道格局。

此外，作为把关人的记者编辑，要将社会既存的信息转化为有用的、易于理解的知识产品，就需从内容和形式两方面兼顾新闻的可读性。除了善用视听媒介丰富读者阅读体验，红星新闻（红星资本局）在《独家对话"私募冠军"叶飞：首次披露"交易"下家，涉多家券商》与《红星资本局再对话叶飞：自述自曝原因，父亲是老股民，不停亏钱》两篇报道中以备注形式补充上市公司股东名册相关信息，以专访对话厘清"代持"和"接货"的概念内涵，具有科普的性质，通过内容阐释和话语表达降低阅读难度，便于读者在没有专业财经知识的前提下理解事情的来龙去脉。需要注意的是，专家观点作为内容分析的有力佐证，可以有效增强报道的权威性和可信度，对于明晰概念内涵与事件争议焦点有不可替代的作用。同样以"叶飞举报门"为由头，新京报的《真假"市值管理"：市值管理与操纵股价边界在哪？

---

[1] 《习近平在中共中央政治局第十二次集体学习时强调推动媒体融合向纵深发展 巩固全党全国人民共同思想基础》，人民网，http://politics.people.com.cn/n1/2019/0126/c1024-30591056.html。

投资者如何避雷》引入专家的解释说明,可以作为同类报道的补充。

(蒲可意)

四、延伸案例

红星资本局:《腾讯真被骗了!撤诉,向老干妈当面致歉,并向贵阳警方报案》

《新京报》:《真假"市值管理":市值管理与操纵股价边界在哪?投资者如何避雷》

案例 3

"冰岛奇迹"系列报道

一、案例简介

2018年6月14日至7月15日,第21届国际足联世界杯在俄罗斯11个城市中的12座球场内举行。作为世界瞩目的大型体育赛事、球迷的狂欢月,此次世界杯的重要程度不言而喻。为此,成都商报社成立了世界杯报道组,并派出了欧鹏、赵敏羽、徐缓、邓学海、白国华(特邀)5名记者远赴俄罗斯。

作为后方编辑团队,《成都商报》微信组也全程参与了报道。世界杯期间,《成都商报》官方微信产出原创稿件14篇,阅读均过万。其中一篇超过百万,正是"冰岛热"。

这是红星新闻网络传媒的一个新样本,事后我们进行了深入的研究和分析。

赛前,绝不会有人认为冰岛队是世界杯最出圈的球队。冰岛人口只有30多万,从地图上看,冰岛像一个被繁荣的欧洲远远抛弃的孤儿。一个极寒地带的孤岛,连片的冰川和火山。而他们的足球,之前给人的印象是粗野蛮横、不讲控球,只会一味死守。8年前,其国际足联排名还在100名之外。可供参考的是中国男足,此前一直稳定在第70名到第80名。

可是,冰岛足球却连续在两次大赛中成为网红。先是2016年欧洲杯逼平C罗带领的葡萄牙队,气得C罗抛下一句"他们只会防守";然后又在世界杯一鸣惊人,他们的导演门将扑出梅西的点球,仅这一幕,微博热搜就达到了9832万。

《成都商报》官方微信的一条《啥?冰岛队竟由牙医、导演、老板、工人兼职?看完奇葩庆祝,我被圈粉了》,不到24小时,阅读量已经接近100万,点赞数接近2万。前后方如何联动生产出这一"爆款"?清晰的定位、敏锐的新闻判断和前后方的高效联动是其中关键。

扫码阅读案例原文

啥？冰岛队竟由牙医、导演、老板、工人兼职？看完奇葩庆祝，我被圈粉了

冰岛热 网红球队是人类的终极
孤独 还是网络的草民狂欢？

感受冰岛热

二、创作札记

（一）线索判断

成都商报－红星新闻的体育新闻在业界素有口碑。这一口碑的塑造和常新，源于清晰的定位和专业的内容生产。谋定后动，不打乱仗，是我们一直以来的工作作风。

早在世界杯开赛数月前，文体新闻中心牵头的世界杯报道组就开始做前期工作，制定了俄罗斯世界杯报道方案。方案的思路很明确：紧抓显性热点，分析挖掘潜在的热点，做足功课；以选题为核心，聚焦力量实现既有专业性、又有传播性的内容；留出机动力量，时刻准备扑到热点事件上去。

在明确报道方向、确定人员分工后，每个参与报道的人员，无论记者还是编辑，无论文字还是视觉，都做了大量的案头工作，扎进资料中，以寻求潜在的新闻点。对冰岛队，我们也给予了额外关注，因为这个小国参与世界杯，本身就是很有

转型中的守正与创新
——"红星新闻"典型案例解析

故事性的题材。

根据报社整体的报道方案，后方编辑团队特别是新媒体编辑团队大致确定了世界杯的报道方向：

（1）重点关注实时赛况，紧盯明星球队、球员。

（2）从球赛看花边，从赛况看球迷情绪，挖周边、挖爆点，做"伪球迷也看得懂"的足球新闻。

事实证明，我们的判断是正确的。

出于职业敏感，红星新闻敏锐地意识到阿根廷对冰岛的比赛，冰岛将会成为网红，于是在前期准备的基础上，做了再聚焦——将报道重点放在冰岛的球员身上。能和身价上亿欧元的球王抗衡的，是一群由牙医、导演、伐木工等人兼职的业余球员。在网络时代，"逆袭"这件事本身就是能调动网友神经的好戏！

果然，挡下梅西的点球、让阿根廷首战吃瘪后，冰岛红得一塌糊涂。

（二）采写过程

红星新闻对"冰岛奇迹"的系列报道，最典型的有三篇稿件。最先引爆流量的，就是新媒体编辑中心与文体新闻中心合作，发在《成都商报》微信公众号的《啥？冰岛队竟由牙医、导演、老板、工人兼职？看完奇葩庆祝，我被圈粉了》。

回顾总结这篇爆款文章的采写过程，"网感"和"热点"是两个关键词。世界杯比赛场次多，参赛队伍和球星更是数不胜数，如何在众多场球赛中突出一场，并将它做成爆款，是最考验"网感"的时候。新媒体稿件的第一要义是"热"，无论是平时的稿件还是世界杯新闻都需要随时捕捉网络热点，根据网友讨论焦点及时调整稿件内容——这篇稿件体现得最为明显。

冰岛对阵阿根廷，"梅西点球被扑"迅速在网络上形成热点，之后网络热点不断转移，在稿件成形过程中，我们对主题进行了三次方向调整：

（1）最开始，梅西点球被扑，明星球员的失利在比赛过程中是网友热议的焦点。

（2）随着球赛结束，媒体和网友开始对门将哈尔多松进行深挖。胡敏娟记者的稿件来了，发现他在踢球之余还是一位导演，并且导出过不错的广告片。一个导演扑掉了梅西的进球,网络炸了,编辑的微信群也炸了。稿件方向马上调整为主打哈尔多松的职业。

（3）之后关于冰岛队的网络讨论热情继续高涨,记者和编辑开始多方角度找素材深挖冰岛队,发现另一个爆点:全队都有副业,主帅是个牙医……此时,网友对冰岛队的好奇度直线上升,于是我们第二次调整稿件方向,以冰岛全队副业为主线。曾在文体新闻中心工作过的编辑赵欢,是我们解锁世界杯的重要信息源,她当即提出冰岛人的圈粉之处,还有赛后的奇葩庆祝动作,并提供了一组俱乐部庆祝动图。这组动图同时由官方微博进行推送,冰岛人欢乐的体育精神迅速感染了网友,很快成为网络热点。于是微信编辑对稿件进行第三次调整,将主题定位为冰岛球员的副业身份,以及赛后的奇葩庆祝方式。从梅西点球被扑,到冰岛全队花边,四个方向,三次调整。比赛结束后,一篇图文并茂、幽默生动的稿件便已成形:《啥?冰岛队竟由牙医、导演、老板、工人兼职?看完奇葩庆祝,我被圈粉了》。

这篇关于冰岛球队的"花边新闻",在零点过后及时推送,马上在朋友圈传开了,几乎每个人都在感叹冰岛奇迹的不可思议。

不到24小时,就达到100万+的阅读量,全国几十家媒体转载。同时《成都商报》官方微博发布的冰岛庆祝图,也达到了千万级阅读量。

这篇微信推文之外,红星新闻还几乎同步推出了两篇报道:《网红球队是人类的终极孤独,还是网络的草民狂欢?》,以及《感受冰岛热》。前者在现象的基础上做了深挖,探讨了为何冰岛会成为"爆款",揭示了冰岛足球在世界杯上一炮而红背后的卧薪尝胆。后者是前方记者的一篇专栏稿件,特约记者白国华在俄罗斯采访了多名冰岛球迷和阿根廷球迷,带来最新鲜的一手"触感"。

这三篇报道,从浅表现象延展至深度阐释,从网络狂欢讲到背后逻辑,形成有机的系列整体,赢得了很好的流量和影响力。

事实上,没有什么奇迹是天上掉下来的,尤其是传播"爆款"。超大的流量和为更大面积的受众提供喜闻乐见的信息,功夫在于平时《成都商报》记者和编辑对于冷门联赛和冷门球队的关注。可以说,没有无声的积累,就不可能有黑马爆发后的流量奇迹。这也是专业新闻采编力量的价值。在《体坛周报》和《足球报》等体育专业媒体式微、门户网站体育原创几乎已经销声匿迹的今天,一个地方媒体仍然

保存了专业新闻的有生力量,这也是一篇篇爆款能被制造出来的关键。

这也证明,即便在新媒体时代,专业和流量也并不矛盾,好的内容仍然具有极大的价值。

(三)社会效果

"冰岛热"这样由内而外、通过口碑形成的二次传播,对现有的媒体中心化和明星代言形成了极大的冲击。

互联网时代,人们更加喜欢个性化、人格化的品牌,跟自己的喜好及价值观吻合的事物。

"冰"和"热"本就是反义词,在一个离群寡居之地,有着这样一群不为人知的孤胆英雄,蚍蜉撼树般地对抗着梅西领衔的阿根廷队。在世人都认为不可能的时候,他们创造了奇迹。

乐观、集体主义、永不放弃、不畏强敌、搞怪、接地气……也许不同人所钟爱的冰岛的特质各不相同,但是,对冰岛的"挖宝"绝对是网友们的一场狂欢盛宴。

在互联网背景下,绝大多数情况下的传播是以用户为核心,坚持以人为本的理念,促使每个人可以积极参与其中,实现信息的自由传播。默默无闻的小人物逆袭的故事,往往能够迅速成为传播的中心,而世界杯的黑马奇迹正是如此。

冰岛带给新媒体时代的传媒工作者的启示是巨大的,如何用专业主义去预判、研读、制造热点话题,始终处于话题的热度中,以此制造巨大的流量富矿和传播效应,是我们该学习和努力的方向。

(文体新闻中心记者胡敏娟、新媒体编辑中心主编刘杜鹃、编辑赵欢)

三、专业评析

精准研判+深度推进是关键

新闻生产"沉浸"于整个信息互动的过程,而在当今互联网人机互动愈发高效的全媒体时代，新媒体技术已经迭代发展，新媒体传播逐渐呈现出"社交＋"的显著特点，用户对于新媒体新闻生产的参与度与日俱增。因此，把握住用户的关注点和敏感点，往往成为"爆款"新闻作品出现的前提。

2018年6月14日至7月15日，第21届国际足联世界杯在俄罗斯举行。世界杯期间，《成部商报》官方微信产出原创稿件14篇，阅读均过万。其中《成都商报》官方微信的介绍冰岛足球队的推文不到24小时阅读量迅速接近100万，点赞数近2万。《成都商报》前后方如何联动生产出"冰岛奇迹"的系列"爆款"？对用户需求清晰的定位，对潜在热点敏锐的新闻判断，对多层次报道的深度打磨，以及前后方媒体工作者的高效联动，都是该融媒体案例成功出圈的重要因素。

一、专业性＋关注度：新闻热点的精准研判

出于职业敏感，红星新闻敏锐地意识到阿根廷队与冰岛队的比赛，冰岛将会成为赛后网民关注的焦点。于是，红星新闻在前期准备的基础上，做了报道的再聚焦——将报道重点放在冰岛的球员身上。早在世界杯开赛数月前，文体新闻中心牵头的世界杯报道组就开始做前期工作，制定了俄罗斯世界杯报道方案。世界杯报道组拟定了明确的方案思路：抓紧显性热点，研判潜在热点，做足功课；以选题为核心，聚焦力量实现既有专业性、又有传播性的内容；留出机动力量，时刻准备扑到热点事件上去。

根据报社整体的报道方案，《成都商报》后方编辑团队，特别是新媒体编辑团队对世界杯的报道方向大致确定：重点关注实时赛况，紧盯明星球队及球员；从球场内看球场外，从赛况看球迷情绪，挖掘赛事周边和热点。

因此，如事前所预期的，在冰岛门将扑出梅西点球、逼平阿根廷队之后，冰岛队成为全网关注的对象，对于冰岛足球队的讨论甚至衍生为一场球迷与"伪球迷"共同的网络狂欢。红星新闻精准研判热点，高效、准确地推出了既具备较强专业性又具备极高传播性的新闻内容。精准研判和妥善准备是促成爆款媒体作品诞生的基石。

转型中的守正与创新
——"红星新闻"典型案例解析

二、媒介景观与链式传播：互联网思维的报道体现

在新媒体的典型报道案例当中，传统的新闻生产流程已经在一定程度上被颠覆，对于媒体从业者而言，新闻内容生产不再是线性的过程和模式。去中心化、多元共生的互联网思维是媒介融合环境下新闻媒体从业者必备的硬性条件之一。如果说红星新闻"冰岛奇迹"系列报道的基石是对于热点的提前研判，那么系列报道的成功推进和流量引爆，则是在互联网报道思维的引导下，现象级媒介景观在特定时段形成链式传播的结果。

红星新闻最先引爆流量的，是新媒体编辑中心与文体新闻中心合作，发在《成都商报》微信公众号的文章《啥？冰岛队竟由牙医、导演、老板、工人兼职？看完奇葩庆祝，我被圈粉了》。回顾总结这篇爆款文章的采写过程，"网感"和"热点"是两个关键词。世界杯比赛场次多，参赛球星更是数不胜数，如何在众多场球赛中突出一场，并将它做成爆款，是最考验"网感"的时候。在稿件成形过程中，《成都商报》微信公众号对稿件主题进行了三次方向调整。

最开始网民热议的焦点是梅西点球被扑，即明星球员的失利。随后球赛结束，媒体和网民对冰岛门将哈尔多松产生了浓厚的兴趣，开始深挖其背后故事。《成都商报》记者发现，门将在踢球之余还是一位导演，导过不错的广告片。之后，关于冰岛队的网络讨论热情继续高涨，网友对冰岛队的好奇度直线上升，于是新闻团队第二次调整稿件方向，以冰岛全队副业为主线。文体新闻中心的编辑提出冰岛人的圈粉之处，并配上一组俱乐部庆祝动图。这组动图同时被《成都商报》官方微博推送，冰岛人欢乐的体育精神迅速感染了网友，成为网络热点。于是新闻团队对稿件进行第三次调整，将主题定位为冰岛球员的副业身份，以及赛后的奇葩庆祝方式。从梅西点球被扑到冰岛全队花边，《成都商报》的报道历经了四个方向和三次调整。

居伊·德波的《景观社会》曾言，当今社会，单纯物化商品的巨量堆砌已经逐渐转变为景观的巨大堆积[1]。《成都商报》这篇关于冰岛球队的"花边新闻"，提供了足够吸引受众眼球的媒介景观，加上在零点过后及时推送的实时性，使其立即在

---

[1] 居伊·德波：《景观社会》，王昭凤译，南京大学出版社2007年版。

朋友圈广泛传播，不到 24 小时，就达到 100 万＋的阅读，全国几十家媒体转载。微博发布的冰岛庆祝图，也达到了千万级阅读量。

三、从现象阐释到深度研讨：有机整体的层级式系列报道

除上述这篇微信推文之外，红星新闻几乎同步推出另外两篇报道：《网红球队是人类的终极孤独，还是网络的草民狂欢？》以及《感受冰岛热》。前者在现象的基础上做了深挖，探讨了为何冰岛会成为"爆款"，揭示了冰岛足球在世界杯上一炮而红背后的卧薪尝胆。后者是前方记者的一篇专栏稿件，红星新闻特约记者在俄罗斯采访了多名冰岛球迷和阿根廷球迷，带来最新鲜的一手"触感"。这三篇报道，从浅表现象延展至深度阐释，从网络狂欢讲到背后逻辑，形成有机的系列整体。

由于新媒体技术的赋权，新闻生产在当今愈发强调时效性，"即时""全时""实时"的新闻运作逐渐成为新媒体作品产出的常态。这也成了融媒体报道当中的一把双刃剑，一方面可以为广大受众提供多元、新颖、全面的新闻视角，第一时间满足受众的信息需求和娱乐需求；另一方面，过度追求"短""平""快"，过度被流量逻辑固化和钳制逐渐成了新媒体报道作品的通病。在这一点上，红星新闻对于"冰岛奇迹"的系列报道较好地实现了扬长避短，既即时满足广大网友好奇、紧跟实时热点进行推送，又有对于现象的延展深挖和背后逻辑的理性阐释，做到了"短""快""准"，也做到了"深""思""稳"。

四、前台＋后场：报道前后方高效联动配合

作为世界瞩目的大型体育赛事、球迷的狂欢月，此次世界杯的重要程度不言而喻。为此，成都商报社成立了世界杯报道组，并派出了 5 名记者远赴俄罗斯。作为后方编辑团队，《成都商报》微信组也全程参与了报道。《成都商报》前台提供了实时且多元的新闻视角，5 名前台记者作为第一现场的亲临者可以真正意义上实现零时差新闻传输，解锁后方编辑团队的信息源；后方编辑团队强大的协调操作能力与作品产出能力，也让前台记者的即时信息最终落地为作品成为可能。

融媒体案例系列报道是一项复杂、艰巨且随情况改变而不断调整的过程。正如

转型中的守正与创新
——"红星新闻"典型案例解析

亨利·詹金斯所言,"融媒体是一个过程,而不是一个终点"[①]。尤其是在去中心化的新媒体业态环境中,鲜有一人打遍天下而取得卓越成果的例子。单丝不成线,独木难成林。从《人民日报》"中央厨房"化零为整的高效配合,到四川日报集团日渐完备统一的多层级媒体生产窗口,可以明确看到当今新媒体环境对于团队分工与合作能力的要求。在这一点上,《成都商报》实现了前后台媒体工作者的无缝衔接,从而高效、迅速地把前台的热点转化为后台的卖点。

《成都商报》"冰岛奇迹"系列报道由内而外的传播,对媒体中心化思维范式和明星代言形成了极大的冲击。互联网时代,人们更加喜欢个性化与人格化的品牌,关注与自己的喜好及价值观吻合的事物。在互联网背景下,绝大多数新闻需要以用户为核心,坚持以人为本的理念,促使每个人可以积极参与其中,实现信息的自由传播。如冰岛队这样默默无闻的小人物逆袭的故事,往往能够迅速成为传播的中心。

"冰岛奇迹"系列报道带给新媒体时代传媒工作者的启示是巨大的。如何在真实与客观的基础上,用专业的目光去预判、研读、制造热点话题,如何让话题始终处于热度当中并接续推出更有深度、更具层次的系列报道,如何更加紧密、更有效率地实现融媒体报道各环节的接续配合,以此深挖巨大的流量富矿并不断扩大传播效应,是融媒体报道需要不断探索的永恒命题。

(孙振博)

四、延伸案例

人民网:《人民日报2018俄罗斯世界杯特别报道评析》

澎湃新闻:《梅西遗憾错失点球!阿根廷1比1冰岛,导演门将神发挥》

---

① 亨利·詹金斯:《融合文化——新媒体和旧媒体的冲突地带》,杜永明译,商务印书馆2012年版。

第六章 公共服务

案例1 "天府成都·十大文化名人"评选活动

案例2 2017成都市中小学开学第一课暨"天府学堂"启动仪式

案例 1

"天府成都·十大文化名人"评选活动

一、案例简介

成都市第十三次党代会提出,弘扬中华文明,发展天府文化,以远大的城市抱负、宽阔的文化境界,让城市的人文之光照耀成都走向世界走向未来的进取之路[①]。自此,"天府文化"成为城市铸魂和城市外宣的关键词组。如何有效传承传播"天府文化"?让文化名人以天府文化的名义闪耀世界文化名城成都!2017年底,成都商报社文体新闻部(现为文化融媒体中心)特别策划提出,将原有的"成都商报全媒体用户口碑榜"升级,并于2018年1月11日起启动"天府成都·十大文化名人"评选活动,从而策划了一个近年来影响面最广的天府文化推广活动。这也是以"天府文化"为主题营销成都这座城市的一个成功案例,彰显了《成都商报》的强大策划能力和城市营销能力。

扫码阅读案例原文

请你来推选天府成都·十大文化名人　　用户投票结束专家评审开启　　我的名人　我的城

---

① 《范锐平在成都市第十三次党代会上的报告》,成都市人民政府,http://www.chengdu.gov.cn/chengdu/home/2017-05/02/content_1591f43622884c6398f9f16f1d2f0ddf.shtml。

转型中的守正与创新
——"红星新闻"典型案例解析

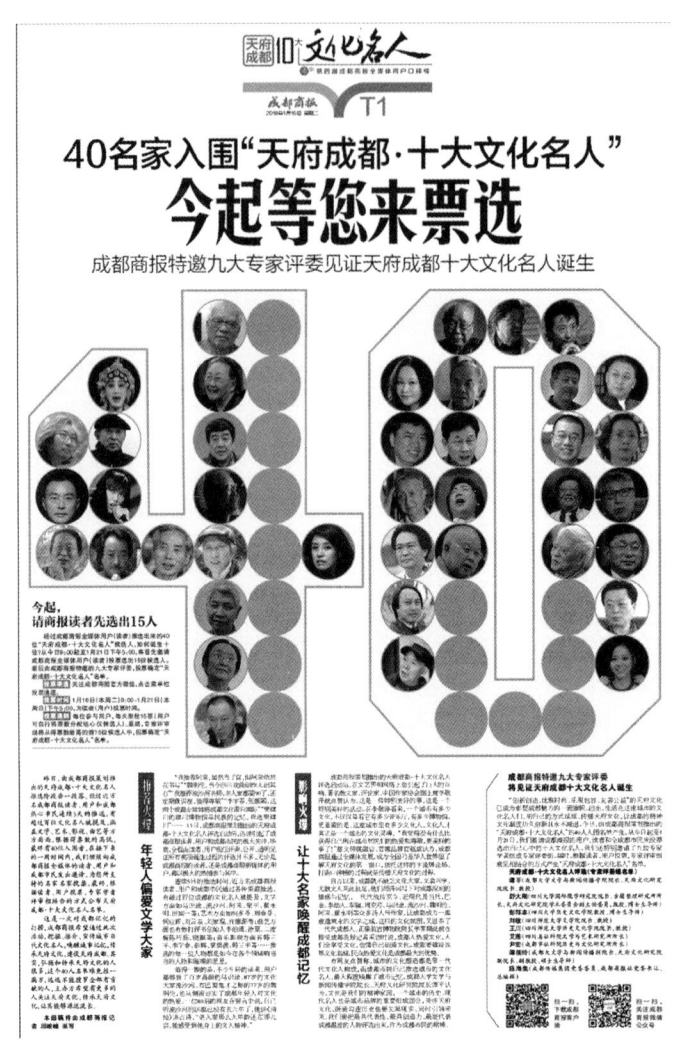

案例报道版面（《成都商报》 供图）

二、创作札记

（一）策划思路

如何用好文化艺术界的"名人效应"？我们的创意策划思路是把四川在世界各

领域的文化名人集结在一起进行票选,让文化名人闪耀文化名城,对成都这座世界文化名城来一次立足成都、辐射全国的"城市文化营销"。关于整个活动的评选流程,我们学习参考了国内外综艺节目的评选办法,即先是全民推选,由社会各阶层人士推选他们心目中的弘扬天府文化的文化名人;然后是按推票多少,限定40位名家为入围者;再通过40进15的第二轮海选,借助"名人效应"和"竞争攻略",提升"天府成都·十大文化名人"评选活动的渗透力和影响力;最后,联动成都大学、四川大学、成都天府文化研究院,组成专家评审组,对广大读者票选出来的15位文化名人"候选人"进行终评。也就是说,本次评选活动,既尊重民意,也侧重专家评审意见,以二者相结合的策划思路,做到最大程度的公平、公正和权威。

（二）执行过程

这是全报社策划的一个重大文化活动,新媒体和技术团队等多个部门加入助力。首先,文化团队协同技术人员对投票页面进行设计,主要是针对《成都商报》官方微信、《成都商报》旗下红星新闻客户端等新媒体渠道的页面设计;同时考虑到《成都商报》还有数量较多的老读者,我们也开通了热线电话的推选与票选,从而让整个评选活动覆盖社会各个阶层读者（用户）。其次,文化团队全员上阵,从具体策划此事的部门主任彭志强,到执行记者任宏伟、邱峻峰、张世豪、陈谋、谢礼恒,又通过一系列的新闻策划,强力推动提升"天府成都·十大文化名人"评选活动在全国尤其是全省社会各界的渗透力和影响力。比如副部级作家,中国作协党组成员、副主席李敬泽点赞"天府成都·十大文化名人"评选活动,比如专访魏明伦、周春芽、李宇春、张靓颖、阿来、梁平等多位入围名人,连续传递他们对"弘扬传承天府文化"的热切声音。这种拉票式的跟踪报道,有效带动了各大名人的广大读者群、歌友群、票友群,涉及作家、诗人、歌手、导演、演员、制片人、画家、书法家、作曲家、戏曲家、设计师、文博专家、高校学者等多个文化领域。

最后,最难抉择的是,究竟该是哪些人成为最终的"天府成都·十大文化名人"。如果仅仅按得票排名,评选活动将成为民间狂欢,但缺乏理性思考和正面引导。于是,在具体执行过程中,报社编委会决定采取"全民投票＋专家评审"相结

合的方式，抉择最终的"天府成都·十大文化名人"获得者。因此，我们联动了新成立的成都天府文化研究院，特邀四川大学、四川师范大学、成都大学、四川省社科院、成都市社科院等研究天府文化的专家学者，组成终评小组。终评时，充分考虑了十位获评名人的丰富性，深入贯彻天府文化的十六字精神"创新、创造、优雅、时尚、乐观、包容、友善、公益"。最终评审出来的"天府成都·十大文化名人"分别是马识途、流沙河、谭继和、何应辉、阿来、周春芽、梁平、王毅、樊建川、李宇春，涵盖了作家、诗人、学者、画家、歌手、书法家、文博专家等多个文化领域。

（三）社会效果

"天府成都·十大文化名人"评选活动，堪称近十年最具影响力的一次大型文化活动，从发动全民推选到组织专家评委评选，从报道策划到获选名人的落地讲座，有效集结整合了四川在世的文化名人资源，有力提升了"天府文化"在官方和民间的广泛影响力，社会效果非常显著。首先是副部级作家，中国作协党组成员、副主席李敬泽等领导对这次评选活动高度肯定。其次，《成都商报》官方微信直接吸收新粉丝高达近30万，成为最强"吸粉"活动，有效带动了广泛读者（用户）的参与热情，让报纸和新媒体黏连住了新老用户读者，让"天府文化"借助文化名人的影响力得到广泛传播。其中，两轮全民票选，仅仅6天，就诞生了11770982张选票，这无疑是对天府文化最好的礼赞和有效的弘扬，从而强有力地彰显了《成都商报》的办报特色，也让四川在世文化名人和他们所在的成都——这座世界文化名城，在全国范围内得到了火热传播。

此外，"天府成都·十大文化名人"评选活动还先后荣获《成都商报》2018年1月提升商报影响力特别奖、成都商报社2018年度新闻（策划）奖、成都新闻奖2018年度策划奖。

（文体新闻中心副主编彭志强）

三、专业评析

响应政策　巧立规则

文化名人评选再塑"天府文化"

2018年1月11日,《成都商报》推出"天府成都·十大名人"评选活动,凭借《成都商报》强大的影响力、深厚的用户基础以及多元的媒体布局,此次活动引发了市民的广泛关注与参与,仅6天两轮票选就诞生了11770982张选票,既响应了党和国家增强文化自信的号召,借助成都本土的名人效应完成了"天府文化"的再塑造与发扬传播,也顺势完成《成都商报》读者口碑榜向商报全媒体口碑榜的升级,为《成都商报》官方微信吸收新粉丝近30万,大大提升了商报"两微一端"的影响力与用户黏性,可谓一举多得。

一、响应文化政策,照应文化主题

2017年4月25日,成都市召开第十三次党代会,会议提出了"传承巴蜀文明发展天府文化,努力建设世界文化名城"的口号[①]。"天府文化"由此成为成都与外界交流沟通、向世界展示自我的关键概念和建设重点。事实上,早在2016年7月1日,习近平总书记就在庆祝中国共产党成立95周年大会上明确提出要坚持"四个自信",即"中国特色社会主义道路自信、理论自信、制度自信、文化自信"[②]。此后一年间,习近平总书记更是在中国作家协会大会、中国共产党第十九次全国代表大会等重要会议上强调文化自信的重要性,"文化自信,是更基础、更广泛、更深厚的自信,是更基本、更深沉、更持久的力量。坚定文化自信,是事关

[①]《范锐平在成都市第十三次党代会上的报告》,成都市人民政府,http://www.chengdu.gov.cn/chengdu/home/2017-05/02/content_1591f43622884c6398f9f16f1d2f0ddf.shtml。

[②]《在庆祝中国共产党成立95周年大会上的讲话》,人民网,http://cpc.people.com.cn/n1/2021/0416/c64094-32079803.html。

转型中的守正与创新
——"红星新闻"典型案例解析

国运兴衰、事关文化安全、事关民族精神独立性的大问题"[1]。而《成都商报》此次策划"天府成都·十大名人"评选活动,正值党和国家以及成都地方对于文化建设尤为重视的关键时期,该策划借助文艺界名人的人气"四两拨千斤"般地撬动了广大市民的关注,用名人为"天府文化"贴上了全新的标签,在全市营造了浓厚的文化氛围,进而加深了市民对于成都文化的了解程度,增强了市民对于中华文化和"天府文化"的成就感与文化自信,几乎是完美切合了塑造"天府文化"与增强"文化自信"的政策主题。

二、弥合文化区隔,再塑"天府文化"

一家媒体本身所具有的气质往往受其所在城市文化底蕴的滋养哺乳。反过来,媒体的人文气息也为这座城市的文化图景增添亮色。于内,媒体承载着塑造城市文化、引导文化发展的重要功能;于外,媒体则是人们认识这个城市的名片,媒体景象与城市文化交相融合、彼此塑造,此次《成都商报》的策划则是在全新的角度完成了成都文化的再塑造。

成都本身就是一座极具特色与吸引力的城市,以优雅时尚、休闲舒适、开放包容的文化气质吸引着全国乃至世界各地的游客,但无论是成都本地人还是外地游客,大多数人对于成都文化的认知停留在以火锅、川菜为代表的美食文化以及以三国蜀汉、宋代苏轼等为代表的历史传统上,对于成都近现代的文化发展则少有人关注,而《成都商报》此次评选活动限定的名人推荐范围为"目前健在,出生或目前生活、工作在成都,在文化、艺术领域有一定建树和声誉,在传播天府文化方面有较为卓越贡献的个人",这就将市民的关注点引导到成都文化的现状上,从而为"天府文化"赋予全新的现代内涵。值得一提的是,因为当代文化的多样性,文学、影视、音乐、绘画、书法等各种艺术形式蓬勃发展,每个艺术门类、每个文化名家都有其各自的粉丝群体,没有哪一种形式能够获得社会上绝大部分受众的关注,可以说在信息传播上呈现的社群化、茧房化的现象也同样反映在人们兴趣爱好的分层

---

[1] 《习近平:坚定文化自信,建设社会主义文化强国》,国务院,http://www.gov.cn/xinwen/2019-06/15/content_5400577.htm.

与区隔上。《成都商报》的策划采取了文化的广泛范畴，既切合了"天府文化"的宣传主题，也在这场活动中构建了一场奇观，将不同的文化艺术门类短暂地聚集在一起，呈现出"天府文化"多元、丰富的一面，也前所未有地引发了不同群体、不同层次受众的广泛关注。

三、利用名人效应，广泛发动用户

从弘扬"天府文化"的立足点出发，媒体可以生产很多种形式的传媒产品，如制作成都地方文化的宣传片、创作主题音乐、撰写主题稿件、采访文化名人、制作人文科普纪录片等，但无论生产什么样的产品都是以媒体为主角，受众被动接受，作品的影响力总归有限。而《成都商报》的名人评选活动则能广泛地发动市民投票，极大增强用户的参与感，进而提升弘扬"天府文化"的效果。《成都商报》此次策划旨在评选"文化名人"，而名人本身就具有一定程度的影响力，自带流量，自带粉丝群体。粉丝文化现象中，粉丝由于对偶像的崇拜和追捧不惜花费大量的时间、精力、金钱，在这种无偿付出以及与"同类"的社交中，用户一定程度上获得了成就感与群体归属感。2019年7月，周杰伦因微博超级话题热度较低在豆瓣社区遭到某流量明星粉丝嘲讽，随后该帖不断发酵，最终引发周杰伦与该流量明星的微博超级话题打榜大战，众多不熟悉新浪微博玩法的周杰伦粉丝为了偶像下载微博、学习规则，最终成功将周杰伦送上微博超级话题榜首，尽管这过程中有资本在背后营销推动，也有事态扩散为网络狂欢的影响，但粉丝群体的力量可见一斑。《成都商报》巧妙借助了名人自带的粉丝群体，设立投票推荐的规则，利用粉丝对偶像的支持激励其参加活动，并且在具体的推进过程中及时跟进策划，及时专访魏明伦、周春芽、李宇春、张靓颖、阿来、梁平等多位入围名人，连续发出他们对"弘扬传承天府文化"的热烈声音，这种带有拉票意味的跟踪报道，有效搅动了各大名人的广大读者群、歌友群、票友群，而粉丝线下的人际交往网络更加推动了参与人数的发展壮大，可以说《成都商报》从选题到具体执行都充分发挥了名人效应的作用。

转型中的守正与创新
——"红星新闻"典型案例解析

四、多渠道联动，扩大影响

《成都商报》在此次策划中，开通了"两微一端"及电话热线共4条推荐投票渠道，尽可能多地吸引了各个层面的用户，扩大了活动影响力。在平台崛起的互联网环境下，大批自媒体依托微博、微信公众号等平台提供的流量影响力发展起来，而用户的注意力是有限的，这也导致传统媒体受到的关注有所减少。为了与自媒体竞争用户关注，也为了给用户提供更多元、更方便的渠道，传统媒体大多进驻各大平台。在信息环境复杂、真假难辨的互联网环境下，拥有专业信息采集制作能力的新闻媒体依旧是最真实、可靠的信息来源，这也决定了入驻平台的专业媒体仍然具有不可小觑的影响力与用户基础。在"天府成都·十大文化名人"评选活动中，《成都商报》充分利用各个平台账号的影响力，搭建媒介矩阵，在为活动共同宣传的同时，也为各个平台账号进行流量引导，促进了《成都商报》用户的进一步增长。据统计，此次活动为《成都商报》微信公众号吸引粉丝近30万，而这些通过活动吸引来的用户也有可能转化为《成都商报》客户端的自有流量，为其摆脱对平台的依附、提高营收提供帮助。在保证多渠道联动的同时，《成都商报》还注重根据不同平台策划符合平台特色的活动，例如文化团队协同技术人员对《成都商报》官方微信、《成都商报》旗下红星新闻客户端等新媒体渠道的投放页面做了不同设计，在联动中体现各渠道的差异性。最后，《成都商报》为了兼顾众多年长用户，开设热线电话为其服务，避免老年人因数字鸿沟而无法参与活动，这体现了《成都商报》的人文关怀，提升了用户对媒体的好感度，也扩大了此次"天府文化"宣传的影响范围。

值得一提的是，此次策划的评选流程也较为合理，前期参考国外综艺节目的评选办法，由社会各界人士推荐候选人，提高了用户参与活动的热情，为《成都商报》吸引了新用户。而后期联动成都天府文化研究院，特邀来自四川大学、成都大学、四川省社科院等的专家学者组成终评小组，充分考虑获评名人的丰富性，深入贯彻天府文化十六字精神"创新、创造、优雅、时尚、乐观、包容、友善、公益"，最终评选出多个文化领域的名人共10位，这样既激发了用户参与活动的热情，又保障了评选的专业性、媒体的公信力以及活动对于"天府文化"发展的引导作用。

（董源）

第六章 公共服务

四、延伸案例

《人民日报》：《人民日报微博、新浪微博发起"十一最佳旅游地"评选》

澎湃新闻：《征集 | 520，爱上海》

《人民日报》：《中国品牌日，"最受欢迎中国品牌"榜单来了!》

转型中的守正与创新
——"红星新闻"典型案例解析

▎案例 2

2017 成都市中小学开学第一课
暨"天府学堂"启动仪式

一、案例简介

2017 年 9 月 4 日,由中共成都市委宣传部指导、成都市教育局主办、成都商报社·成都儿童团(红星教育)承办的 2017 成都市中小学开学第一课暨"天府学堂"启动仪式在全市 16 所中小学校同时举行。这一年全市开学第一课的主题为"传习天府文化,与城市共成长"。课程围绕天府文化"创新创造、优雅时尚、乐观包容、友善公益"的城市精神内涵,邀请 16 位代表深入 16 所中小学校,为全市中小学生诠释天府文化的精神内核。16 位嘉宾的开学第一课均同步网络直播,与全市百万中小学生以及广大网友共享。超过 100 家媒体对这一文化盛举进行大规模的即时报道,总体发稿篇数超过 300 篇,媒体累计曝光量超 1 亿,16 个会场网络直播累计观看人次超过 1100.2 万。

扫码阅读案例原文

嘉宾用一月的时间来备一节课 孩子们说没听过瘾 | 这么棒的天府文化课 该给我们老师也来一场 | 百万中小学生 共享天府学堂

二、创作札记

（一）策划思路

蜀之为国，肇于人皇。成都平原这片拥有5000多年文明史和3000多年城市史的广袤土地，曾孕育出神秘、惊艳的古蜀文明。斗转星移，时空变幻。穿越数千年光阴，这座千年之城不仅未被岁月沧桑磨灭一丝光彩，反而散发出更为深沉厚重、灿烂多彩的成都气韵。

我们从何处来？我们向何处去？或许在青葱少年，或许在朝阳青年，成长的漫漫长路上，这个城市的每一位市民总会遭逢某个深刻的一瞬，停下脚步，追问过去，叩问未来。

答案何在？寻找，就寻见。

一个人与一座城，总是血脉相依，灵魂交融。因而，"归家"，成为人类文学艺术一个永恒的命题，"乡愁"，也总能直抵人心，唤醒灵性。

每一道河流，每一条街道，每一个建筑，乃至一草一木，一座城市的现有面貌，就是其所有历史阶段，所有政治、经济、社会、文化生态关系的集大成，就是城市独有文化的投射。成都天府文化绵延相传，成为成都人的血脉基因。从举世无双、泽被后人的都江堰，到承载中国最早金融智慧的交子，再到如今的国家级天府新区、国家自主创新示范区、全面创新改革试验区、内陆自贸区，"创新创造"，不仅成为成都鲜明的符号，也成为每个成都人骨子里与生俱来的文化基因。

时代滚滚向前，对天府文化的传承与创新成为古老成都历久弥新的密码。这不仅为成都这座城市找到了历史之根和文化之魂，更是对巴蜀文明的继承和创造性转化，是对现代文化的弘扬和创新性发展。在不可逆的历史进程中，成都日新月异，天府文化则成为绵绵不绝提供给养的驿站。一代又一代成都人在此休养生息，品味生活，追忆过往，寻求文化的认同，达成伦理的共识，再继续向前，开拓未来。

这份基因传承不应被磨灭，这份家国情怀不应湮灭在时间里。将生于斯长于斯的城市下一代培养为具有新时代特质的天府文化传承人，意义非凡。基于此，在中

转型中的守正与创新
——"红星新闻"典型案例解析

共成都市委宣传部指导下,成都商报社·成都儿童团(红星教育)联合成都市教育局启动了"天府文化进校园"最重磅的活动策划——"2017成都市中小学开学第一课"。

(二)执行过程

在有了基本的方向后,主承办几方开始集中思考:这一课,该讲什么,怎么讲?

2017年6月底,成都市教育局给全市中小学生布置了一道特殊的暑期社会实践题——推荐自己心目中最能代表"天府文化"的文化名片,一举引发了这个夏天孩子们探寻家乡文化的热情。

一时间,同学们纷纷推荐了以金沙遗址为代表的古蜀文明,以武侯祠为代表的三国文化,以杜甫草堂为代表的诗词文化……还有不少外国在蓉学生也推荐了自己眼中的川菜文化、川剧变脸等。整个暑假期间,在老师和家长的指导下,孩子们通过资料查阅、参观体验、专题调查、研学旅行、红色旅游等方式,对家乡成都的历史变迁和现代发展进行了一次实实在在的深入探访。这也为后来的学习奠定了基础,相当于一个"课前预习"的过程。

2017年7月,成都商报社·成都儿童团(红星教育)又联合成都市教育局,共同邀请文化和教育界的10大名家,如成都杜甫草堂博物馆馆长刘洪、副馆长马红,历史文化专家李明泉、彭邦本、谭继和、舒大刚、谭平,教育专家纪大海、毛道生、杨斌、喻柯、罗晓辉等,以及各区(市)县教育局代表、市直属学校代表共计60余人,在成都杜甫草堂博物馆藏经楼举行了一场盛大的"天府学堂"课程论证会,会议围绕"天府文化教育内含""十二大主题课程是什么""课程导师人选""最佳授课地点"及"课程必学核心内容"五个议题展开讨论。在各议题讨论中,专家们就"天府文化如何在青少年中得到传承和发扬""天府文化在德育教育中所蕴含的深刻意义"以及"天府文化在基础教育中的具体实践"等议题进行了深入探讨,并形成了多项行之有效的"天府学堂"推进实施意见。

可以说,这次论证会基本奠定了开学第一课的授课方向和思路。

2017年9月4日,经过反复甄选的16位行业精英走进成都16所学校,这堂以

"天府文化"为主题的开学第一课正式开讲,嘉宾们紧密围绕"创新创造、优雅时尚、乐观包容、友善公益"的文化精神内核,为全市中小学生带来一堂别开生面的开学第一课,也拉开"天府学堂"系列课程的大幕。

具体嘉宾及授课主题如下:

第一篇章:创新创造

1. 课程主题:都江古堰,泽被千年

主讲嘉宾:都江堰景区五星讲解员、成都市优秀讲解员胡娇

授课学校:都江堰市李冰中学

2. 课程主题:天府交子,纸币之母

主讲嘉宾:西南财经大学图书馆副馆长缪明杨

授课学校:锦江区娇子小学

3. 课程主题:成都科技,大观全球

主讲嘉宾:成都观界创宇科技有限公司(IDEALOEYE)CEO刘天成

授课学校:双流中学

4. 课程主题:成飞制造,成都骄傲

主讲嘉宾:成飞民用飞机有限责任公司C919主管工艺师庄期能

授课学校:成都七中万达学校

第二篇章:优雅时尚

1. 课程主题:蜀锦华彩,锦官美名

主讲嘉宾:成都蜀锦织绣博物馆馆长、蜀江锦院总经理钟秉章

授课学校:温江区光华实验小学校

2. 课程主题:成都诗词,文脉流传

主讲嘉宾:成都市教科院国学研究室主任罗晓辉

授课学校:新都区升庵中学

3. 课程主题:书香成都,俊贤汇聚

主讲嘉宾:言几又集团副总裁、联合创始人刘嘉

授课学校:华阳中学

4. 课程主题：会展名城，风雅天府

主讲嘉宾：四川省会议展览业协会办公室主任秦培勇

授课学校：成都高新实验中学

第三篇章：乐观包容

1. 课程主题：三国文化，蜀韵汉风

主讲嘉宾：成都武侯祠博物馆陈列研究部主任、高级研究员梅铮铮

授课学校：石室锦城外国语学校

2. 课程主题：海纳百川，天府胸怀

主讲嘉宾一：四川省郫都区豆瓣股份有限公司董事长、中国川菜文化体验馆馆长徐良

主讲嘉宾二：成都市档案学会理事长姬勇

授课学校：建设路小学

3. 课程主题：开放成都，世界共舞

主讲嘉宾：成都市物流协会秘书长何磊

授课学校：成都市大弯中学

4. 课程主题：乐观之城，进取之都

主讲嘉宾：成都红旗连锁股份有限公司党委书记、董事长曹世如

授课学校：龙泉七中

第四篇章：友善公益

1. 课程主题：绿色成都，美丽典范

主讲嘉宾：四川旅游学院生态旅游研究所所长、成都观鸟会理事长沈尤

授课学校：西安路小学

2. 课程主题：文翁化蜀，教化天府

主讲嘉宾：石室中学校长田间

授课学校：石室中学

3. 课程主题：都市善举，天府有爱

主讲嘉宾：广东卫视《你会怎么做》节目组主编张汉儒

授课学校：邛崃市临邛中学

4. 课程主题：天府仁心，感动中国

主讲嘉宾：成都市第三人民医院骨科主任、"感动中国"2016年度人物梁益建

授课学校：东城根街小学

（三）社会效果

16位行业精英走进16所校园，通过16种创意授课方式，带来16场网络实况直播……2017年的开学第一课，共有约2万名成都市中小学师生现场参与，同时，借助校园局域网络，超过100所学校同步收看开学第一课的实况，直接覆盖了成都百万家庭。

与此同时，截至9月4日晚8点，包含报纸、电视台、广播电台、网站等平台超过100家媒体对这一文化盛举进行了大规模即时报道，总体发稿篇数超过300篇，媒体累计曝光量超过1亿，16个会场网络直播累计观看人次超过1100.2万人次。

"首次邀请16位不同领域的专家担纲主讲人""首次16所学校带动全市师生同上开学第一课""首次用16场直播的方式进行实时分享"……此次开学第一课的诸多创举和亮点，也赢得了学生、家长、学校、文化名家、网友的高度点赞，在教育圈、文化界、科技圈等多个行业引发热议。

通过传习天府文化，引导孩子认识家乡、热爱家乡，我本人也很愿意为文化的推广出一份力，让天府文化根植到校园，扎根于娃娃的内心。——西南财经大学图书馆副馆长缪明杨

早在半个月前，我就已经在为开学第一课积极筹备。白天工作排得满满当当没时间，就夜里挑灯备课，整个讲稿前前后后改了不下10次，因为我认为成都的这份创新、创造的城市精神应该传递给每一个孩子。——成飞民用飞机有限责任公司C919主管工艺师庄期能

以如此方式为孩子上"开学第一课"非常有意义。如何守住古老的记忆，

转型中的守正与创新
——"红星新闻"典型案例解析

将文化发扬光大？最需要的就是让更多的人，特别是让更多天府文化的传承者也就是成都少年们，成为传承天府文化的中坚力量。特别希望这样的活动今后能越多越好，把我们共同的城市记忆世代流传。——成都蜀锦织绣博物馆馆长、蜀江锦院总经理钟秉章

成都学子应以此文化自信，在今后创造出更加辉煌灿烂的天府新文化。——成都市教科院国学研究室主任罗晓辉

希望在课堂外，孩子们也能多关注环保问题，多了解环保知识，只有自身的环保知识量积累够了，才能更好地投身或是号召身边的人一同投身到绿色成都、美丽典范的构建中来。——四川旅游学院生态旅游研究所所长、成都观鸟会理事长沈尤

作为新时代的成都学生，大家更应该在天府文化的传习中，寻找自身的历史文化根脉，将这样的城市精神代代相传。——石室中学校长田间

16位"老师"，16堂课同步开讲，这是我从教多年经历的最特别的开学第一课！也希望能继续带领孩子们一起文化寻根，在传承城市文化的路上和他们结伴而行。——石室锦城外国语学校校长李胜

作为天府娃，怎能不知天府文化？作为成都的教育人，又怎能不扛起这份传承文化的责任？为这样的一课点赞，为我们的城市灿烂文化自豪。——双流中学校长熊伟

开学第一课，只是一个开端。期待在未来，"天府学堂"能够继续带着孩子们识家乡、爱天府，做个新时代的天府娃。——西安路小学校长刘莉

这次的开学第一课确实很有意义，不仅增进了学生对家乡的了解，更能让孩子们全面深入地理解和传承好天府文化。——都江堰李冰中学校长张庆刚

这么棒的天府文化课，应该给我们老师也来一场。老师们学好了，学扎实了，又可以把这份传承带给更多的孩子。——成都市大弯中学老师赵加

时间太短，一个小时完全没听够。我将把课上所学分享给朋友，让大家都更加积极去传承和发扬都江堰代表的创新创造精神。——都江堰李冰中学初一11班吴琳瑶

庄老师见解独到，把成都的创新精神讲得清楚通透，妙趣横生，尤其是互

动提问环节，大家热烈响应，整个课堂都沸腾了。——成都七中万达学校初二学生胡锐嘉

这一课，才让我真正感受到了成都这座城市的伟大，也明白了城市文化的那份厚重——石室锦城外国语学校初二学生李书予

需要特别补充的是，2017年的这一次媒体视角下的教育策划尝试，不但得到了主管部门的高度认同，也在成都市中小学得到了广泛认可。也基于这一次良好的开篇，一直到2022年，每一年的9月1日，成都市的百万中小学生都会迎来一堂精心策划、有着不同主题的开学第一课。

2018年全市开学第一课主题为"把天府故事读给世界听"，在2017年的基础上全面升级，共设22个会场，包括一个主会场和21个分会场。值得一提的是，在主会场成都市实验小学，来自全市22个区（市）县的学生暑期"绿道行"画作，被连成一幅手绘版绿道长画卷震撼登场。同时，22幅优秀画作还共同组成了22套天府绿道明信片。开学第一天，它们被陆续寄往各个学校的全球友城学校，向世界发出来自成都的绿意邀请，传递成都新名片，讲述天府文化精彩故事。

2019年全市开学第一课主题为"70年，我的国、我的家"，7位名师名家同步开讲，紧紧围绕新中国成立70周年，以家国为纬，以时代为经，带领百万成都学子回首峥嵘岁月，致敬英雄传奇，树立家国情怀。

2020年全市开学第一课主题为"爱成都 迎大运"。城市有盛事，作为这个城市的小主人，百万成都中小学生也应承担起自己的一份责任，发扬主人翁精神，不仅要知晓，更应参与其中。为此，开学第一课主办方特别邀请到了13位来自不同行业的嘉宾主讲。13位行业嘉宾走进校园，结合成都大运会、城市创新、公园城市、赛事之城、呼唤和平、天府文化、成都美食、国际成都、公益城市、门户之变、成都梦想11个极具成都城市特色的主题，为同学们带来了精心准备的课程分享，展开了一幅别具一格的天府文化画卷。

2021年全市开学第一课主题为"感恩明志·逐梦复兴"。值得一提的是，这一年的开学第一课由成都市教育局、德阳市教育局、眉山市教体局、资阳市教体局联合主办，首次实现了城市联动，旨在进一步推进成德眉资同城化发展。5堂精彩的"城市课程"分别从"感恩""明志""逐梦""复兴"4个不同的角度讲述，并通过

视频直播的方式走进了4座城市中小学校的课堂。

2022年，开学第一课着眼于全国文明典范城市创建，为百万中小学生带来了最特别的"文明一课"，嘉宾们走进成都4所学校，带领学生一同感受城市的温度和文明的力量，号召大家为创建全国文明典范城市做出自己的努力。

结合历年开学第一课来看，无论是主题确立，还是上课形式创新，变的都是表，不变的是核——紧贴时代脉搏，紧贴城市发展，让生于斯、长于斯的万千城市下一代知城、识城、爱城，厚植家国情怀，为他们系好成长路上的第一颗纽扣。

（红星教育执行总编辑蒋超）

三、专业评析

融媒体传播格局下的城市文化传承之道

一、跨行业融合互动，全流程策划激发动力

加快构建全媒体传播体系，是推进媒体深度融合的重要目标。主流媒体突破组织上的边界，重整社会资源，深度合作联动，有利于打破媒介介质的限制，推动媒体结构体系与格局的融合质变，加快构建全媒体传播体系。本次"开学第一课"融入了来自多个行业的专家学者参与从课程设计到讲授把控的全流程。融媒体传播中需要高度重视学术支持，文化研究的学术资源、人员、成果等及以学术为先导的专家智库是重要的保障性资源。因此，让传承内容的从业者、专业人士深入融媒框架，并将他们的工作和支持融入融媒体项目环境中，是至关重要的环节。在本次"开学第一课"的策划中，成都商报社联合成都市教育局邀请了来自文化和教育等领域的专家，实现互联互通、融合互动，巧借"外脑"进行内容制作。高水平的学术专家团队进行周密的顶层设计是成功的关键。在课程设计中，来自文化和教育等领域的学者、专家对课程的内容、编排、意义等进行了论证，奠定了开学第一课的授课方向和思路。另外，本次"开学第一课"还是首次邀请16位不同领域的专家担纲主讲人，集结了各领域专家的智慧，共同保证传播内容的技术性、专业性。

本次"开学第一课"被100多家媒体进行了大规模的即时报道，总体发稿篇数超过300篇，媒体累计曝光量超过1亿，16个会场网络直播累计观看人次超过1100.2万。线下活动辐射16所校园，线上直播覆盖超100所学校，覆盖了成都百万家庭。这真正体现了策划所激发的多渠道传播优势，其背后离不开课程设计、技术选择、分发平台等一系列的策划工作。策划融媒体传播是整合社会资源，实现一次收集、多次分发的有效探索，更是对"四全媒体"理念的重要实践。

二、内容挖掘：传统与新潮结合，找准传播着力点

融媒体环境下，所有信息的传播都具有信息生成的规律性和信息流传送的连贯性。天府文化绵延悠长，其中传统文化的内涵具有复杂性、哲学性，其表现形式又具有稳、慢的特点，这与当代互联网环境下快速、瞬息万变的状态有着巨大差异，因此其传播的难度较大，影响了传统文化通过融媒体环境扩大传承信息的实际效果。化解这种矛盾的关键在于，必须要对传统文化的传承、传播形成一个符合融媒体环境的项目化的框架结构。习近平总书记在全国宣传思想工作会议上指出，"要把优秀传统文化的精神标识提炼出来、展示出来，把优秀传统文化中具有当代价值、世界意义的文化精髓提炼出来、展示出来"[1]。在媒体融合的背景下，天府文化的传承与传播要借助融媒体对传统文化进行内容加工，打破常规，融合地域特色，使文化传播嵌入时代特色，提升文化传播的速度和效率[2]。本次"开学第一课"聚焦"创新创造、优雅时尚、乐观包容、友善公益"的文化精神内核，贯穿成都的历史变迁和现代发展，以兼容并包的姿态展示天府文化的魅力，呈现多元天府文化。同时，在传统文化与现代文明的深度融合下诠释天府文化，并以全新形态吸引更多的人参与天府文化的传承与传播，充分发挥了融媒体传播主体多、迅速快、范围广的强大优势。

---

[1] 《习近平出席全国宣传思想工作会议并发表重要讲话》，新华社，http://www.gov.cn/xinwen/2018-08/22/content_5315723.htm?Gov.

[2] 徐鑫鑫：《新媒体时代传统文化的价值建构与传播路径解析》，《新闻研究导刊》2018年第16期，第7—8页。

三、线上线下多样联动，促进文化传承长效机制建立

融媒体传播是一种全渠道、全覆盖、全过程、全时空的全效传播，线上和线下创意联动成为新的媒介融合突破口。"开学第一课"通过暑期社会实践的"预习"点燃本地学生甚至国际在蓉学生探寻天府文化的热情。他们在老师和家长的指导下对成都的历史变迁和现代发展进行了一次实实在在的深入探访，这为更深入地学习天府文化奠定了基础，也为本次活动的高关注度奠定了基础。这种线上线下的联动，使全程媒体、全效媒体的理念得到有力践行。这种"线上直播+线下课堂"的形式，通过全平台立体宣传，加大了活动的曝光力度，提升了天府文化传播的效果。在"开学第一课"活动之后，还延伸构建了"天府学堂"，作为了解天府文化的第二课堂，助推建立成都中小学传承天府文化长效机制。

随着互联网技术的提升和移动终端设备的普及，信息渠道不再具有垄断性，传播要素主要呈现出以"人"为主体、对话型关系为主、信息碎片化与情绪化以及反馈机制增强等新的特征。在这一趋势下，主流媒体需要抛弃以往单向的、单一的运营模式与创作理念，寻求一个广泛的、基数庞大的用户数量基础。在内容创作、传播渠道及受众反馈等方面增强作品的互动性，有效提高目标受众的黏度。因此，融媒体环境下城市传统文化的传承、传播，必须着眼于大众传播思维，形成一个广泛、稳定的用户基础。本次"开学第一课"活动覆盖面广、受众参与程度高，共有约2万成都市中小学师生现场参与，同时，借助校园局域网络，超过100所学校同步收看开学第一课的实况。

四、发挥融媒优势，增强口碑效益

融媒时代，必须及时掌握新思维、驾驭新载体、运用新手段，既要发挥好主流传统媒体的权威影响力，又要用好新媒体、新技术的高流量特点优势，立足高点、找准落点、挖掘亮点、营造燃点。本次"开学第一课"活动得到来自报纸、电视台、广播电台、网站等平台的100余家媒体大规模报道，首次用16场直播的方式进行实时分享，新技术在其中发挥了巨大作用。如传播学家麦奎尔所言："真正的'传播革命'所要求的，不只是信息传播方式的改变，或者是受众注意力在不同媒介之间时间分布上的变迁,其最直接的驱动力一如既往,是技术。"[1] 技术革新驱动着传媒演进,5G、直播、AI 等技术的发展成为推动新媒体发展的重要利器,极大地开拓着内容生产空间,突破了时空限制,提升了媒介场景的真实感、代入感和沉浸感。通过 16 场网络实况直播,各界专家实时分享,带动全市师生同上"开学第一课",超过 100 所学校同步收看实况,覆盖了成都百万家庭。直播技术的应用,使互动方式从现场扩展至"线上+线下",让观众的现场感演变为强烈的在场感,大大激发了场外观众的参与热情,也能收获更多受众的关注和讨论。本次活动赢得了学生、家长、学校、文化名家、网友的高度点赞,收获了来自教育圈、文化界、科技圈等多个行业专家的好评,也为成都商报社积累了良好的社会口碑。

(罗睿雪)

四、延伸案例

封面新闻:"名人大讲堂"将开讲　听著名学者霍巍讲四川青铜器集体"上新"

---

[1] 丹尼斯·麦奎尔:《受众分析》,刘燕南、李颖、杨振荣等译,中国人民大学出版社 2006 年版,第 156 页。

第七章 海报设计

案例1　在一组电影质感大片里感受一座城市的"幸福"

案例2　跟着成都"跑起来"

案例3　成都城市科幻感大片《中国科幻年　从成都出发》

案例4　成都烟火味　最抚世人心
　　　　——停下脚步看看身边的风景

案例 1

在一组电影质感大片里感受一座城市的"幸福"

一、案例简介

2018年春节前夕，习近平总书记在四川考察调研时指出，天府新区是"一带一路"建设和长江经济带发展的重要节点，一定要规划好、建设好，特别是要突出公园城市特点，把生态价值考虑进去，努力打造新的增长极，建设内陆开放经济高地。近年来，成都以建设践行新发展理念的公园城市示范区统领各项工作，公园城市建设取得了重大进展，积累了重要经验。

2021年12月30日，由新华社《瞭望东方周刊》与瞭望智库城市研究中心联合主办的"幸福城市"调查推选活动——"2021中国最具幸福感城市"榜单揭晓，成都再获第一。习近平总书记指出，让人民生活幸福是"国之大者"。正是在党的坚强领导下，成都推动经济社会高质量发展，成长为最具幸福感的人民城市，连续13年居"中国最具幸福感城市"榜首。可以说这个蝉联的荣誉并不令人意外，对于"幸福感"的诠释始终体现在这座城市的方方面面、细微之处。

为此打破常规，《成都商报》特地推出了一组高级质感电影品质海报，从"三千年烟火气"到"阳台上看雪山"，品味成都人的幸福体验。

扫码阅读案例原文

13连冠！"2021中国最具幸福感城市"榜单
揭晓，成都再获第一

转型中的守正与创新

——"红星新闻"典型案例解析

第七章　海报设计

案例报道页面海报（《成都商报》 供图）

转型中的守正与创新
——"红星新闻"典型案例解析

二、创作札记

(一)策划思路

成都再登"中国最具幸福感城市"榜首,这对于成都市民来说是一个好消息,对于成都市来说也是做好城市品牌宣传的重要机会。策划人员第一时间提出要制作一组海报来展示成都的"幸福感",同时也可以进行城市宣传。一般来说,形式的敲定是比较容易的,但是具体要做什么、怎么做,是非常考验人的。对于新闻媒体来说,最难的在于产品的核心,也就是策划所要表达的主题和核心内容,以及如何把内容、设计感进行完美组合,达到产品最终想要呈现的效果。

李端阳(策划)正在给刘睿(设计)梳理产品逻辑(红星新闻 供图)

首先,是确定海报的核心思想。很多时候制作产品的过程是一个不断试探和磨合的过程,但在策划阶段一定是逻辑和思路比较清晰的。策划人员要准确了解产品要表达的内容,以及要传递给用户的主观感受,好作品应该有一定的情绪感染力。一座城市的"幸福感"要如何体现?最重要的是城市里面的人,"幸福"是人的情绪之一，那么为什么成都人会感觉到"幸福"呢？在什么时间、什么地点、发生什么事情，能带给成都人快乐的感受呢？带着这些疑问，策划人员提炼出本次海报的主题"像成都人一样生活"，像成都人一样衣食住行，像成都人一样感受一座城市带来的温暖和惊喜。

其次，是确定平面海报的具体表达形式。一般来说，海报是竖版，可以在一张海报里呈现多组图片，也可以每张海报使用一幅图片，最后形成一组海报。成都获得"中国最具幸福感城市"第一名已经不是首次，在以往的信息发布中或注重文字，或注重视频，或更多的是摄影记者直接拍摄的美图美景。经过尝试，策划人员决定打破常规，采用横版海报来制作组图，一是因为成都的幸福场景具有电影质感，这是一种视觉上更加优美、体验上更加高级的表达方式，二是这种元素丰富的组图拼接构成长图，画面一气呵成、十分流畅，能够更好地体现主题。

（二）执行过程

海报主题和形式大体确定之后，就进入了制作执行环节。首先要选取一些能够体现主题的照片，选择时我们的窍门是去思考这个问题：编辑、设计作为成都的一员，对这座城市会有自己的主观感受，哪些场景会让我们觉得温馨、幸福、愉悦，甚至产生对一座城市的归属感和自豪感？

成都，真的有太多关于幸福的细节。这几年，成都人的朋友圈常被蓝天、白云、雪山、绿地刷屏。"窗含西岭千秋雪"已经成为成都人的独特浪漫。在这座全国唯一能看见海拔 5000 米以上雪山的千万级人口城市中，不仅能推窗见山，还推门见绿。成都拥有全球最长的绿道，它串联起了自然空间、森林空间、郊野公园、公共绿地，也串联起了都市繁华生活。在烦琐的工作中，在川流不息的街道上，还能亲近自然，被大自然的醇美包围。除了美景还有美食，沸腾的火锅、数不清的串串，还有兔头、烧烤、冰粉……任你选择。白天好耍，晚上也闹热，到了晚上，锦江边的歌吹、画舫、灯影，重现了千年前扬一益二的繁华。正加快建设国际门户枢纽城市的成都，开放之门也越敞越开；2021 年 6 月 27 日，成都天府国际机场正式开航投运，这标志着成都成为继北京、上海之后，中国大陆第三个拥有两个国际枢

纽机场的城市。

以此为出发点，我们选出了以下点位：雪山下的城市、秋日银杏、夜光下的双子塔、天府国际机场、成都东站动车段、崇州绿道、龙泉山观景台、成都艺术双年展、兴隆湖水下书店、锦江东门码头舞火龙、熊猫基地熊猫塔、成都老火锅。这些点位基本是按照主题策划中的逻辑确定的，在独特的城市美景、美食、生活体验中，对成都人的幸福感进行了梳理和提炼。

在海报的制作过程中，主要强调画面的氛围感。最近有一个流行词汇叫"氛围感大片"，主要是通过色彩和光影使画面更加生动，更能够感染网友情绪，引发共鸣。基本确定了点位之后就开始选择照片，这个过程中如果没有品质特别好的照片，就要及时调整方向。选图的标准是简洁、干净，没有太多杂乱的元素；画面主题感强，具有一定的美感；最基本的是精度要够，同时给海报文字的摆放留有空间。按照电影质感及色调的要求，我们对每张选出来的图片进行裁剪、重新构图，将主题文案居中，字体艺术化处理，画面留白较大，有较强的呼吸感。最终，将系列图片统一色调并拼接成长图，形成一张长海报，给人以较强的视觉冲击感，引发网友对"幸福成都"的情绪共鸣。成都带给人的幸福感是多元的，多元的幸福感融入了这座城市的细微肌理，也塑造了人们的日常生活。

（三）社会效果

海报发布之后，网友评论："为我们的大成都骄傲""天府之国实至名归，在成都十多年了好吃的还没吃遍，你说幸福不""适合创业就业与生活，可快可慢的现代化百搭城市，爱了"等。网友们纷纷为成都点赞，引发了成都人的自豪感及众多外地人对成都这座城市的向往。

（新媒体编辑中心主编刘杜鹃、责编李端阳）

三、专业评析

图述幸福：内外共振的城市文化认同

一、海报设计：现代质感的电影大片

"幸福感"是心理学、社会学和哲学等学科热衷研究的话题，特别是心理学，对人类的情感进行了各式各样的研究。我们通常所说的"幸福感"是心理学概念，专业术语称为"主观幸福感"（Subjective Well-Being，简称SWB），专指评价者根据自定的标准对其生活质量的整体性评估[①]。成都已连续13年荣获"中国最具幸福感城市"第一名，红星新闻精选了12个角度来展现成都的幸福源泉——用12张横版海报合成一张竖版长图，形成组图特有的视觉冲击力，在数量上具有说服力，在质量上具有震撼力，共同流露出成都的自豪与自信。

（一）独具匠心的色彩与构图

"像成都人一样生活"，海报的主题不禁引人发问：为什么要像成都人一样生活？成都人的生活是怎样的？带着疑问和好奇，眼前出现了一幅长图，最顶端的海报呈现的是远方雪山之下的成都，城市上空云雾缭绕，宛若幻觉的朦胧之美吸引着观者的视线。这组海报最突出的特点便是现代化风格，单张海报的画幅接近13∶6，具有宽银幕电影大片的质感。在海报的颜色方面，整体色彩鲜艳但不失格调，采用高对比度、高饱和度和高锐度，具有信息传递清晰、准确的效果，每一张海报都可以加固主题——像成都人一样生活。在海报的构图方面，画面较"满"，如果留白是写意，那"满"则是写实，此组海报将成都幸福的细节铺满整个画面，这样的处理能够体现城市幸福感的真实性。此外，这组海报多采用对称构图，或许与川西坝子的地理因素有关，成都的城市道路平坦、开阔、四通八达，以天府广场为几何中心

[①] 吴明霞：《30年来西方关于主观幸福感的理论发展》，《心理学动态》2000年第4期，第23—28页。

转型中的守正与创新
——"红星新闻"典型案例解析

呈伞状向周围辐射。

（二）简洁统一的标题与文字

在海报的文字方面，为了凸显主题，12张海报的文字全部使用统一的内容、字体、颜色以及位置。文字颜色为醒目、百搭的白色，"像成都人一样生活"作为标题，以竖版形式置于海报中轴线，并采用非常规字体——专门设计了一种符合成都城市气质的字体，克制的撇捺和偶尔挥洒的笔画，显得随性但不随意。"幸福成都 美在文明"的宣传性标语以横版置于右上角，来阐明成都的文化属性。"成都位居'2021中国最具幸福感城市'榜首"一行字则居中位于海报的底部，强调优中之优，以此来提升海报的整体气势。最后，以定位标志加文字来说明海报画面所属的地点，进一步增强了海报的真实性。12张海报的文字皆紧扣主题，并无赘述。

（三）高度专业的拍摄角度

如果透过海报的画面去还原拍摄视角，除了火锅那张海报，其他11张皆采用大全景、俯视镜头，这些并不是日常可以随手拍到的场景，需要利用专业的设备来拍摄。红星新闻记者的镜头，精准捕捉了成都的特色，如城市半空浮现海市蜃楼般的四姑娘山，秋日街边金黄耀眼的银杏树丛，光彩夺目、轩然而立的双子塔，2021年投运的成都第二个国际机场——天府国际机场，新晋网红地标龙泉山观景台，熊猫基地熊猫塔……这些建筑既具有标志性，又跳脱出大众所熟知的成都春熙路、宽窄巷子、锦里、人民公园等知名景点，说明成都的城市文化在发展中不断更新、不断丰富，新的地标并非徒有虚名，而是迅速形成新一轮的视觉符号，成为成都最新鲜的城市标签。

二、海报效果：看得见的城市幸福感

（一）用组图的叙事性讲述成都故事

图片是融媒体呈现新闻报道的重要形式。海报作为图片的一类，是一种兼具真实性和设计感的视觉表达，可以将"幸福感"这个抽象的概念具象化，具体为筷子间的一片肉、银杏树下的一条路、清晨窗外的一座山，具体为生活里的衣食住行。同时，这组海报还具有视觉上的连贯性和叙事性，既有白日的明媚，也有夜晚的灯火，仿佛在讲一个故事，故事的内容是成都人的一天，成都人怎样玩、怎样吃、怎样工作，每个画面都引人入胜。图片长于文字之处便在于，12张海报能让观者在几秒钟的时间内领略到成都城市生活的方方面面。

（二）用组图的丰富性展现多元文化

这组海报所展示的成都城市文化是与时俱进、多元化的，双子塔代表繁忙的通勤，崇州绿道代表全民运动，东门码头代表悠闲的夜生活，艺术双年展代表创新与融合，九宫格火锅代表麻辣口味的饮食结构……每一张海报都描绘着安逸的城市氛围，安逸来源于物质生活和精神生活双重满足的合力。地铁、高铁、公园等硬件设施高度完善，各类美术馆、博物馆、音乐厅等造型独特的建筑物分布在成都的各个区域，形成不同的文化空间。成都的艺术气息和它的烟火气同样浓厚，滋养着天府大地上海纳百川、兼容并包的城市性格。

三、海报意义：唤起内外双重的文化认同

（一）成都人的身份代入

有一种观点认为：幸福存在于差异之中。这不无道理，因为人们的确容易从"人无我有"的优越心理中获得满足。而"身份"这个概念与"差异"息息相关，马克思曾说："人起初是以别人来反映自己的。"[①] 作为成都人，自己生长的城市连续13年荣登"中国最具幸福感城市"榜首，自己每天享受的成都生活是其他人所向往的幸福，心里该是怎样的自豪！这种自豪感推动着成都人更加热爱成都的一草一木，更加拥抱成都的城市文化，精神的力量最终会转化成行动，成都人也将更努力地建设自己的城市。

成都的幸福是由千千万万的普通人共建的。当成都人注视这组海报时，他们能够被画面中的景和物唤起强烈的文化认同和身份认同，这是专属于成都本地人的城市归属感、安定感和满足感。他们不仅能够看到自己享受幸福的快乐时光，也能够看到自己辛苦工作的身影，或许建造成都金融城双子塔和天府国际机场的劳动者就正在看着海报，他们不仅是幸福的参与者，更是创造者。而认同则源于海报内容的"真"，无论是文字还是图片，都要满足新闻的第一性——真实性。

[①] 钱超英：《身份概念与身份意识》，《深圳大学学报（人文社会科学版）》2000年第2期，第89—94页。

（二）外地人的文化想象

"像成都人一样生活"，此海报的主题首先包含着想象，外地人看到海报后的即时的感性反馈是，想象自己也置身于画面所展现的场景之中，这一无形的过程就是文化认同的开始，逐渐形成吸引的拉力，这种外地人对成都的向往和赞誉，是构成成都幸福感的重要组成部分。其次，"像成都人一样生活"还隐含着地域性，字面出现的是"成都人"，省略的主语是"成都市以外的人"，一组看似对立的关系，却因为幸福感产生交织和重叠。"成都是一座来了就不想走的城市"，或许这句话最初只是一条旅游宣传语，但从它广泛的流传度来分析，可以解读出两层意味：第一层展现的是外地人对成都的认可，第二层说明了成都这座城市的高度包容性和接纳性。它将外地人的认同感体现得淋漓尽致，不仅在精神上认可，还要在行动上融入——最彻底的认同不是赞赏它，而是努力成为它。

四、结语

读图的时代，人们的目光更容易被图像吸引，但图片是可以被创造和修改的，或许你我都曾在旅行中遭遇"照骗"，实际的景色与脑海中的期待大相径庭，但成都的幸福感名副其实。这组海报的精彩之处，恰恰是用 12 个画面还原了成都最新的城市空间，描绘了长期以来内外共振的成都文化。

成都大学传媒研究中心副研究员夏迪鑫认为，围绕"成都 13 年蝉联中国最具幸福感城市"这一话题，红星新闻推出系列海报为"幸福成都"城市文化宣传助力。该系列海报以记录城市生活景象的优质照片为底板，图文结合地展现成都式生活，具体场景包括雪山下的成都、银杏路、金融城双子塔、熊猫塔、天府国际机场等地标性建筑，通过地标设计提供临场感，并辅以"像成都人一样生活"的海报主题文字，且以"幸福成都　美在文明"与"成都位居 2021 中国最具幸福感城市榜首"等副文本组合强调"幸福成都"的文化特色。该系列横幅海报以重章叠唱的视觉叙事节奏，聚合城市风光与人文风貌，以生动真实又美轮美奂的摄影作品结合成都本地舒适自然的生活气息，向各地受众递出和而不同的精美城市名片。

（魏梓慧）

四、延伸案例

《成都商报》:《成都,"凡"不"凡"?》

转型中的守正与创新
——"红星新闻"典型案例解析

■ 案例2

跟着成都"跑起来"

一、案例简介

2022年11月20日，成都马拉松赛开跑。从2017年首届成都马拉松到2022年短短五年，高标准的赛事服务吸引了众多高水平选手参赛。近年来，成都连续承办高端赛事，打造世界赛事名城，拥有了更多展示城市形象的机会，在承办大赛的过程中市民生活方式也在发生改变，承办体育赛事与推进城市持续发展走向共荣共生。红星新闻在成都马拉松开跑之际迅速推出一组创意海报"成都跑起来"，将成都元素和马拉松结合，一语双关，从经济、文化、历史、生活、美食等方面展示成都的城市魅力和烟火气息，画面舒朗大气、品质较高。

扫码阅读案例原文

"成都跑起来"创意海报

第七章　海报设计

二、创作札记

（一）策划思路

你心中的成都什么样？每一个人都有不同答案。生活在一座城市之中，感受生活节奏的律动，和城市产生紧密联系，个人的视角是细微且敏感的。创立5年以来，成都马拉松和成都见证着彼此的快速发展，同时成都也将自己独特的烟火气质融入了成都马拉松打造、赛事名城创建及公园城市建设中，以人为本，人人可参与、人人愿参与成为其亮眼的底色。

在本次策划中，我们试图跳出比赛本身，站在个体的角度来体会马拉松带来的活力感，个体组成了群像，每一个人都在奔跑，在这座城市的地标建筑上、人文风俗上、美食美景上，此处的成都被具象化，最终点题"成都跑起来"，跑起来的不只是马拉松，也预示着一座城市的青春活力。火锅、宽窄巷子、川剧变脸、熊猫、盖碗茶、蜀绣等都是代表性的成都元素，虽典型也并不新鲜。成都马拉松已举办多届，每次都会有宣传上的表达，如何让这两者碰撞出全新的视觉体验呢？我们决定展现多面成都，突破马拉松比赛定式思维。创意有了，接下来就到了执行阶段。

（二）执行过程

优秀的新闻海报内容和表达形式能够相得益彰，有机融合，艺术形式全方位服务于内容，将内容精准地转化成画面语言。成都本身具有包容性的文化，使其在赛事名城的建设过程中更加具有生活气、烟火气。在实际操作上，本组海报运用虚实结合的处理手法，将实景图虚化处理成漫画形式，画面表达接地气，兼具艺术性：大块的画面留白、颜色的大胆运用、整体的灰调处理，让整组海报现代与复古相结合，质感高级。在每一个物体的边缘，奋力向上奔跑的小人形象组成了画面中的动态元素，城市与人有机结合，一静一动，视觉思维找到了延伸点，也有了想象空间，海报内容被赋予故事性。

这组海报清晰地传达了主题，从细节处展现了设计师的创作热情和灵感瞬间。

转型中的守正与创新
——"红星新闻"典型案例解析

在马拉松比赛纯粹聚焦比赛图片本身或体育竞技的海报之外,让人感到新奇、印象深刻,无疑是一组充满创意和想象力的佳作。

"成都跑起来"9张海报(《成都商报》供图)

(三)社会效果

海报推出后引发网友共鸣,纷纷点赞:"成都生活安逸舒适,也是一座年轻充满活力的城市""太有创意了,看了也想参加马拉松""好吃好耍好看,成都跑起来吧"等,这组马拉松海报让受众眼前一亮,很多外地网友纷纷表达了对成都这座城市的喜爱和向往。

(新媒体编辑中心主编刘杜鹃、责编李端阳)

三、专业评析

焕新符号活力,塑造城市魅力

随着互联网技术的快速发展,图片、视频等视觉传播形式在当今新闻生产中扮演着重要角色。相较于传统的文字报道,视觉传播形式能够更好地吸引用户的注意

转型中的守正与创新
——"红星新闻"典型案例解析

力、更直观地传递信息、更快速地引发情感共鸣。同时,随着社交媒体的普及和发展,图片和视频等形式更便于用户进行分享和二次创作,这能在一定程度上扩宽传播渠道,增强与用户之间的交流互动。

"成都跑起来"这组创意海报将体育主题与成都元素巧妙组合,制作出了具有成都特色的独特海报,画面简洁大气、韵味十足,既传达了马拉松赛事的活力与精神,也展现了成都的特点与魅力。

一、"虚实+拼接":强化视觉吸引力

海报的设计和视觉效果可以直接影响人们的注意力和情感反应。一组独特、有吸引力的创意海报能引起人们的兴趣和好奇心,给人们留下更积极、深刻的印象。在"成都跑起来"这组创意海报中,创作者将熊猫、川剧变脸、盖碗茶、火锅等成都特色元素作为海报主体,将奔跑的小人形象融入画面之中,使用充满古韵的色彩组合,配合简洁顺滑的线条,形成了一幅幅动静结合、雅致优美的图画。相比于使用真实的照片作为海报主体,这组海报将各个元素抽象为漫画形式,生动地表现出各个元素的形与意,配色和谐,画面舒适大气,具有观赏性。这种虚实结合的设计能够强化海报的视觉吸引力,传达出成都这座城市的活力、创新与独特性。

符号的组合能够激发出新的活力,并为人们带来新的体验与认识,创造出全新的意义与感受。体育海报设计常常使用运动员的动态图像、比赛场景、体育用具等标志性符号,这些符号往往能够传达出体育赛事的热情、竞争、力量和荣誉感。在"成都跑起来"这组海报中,除了选用马拉松的标志性奔跑动作,还融入了成都特色符号,是一种独特的设计思路。这两类符号组合在一起,不仅带来了全新的视觉体验,也有利于将成都文化与充满活力的体育赛事相结合,通过视觉上的强化,将成都马拉松更加生动、有力地传达给人们,提升人们对成都马拉松的理解。

在当今快节奏的生活中,人们的电子阅读习惯也趋向于短、快。海报这类表现形式有着一定的传播优势。以"成都跑起来"这组海报为例,用户仅需很短的时间便可浏览完9张图片,而丰富的色彩、有趣的构图和排版也吸引着用户进一步对海报内容进行分析,熊猫、火锅、盖碗茶这类具有辨识度的元素可以很快将信息表达出来,用户可以在短时间内快速获取海报所传达的部分内容和意义。海报的形式也

便于用户进行识别、记忆和分享,从而在用户脑海中快速构建出一幅关于成都马拉松的记忆画卷。在这个过程之中,海报的视觉吸引力、元素独特性、内容有趣度等方面会直接影响人们对海报的识别速度、记忆程度和分享欲望,从而影响海报的传播效果。"成都跑起来"有独特的视觉吸引力,画面大胆留白,设计元素精简却不失韵味,具有艺术感和创意性,彰显文化之美,给人以舒适的感觉,在体育海报中具有独特的魅力,体现出成都这座城市的温和、创新与包容。

二、"体育+城市":打造成都新形象

海报所呈现的内容信息可以影响人们对城市的印象和态度。一组内容丰富、富有表现力的海报可以宣传城市的特色美食、文化活动、历史风貌等,为人们提供了解城市的渠道,有利于塑造城市正面形象。大型体育赛事对举办城市经济有巨大促进作用,为举办城市进一步塑造提升城市形象提供了良好的契机。[1] 在"成都跑起来"这组海报中,体育符号与成都符号巧妙地结合在一起,既能赋予成都这座城市活力、青春与运动的意义,又能进一步塑造成都世界赛事名城的城市形象。这组海报准确地传递出成都丰富的精神底蕴和历史文化,这些特点和优势能够激发人们对城市产生认同感和好感,潜移默化地影响人们对成都的印象和看法。

海报与城市形象塑造息息相关。海报作为一种创作空间广阔、传达意义丰富的视觉媒介,可以快速呈现出城市的标志性元素,为城市塑造出特定的形象和风格。例如,关于历史遗迹的海报宣传能够为一座城市增添厚重、悠久的城市形象和风格,关于智能科技的海报宣传能够为一座城市增添前卫、创新的城市形象和风格。"成都跑起来"这组创意海报将体育赛事与成都知名的标志性元素融合,既为成都增添了活力、激情与坚韧的风格,也焕新了从前的知名元素,形成了一个多元、开放和包容的城市形象。在拼接两类元素时,两者的关系如果不够紧密,可能会让用户对海报内容产生疑惑,但"成都跑起来"这组海报的设计并不突兀,而是将体育和城市元素精巧地组合在一起,这种新鲜和独特的设计反而会带来更强的吸引力,

---

[1] 沈建华、肖锋:《大型体育赛事对城市形象的塑造》,《沈阳体育学院学报》2004 年第 6 期,第 745—746 页。

增强了海报的视觉记忆性，从而给人们留下更深的印象。

优秀城市形象的塑造，不仅能够吸引更多的人来到这座城市，也能够让人们对城市的未来充满信心。同时，海报等视觉传播形式能展示出城市的特色产业，烘托出城市氛围，进而宣传城市的各类活动和特色产品，提升城市的吸引力和知名度，推动城市的旅游经济发展和文化活动建设。

三、"文化＋共鸣"：提升城市认同感

海报所创造的情境可以影响人们的城市记忆，引发人们的情感共鸣。海报能通过图像、色彩和文字等元素创造出特定的情境和直观的信息，情境可以增强记忆的编码和存储，帮助用户更好地理解和记忆关键信息。同时，通过使用具有代表性的符号，海报能够传达出更丰富的意义，表现城市的文化特色和生活氛围，让人们对城市的历史文化和生活风格产生认同感和归属感。"成都跑起来"这组海报通过运用具有设计感的文字和故事化的图像，让画面具有故事感、艺术感和文化特色，奔跑的小人们既是马拉松精神的象征，也作为一个具有识别性的元素将9张图联结在一起，形成了一个连贯的故事。一群人的奔跑图像，也为这组海报添上了团结的底色。这些元素及其构建的情境能够引发人们的情感共鸣，让人们对城市产生情感上的认同和连接。

成都的标志性元素作为一种文化符号，代表着成都的历史、文化和价值观。"成都跑起来"这组海报将这些元素与马拉松结合，不仅传达出了成都的精神和风格，也能加强人们对体育赛事的关注，让人们对体育赛事产生情感共鸣和认同感。增强人们对城市体育的认同感，能够激励人们参与体育活动，感受体育魅力，加强对人们的感召力和凝聚力，进一步推广相关体育赛事。

成都作为一座文化名城，有着许多独特的符号。"成都跑起来"这组海报通过使用、组合和改造这些具有代表性的成都元素，让表达更有创新性和新鲜感，能避免人们对这些典型的事物产生审美疲劳。例如熊猫、火锅、川剧变脸等成都代表元素，如果仅仅进行单一形式的表达和呈现，很容易让人们丧失阅读兴趣，减弱宣传效果。要增强作品的传播效果，需要不断将元素融入新的表达方式，赋予旧符号新的情境和意义，激活符号活力。"成都跑起来"这组海报便突破了常见的体育海报内容，将成都元素所体现的城市精神和文化内蕴融入海报之中，丰富了成都马拉松的精神内核，在原有的成都特色中，让人们看见成都体育运动的一面，进一步塑造了成都的城市新形象。

2021年，成都发布《成都市"十四五"世界赛事名城建设规划》。近年来，成都多次举办各类体育赛事，完善相关设施建设，鼓励市民参与体育活动，促进相关产业发展。红星新闻推出的"成都跑起来"等作品，为成都的"世界赛事名城"宣传起到了促进作用。在体育赛事宣传中，图片、视频等视觉传播形式能更清晰、直观、快速地传达内容信息，通过符号的组合，构建出独特的情境，有力地吸引着人们的关注，深化城市记忆，提升城市认同，促进城市形象的塑造。

（田雪韵）

四、延伸案例

浙江发布：《护航亚运法治同行》

新华社：《AIGC：珍稀"宝贝"为成都大运会加油助威》

转型中的守正与创新
——"红星新闻"典型案例解析

■ 案例 3

成都城市科幻感大片《中国科幻年　从成都出发》

一、案例简介

2023 年 4 月 25 日，2023 成都世界科幻大会新闻发布会在成都举行。发布会上提到，2023 成都世界科幻大会将于 10 月 18 日至 22 日在成都市郫都区成都科学（科幻）馆举行。这是世界科幻大会首次在中国举行，成都也因此成为亚洲第二个、中国首个举办世界最高规格科幻盛会的城市。在发布会上，2023 成都世界科幻大会联合主席本·亚洛、刘慈欣、王晋康、何夕、韩松等科幻大咖纷纷为成都科幻大会造势宣传，红星新闻以此策划推出成都城市科幻 9 张人物海报。

扫码阅读案例原文

《中国科幻年　从成都出发》海报

二、创作札记

（一）策划思路

首先是确定海报的核心思想。世界科幻大会 1939 年创办于美国纽约，是最受瞩目的科幻文化主题活动，粉丝遍布全球。这是让世界认识成都、成都走向世界的好机会，也是做好城市品宣的重要机会。

成都是拥有 4500 年历史的古蜀之地，不仅拥有世界上第一种纸币——交子，还有金沙遗址、武侯祠、杜甫草堂等众多古迹。这座城市的背后还承载着未来与科技。成都诞生了具有 44 年历史的《科幻世界》杂志社，也诞生了中国科幻最高奖项"银河奖"，王晋康、韩松、刘慈欣等一代又一代中国科幻作家的科幻创作之路也从成都起步，这对应了在中国科幻圈的那句话："成都是中国地理上的洼地，却是中国科幻的高地。"策划人员第一时间提出要在海报里面凸显成都的人文、历史以及未来科技发展等元素。

定好大致方向后，需要开始打磨细节。制作产品的过程是一个不断试探和磨合的过程，如何定义这组海报？是科幻大咖的人物海报，还是城市宣传的海报？找到最需要传播的关键点，是一组海报能够打动人的基础。在综合分析背景后，我们决定打破传统人物海报主次关系，以城市宣传为主，科幻人物搭配为辅。

（二）执行过程

好产品前期一定经过大量试验。设计师尝试了不同风格，最终让一座城市充满赛博朋克感，在制作过程中不断调整修改细节，让海报更具视觉冲击。

成都，有太多关于古迹与现代科技感的城市建筑。编辑经过对比，精选了具有代表性的元素：百花潭公园塔楼、安顺廊桥、五岔子大桥、天府软件园、火车南站立交桥、钟书阁、成都立交桥、成都街头高楼、春熙路。仔细观看这些点位，基本是按照主题策划中的逻辑完成的，有古迹，有现代高楼大厦，将成都的历史感与科技感完美融合，对比反差，创造视觉冲击感。

打破传统人物海报以人物为中心，结合世界科幻大会发布会上的大咖金句，我们将重点落在彰显城市科幻感上。设计师从记者文字报道中精选出大咖们具有浪漫主义色彩和想象力的金句，融入画面，与海报相得益彰。

海报主题和形式大体确定之后，就进入了制作执行环节。在海报的制作过程中，主要强调画面氛围。按照电影质感及色调的要求，对每张选出来的图片进行裁剪、重新构图，将主题文案居中，字体艺术化处理，整个画面留白较大，有较强的呼吸感。

MEDIA CASE STUDY

转型中的守正与创新
——"红星新闻"典型案例解析

《中国科幻年　从成都出发》9张海报（红星新闻　供图）

（三）社会效果

海报发布后，朋友圈刷屏，全网阅读量达50万+，在受到各平台用户喜欢的同时，也获得众多科幻迷的赞美，"是我想要的科幻感""光看海报就已经很期待科幻大会了""海报好高级，太美了"。海报极强的品质感彰显了红星新闻品牌影响力，在众多媒体作品中表现突出。

（新媒体编辑中心主编刘杜鹃、责编李端阳、编辑巫梦琦）

三、专业评析

科幻语境下的成都城市形象建构

2023年10月，世界科幻大会第一次在中国举办，成都作为承办城市再次站在了世界舞台的中央。红星新闻意欲抓住此次契机做好成都城市品宣，围绕"科幻之

转型中的守正与创新
——"红星新闻"典型案例解析

都"这一概念推出了《中国科幻年 从成都出发》城市科幻9张人物海报,通过城市意象选择、视觉技巧运用、IP塑造及人物金句等内容,一方面对成都的城市形象建构、城市品牌宣传做出了科幻语境下的新尝试,另一方面也切中大会主题"共生纪元"表现出独具东方特色的中国科幻文化,点明未来中国科幻发展的关键。

一、视觉传达:兼顾科技与神秘的东方科幻之都

对于大众而言,提到成都首先联想到的可能是"天府之国、美食之都、休闲慢生活、熊猫之乡"等城市形象,而非充斥着科技感与未来感的"科幻之都"。如何做出成都城市品牌宣传的科幻新尝试,让这座中国科幻之都借此契机成为世界科幻名城,是这组海报面临的主要挑战。

(一)城市意象选取:高科技道路区域与传统中式标志物

凯文·林奇认为,城市意象是城市居民"想象的共同体"的一种表现方式,是"大多数城市居民心中所拥有的共同印象"[1],城市中的道路、标志物、边界、节点和区域共同构成了城市意向元素的主要形态,这些元素相互依存、相互作用,有时甚至可以相互转化。一座城市留给人的印象究竟是古朴的还是现代的,严肃的还是休闲的,很大程度上取决于其建筑、环境乃至交通状况向人们传递的信息,建筑同样也是科幻电影中幻想世界的重要组成部分,人们通过观察这些内容来认识城市本质,形成城市意象。

因此,在城市品牌宣传的过程中,这组海报选择的城市意象就基本决定了其想要呈现的城市形象。观察9张海报中出现的9个成都标志性建筑或建筑群,按照凯文·林奇对城市意象的划分方法,大致如下:五岔子大桥、火车南站立交桥、成都立交桥为道路,即"观察者习惯、偶然或是潜在的移动通道……是意象中的主导元素"[2];天府软件园、街头高楼、春熙路为区域,即"城市中等以上的分区……观察者从心理上有'进入'其中的感觉,因为具有某些共同的能够被识别的特征"[3];百花潭公园、安顺廊桥、钟书阁为标志物,也称地标,即"一个定义简单的有形物

---

[1] 凯文·林奇:《城市意象》,方益萍、何晓军译,华夏出版社2001年版,第5页。
[2] 凯文·林奇:《城市意象》,方益萍、何晓军译,华夏出版社2001年版,第35页。
[3] 凯文·林奇:《城市意象》,方益萍、何晓军译,华夏出版社2001年版,第36页。

体,比如建筑、标志、店铺或山峦,也就是在许多可能元素中挑选出一个突出元素"[①]。

可以看出,该组海报对于城市意象的选择较为集中且均匀分布在道路、区域、标志物这三类,每一类均有共性与个性。在道路一类中,三组城市道路均是立体交通的部分截取,呈现向空中扩张的延伸感的同时,这种立体交通也最接近科幻电影中超越现实科技水平的高空道路;交通工具也是体现科技进步、表现科幻赛博感的重要工具,海报分别为五岔子大桥和火车南站立交桥搭配了形状各异的飞行器,为成都立交桥搭配了悬浮汽车,此外的6张海报中也出现了碟状、轮状、翼状等各式各样的飞行器,成为凸显科技感的重要元素。区域均为高楼林立的现代建筑群,尽管3组建筑群在构图、设色上有所区别,但都是用可视范围内建筑的高密度大量重复(春熙路、天府软件园)或庞大规模(街头高楼)来呈现较强的视觉压迫感,营造赛博都市中因城市人口急剧扩张和科技大幅提升所带来的"高科技、低生活"疏离感。

上述6个道路和区域的选取集中展现了成都这座城市的科技感与未来感,成都带有的东方文化属性体现在剩余的3张标志物海报之中。百花潭公园散花楼、安顺廊桥是真正的中式古建筑,飞檐翘角、曲栏回廊高度浓缩了中华民族建筑风格精华;成都钟书阁作为灵感来自都江堰水利工程的新式建筑,因其独特新颖且带有魔幻感的建筑风格被网友戏称为"霍格沃兹图书馆成都分馆",是创新建筑的代表之一。该组海报通过视觉设计将上述3个东方建筑置于西式赛博都市的背景之中,中文书店与赛博格、古建筑与飞行器的强烈反差反而意外融洽,像韩松科幻作品的文字风格一般诡异华丽且神秘,颇具古风穿越之感。此外,火车南站立交桥上象征神秘古蜀文明的太阳神鸟标志也融入得恰到好处。从数量上来说,海报明显更偏重展现成都的科技感与未来感,东方文化只是作为点缀,这也与"科幻之都"城市形象构建的意图相吻合。

(二)视觉技巧运用:亦真亦幻的"夜之城"奇观

在选定城市意象作为主体后,视觉技巧是下一步绕不开的话题,海报通过构

[①] 凯文·林奇:《城市意象》,方益萍、何晓军译,华夏出版社2001年版,第36页。

图、色彩、造型、光线、肌理种种方面的设计让画面的视觉表达更为准确有力，围绕"科幻之都"这一主题，为读者进一步营造出成都作为赛博都市的具体面貌。

为了突出游走在真实与虚拟之间的感觉，该组海报在保留成都真实城市意象的基础上，对背景、色彩都做出了大刀阔斧的调整。所有图片均被磨掉真实纹理、抠掉真实背景，进行再次着色，处理成类似科幻电影或动漫的画面质感；五岔子大桥、百花潭公园、火车南站立交桥、安顺廊桥、成都立交桥、街头高楼这6张图片的背景中都出现了比例巨大的星球，部分还添加了若隐若现的星云与陨石，在飞行器与宇宙飞船的配合下暗含星际穿越的科幻主题。在手机端观看时，竖版海报恰好填满整个手机屏幕，背景的庞大星球给人强烈的视觉震撼。

在色彩与光线的运用上，则是几乎完全抛弃了照片的真实光感。在后期模拟出的灯光色彩中，除了天府软件园一图使用了接近自然黄昏的暖色，此外8张海报使用的均为非现实光源散发出的蓝色、紫色、绿色、银灰色等冷色，神秘虚幻的冷色调霓虹灯光效营造出明暗交织的"夜之城"氛围，接近人们想象中光滑、冰冷、疏离的金属质感赛博都市。在大量的冷色块中也点缀有部分暖色，如银灰色的火车南站立交桥桥身呈现出淡红色、紫色的成都立交桥背后星球散发出橘色光晕，冷暖对比下，城市魔幻感更上一层楼。

此外，为了体现赛博都市中科技发达带来的建筑密度高、规模大，海报在构图上也做了一定的设计。在仰视视角的衬托下，百花潭公园的散花楼、火车南站立交桥、街头高楼变得巨大无比，具有视觉震撼力，一如赛博朋克电影中带有奇观性的巨构建筑；春熙路中处于上下颠倒翻转城市中央的两个平视视角则为观众呈现了"不可能"的科幻视觉奇观。

二、宣传效果：中西文化交融的科幻共生纪元

（一）城市层面：打造成都的"丝绸朋克"气质

科幻文化的兴起与工业革命的发展密切相关，其本质是一种城市文化，二者密不可分。这组海报能在视觉层面表现成都作为科幻之都的独到之处，做到东方文明的神秘感与科技发展的未来感相辅相成，精准表达出成都的"丝绸朋克"气质，离不开成都丰厚的中华文化底蕴加持。何为"丝绸朋克"？华裔科幻作家刘宇昆最早

提出了这个概念，顾名思义，"丝绸朋克"结合了东方古典美学与西方科学精神，基于技术置换的想象，转向对古代东方尤其是中国古代丝绸技术的书写。"丝绸朋克"一词寄托了中国人对于科幻与中国本土文化融合的期待与想象，而成都既保留了蜀锦、古建、熊猫、竹林等随历史长河积淀的美学元素，也包容着各种年轻新兴的文化与人群。这种独特的气质恰恰契合"丝绸朋克"的精神内核。

（二）综合层面：中国科幻的发展之路

回顾红星新闻对于这组海报的定义——城市科幻9张人物海报，在海报主要视觉内容进行"城市科幻"宣传的同时，人物金句也从不同角度对此次世界科幻大会做出了点评，占比不多但意义重大。在"共生纪元"理念的统领下，9位科幻大咖涵盖不同职业、不同国籍、不同性别，点评内容主要围绕对中国科幻崛起以及中外科幻深入交流的展望。海报上的本届世界科幻大会IP，则是一只憨态可掬的熊猫，它用右手触碰代表地球的星球图案，象征成都乃至中国以此次大会为起点，进一步拥抱全世界，可以说从方方面面做到了点题。

正如世界科幻大会雨果奖评选部门负责人、四川大学科幻博士后姜振宇所说："现在，我们把世界科幻大会搬到中国，这是让中国看到世界，也是让世界看到中国的一次机会，我们要有足够的文化自信，相信中国的科幻文化底蕴，这意味着中国科幻正在兴盛、正在走向世界前台。"科幻是一个能够打破边界、融合不同文化体系、形成新审美的文化类型，如何将西方舶来的科幻概念及写作框架本土化，添加并平衡中国文化东方元素，创作我们自己的科幻文化，这将是一个长久的命题。现在，刘慈欣凭借自身作品与对科幻的独到见解将中国科幻作品推向了全世界，蓬勃发展的中国科幻正迈向更为广阔的世界；接下来更为重要的，是探索如何在世界科幻标准之下保留中国的独特表达，在中国丰富的传统文化中寻找东方科幻的养料，并以科幻为媒打破中西社群边界、融通文化、促进理解。悠久的历史，众多的文化符号，无数可以作为文学作品书写的故事，中国的哲学和美学在世界文化丛林中都是独特的。这组海报在视觉文化逐渐占据主流的今天，通过组合中式城市意象与科幻的新尝试，为我们提供了传播中国科幻声音的新思路。

（赵婧轩）

四、延伸案例

红星新闻：《出发！以科幻之名，全球追寻未来之光》

成都发布：《前方到站——科幻之都》

第七章　海报设计

▎案例 4

成都烟火味　最抚世人心
——停下脚步看看身边的风景

一、案例简介

秋意浓冬将至，2021年11月底的成都被遍地金黄的银杏包围。又到一年满城金黄，每年此时，成都的街头都会被银杏烘托出一种独特的浪漫氛围。难得的冬日暖阳透过金黄色的银杏叶，在地上投射出斑驳的树影，是成都人可以独享的一份浪漫。烟火成都，遍地金黄的银杏叶和冬日暖阳让人心情舒缓，不禁驻足欣赏美景，感受美好生活。然而此时的成都人，刚刚结束了又一轮本土新冠疫情的困扰，日常生活逐渐恢复。但在疫情反复之下，人们变得稍显焦虑和不安。媒体有缓解受众情绪的义务和责任。为了让成都的幸福感替代焦虑，编辑将着眼点放在了生活中细小的时刻，让烟火气重新充盈这座城市的每一个角落、每一个瞬间。

红星新闻新媒体编辑中心策划并联动摄影记者，调动编辑思路，推出《在成都，待久了，便会爱上》海报，以银杏为背景、具体生活场景为主体，从小切口体现成都市民生活的幸福感和烟火气息。文案走心、画面温暖，系列海报推出后，网友产生强烈的情绪共鸣。

扫码阅读案例原文

在成都，待久了，便会爱上

二、创作札记

（一）策划思路

1. 突破拍摄银杏的传统模式，增加"烟火气"具象元素

银杏树是成都市的市树，每一年到了银杏变黄的季节，人们都会来到银杏树下拍照，媒体也会推出各类赏银杏攻略，拍摄银杏点位、周边美食，可见成都人对于银杏的喜爱。一片金黄的银杏叶足以让最平常的冬季变得神采奕奕，成都此刻不仅走入了四季中最炫美的时节，也调动了视觉与味觉的叠加享受。在漫天金黄中品一杯三花，喝一碗羊肉汤，再不紧不慢地灌上几斤川味香肠，疫情结束，感受成都烟火。但是，传统上拍摄银杏，更多的是以银杏为主体，各种特写体现银杏之美；或者是以纯人物为主体，类似于摆拍的游客照。本次海报制作策划之初，就决定突破原有拍银杏以大场景、空镜头为主的传统模式，更加突出"烟火感"，这也是疫情消退后人们逐渐恢复生活常态化的体现之一。对于烟火的理解，每个人或许有所不同，但是对于成都这座城市来说，却似乎能够瞬间达成共识。

成都，一座2000多年不曾更名、未曾移址的城市，这里活色生香，五味俱全，袅袅烟火气，遍地皆生活。这里既有深厚的历史文化，又有热闹的市井气息。人们行走在成都，不免感叹着这座城市的繁华和发展，也享受着它的自由和闲逸。阳台上的几挂香肠、奶白色的羊肉汤配上香菜小米辣、懂事暖阳下的盖碗茶、透过落地窗看见在书店阅读的人、穿梭在银杏树下的快递小哥、无忧无虑的孩童将银杏树叶抛向空中……这些小场景似乎在生活中很常见，却真正体现了"烟火气之下的岁月静好"。因此，我们在策划阶段便提前与摄影记者进行了沟通，在拍摄场景的选择上提前谋篇布局，便于后期贴近主题进行加工处理。

2. 摒弃口号式配文，文案走心与网友情绪共鸣

在确定通过海报引发"地域情绪共鸣"的目标之后，文字上也仔细雕琢，摒弃口号式配文。同期一些海报作品更多的是一些斗志昂扬的口号或生硬的说教，这样

的文字内容很难触动用户心灵深处,让人真正体会到要传达的意思。本次海报配文采用散文诗一样优美的文字,再根据画面的拍摄情况来进行调整。定下了整体的基调,各方人员就可以开工了。

(二)执行过程

1. 两路摄影记者"扫街"拍摄银杏大片

确定海报生产思路后,策划人员马上与摄影记者进行沟通,确定拍摄的内容和时间。拍摄银杏有天气的要求,阴天光线不好,哪怕是后期调色也难以达到想要的视觉效果;众所周知成都人的属性是"向日葵",冬季的晴天草坪上就会"长"满成都人,天气晴好也更有利于拍摄到生动传神的画面。所以这时摄影记者现在唯一能做的就是"等天气"。终于放晴,两路摄影记者同时出发,开启"扫街"模式。银杏叶变黄受温度的影响很大,通常都是降温几次之后,就看到街边三团两簇终于成片的黄色。有些地方的银杏还是青绿,有些黄中带绿,这种色彩很难达到拍摄要求。所以每年拍摄银杏都需要提前踩点或者"扫街",也曾有银杏一直不黄,错过了策划需求的时间节点的情况。摄影记者跑了多个点位取景,包括银杏路、金琴路、东较场街、大庆路等,为了捕捉到更好的照片,除了特写,还爬坡上坎拍摄了一些俯瞰的大场景,也包含一些生活元素,使整个画面情绪张力更足。

2. 文字设计搭配塑造最终成品

为了便于工作顺利开展,通常几方人员会拉一个工作群,摄影记者拍摄后把图片传回,编辑和设计随时选图,在众多图片中选出符合海报策划思路的图片。设计会对照片进行构图、颜色的调整,包括对文字的位置、字体、样式等进行精雕细琢。编辑则根据图片的具象内容,梳理提炼情绪饱满、语言优美的文字,如:阳台上的香肠配文"家家户户一挂,儿孙便要回家了";羊肉汤配文"老板,来一碗豌豆颠儿";书店读书女子配文"这一刻,看书才是正经事";一条街的银杏配文"想你,是摧枯拉朽";外卖小哥配文"要不要停下来,看它从绿到黄";玩耍的孩童配文"何事慌张,慢慢长大";盖碗茶配文"茶已好,与谁饮";小鸟配文"我请风儿陪你玩";锦江配文"在成都,待久了,便会爱上"。

转型中的守正与创新
——"红星新闻"典型案例解析

（三）社会效果

成都烟火味，最抚世人心。不负山，不负水，不负暖阳与安康。做好防护，守住幸福。海报发布后，引发网友共鸣，纷纷留言点赞——"我喜欢第一张的文字""烟火的成都最美、最巴适""不用很久，来了就爱上"。

（新媒体编辑中心主编刘杜鹃、责编李端阳）

三、专业评析

软新闻·多符号·视觉传播
——城市海报助力文化宣传与情感共振

《在成都，待久了，便会爱上》系列海报以银杏为背景，展现疫情之后的成都城市生活图景，在选题上打开生产边界，实现新闻主题的"软着陆"，在内容上呈现图像与文字多模态符号的统一整合，塑造出成都乐天休闲的城市形象，在传播形式上采用契合新闻主题的视觉传播。城市海报的软新闻、多符号与视觉传播特征共同助力成都的文化宣传与市民的情感共振。

一、软新闻：打开内容生产边界

《在成都，待久了，便会爱上》系列海报的推出时间为2021年11月24日，彼时的成都刚刚结束又一轮的本土疫情。该新近变动的事实要素，通过内容策划实现了其在秋日银杏变黄时间节点的"软着陆"，极大增强了可读性与宣传力。

首先，打开传统新闻生产的边界。尽管本案例是一组海报，与传统认知中的新闻存在较大差异，但扩大地将新闻理解为信息，《在成都，待久了，便会爱上》系列海报依旧具有其新闻价值。新闻生产关注"变"，是一个将抽象的社会变动具象化的过程。具体到本案例来说，疫情结束是"变"，成都市民逐渐恢复日常生活的场景则是"变"的具象化。不同于传统的新闻内容生产，本案例中的"变"不是对常规的打破，而是非常规消散之后向常规的回归，因此在内容上，《在成都，待久了，便会爱上》系列海报偏向于软新闻的"写意"，即通过对城市细节的捕捉，含蓄地表达人的存在状态及其意义。

其次，形成社会情绪的疏通管道。疫情反复下，人们的心理容易走向焦虑与烦闷，《在成都，待久了，便会爱上》系列海报不管是在媒介表现，还是在传播效果上，都实现了对读者共情的调动。就媒介表现而言，本案例是对市民生活的展现，同时对银杏风景的展示使其具有了一定的社会服务性，受众能够受到感召，驻足"看看身边的风景"，从焦虑的情绪中抽离出来；就传播效果而言，本案例所展现出的贴近性，使其能够最大限度地满足受众的朴素情感需求，使受众通过审美来获取内心的平静。总的来说，《在成都，待久了，便会爱上》系列海报选取平民视角，呈现大众话题，采用通俗的图像叙事，成为社会情绪的疏通管道。

最后，对应受众社群空间的形成。"设计"新闻内容时传播区域空间价值观的有效方式，在于其"声量"之大与所在的空间能更多地卷入社群，并使物理空间和社群空间形成更大面积的重合。《在成都，待久了，便会爱上》系列海报的发布平台《成都商报》微信公众号，将自身定位为能够提供"有料、有用、有情怀"新闻资讯的"西南地区超有用的新媒体"，可见，本案例以成都本地社群为主要接收群体。而海报文案采用第二人称与方言，由此形成的强大感召力使得接收者成为活跃的生产者或传播者，他们在评论区里表达对成都生活的热爱、转发分享推文，进一步形成从社群内传播向社群外传播的演进。

二、多符号：塑造乐天休闲的城市形象

《在成都，待久了，便会爱上》系列海报在"成都烟火气"的塑造中，采用文字与图像作为"像似"符号，利用其与人们某种像似记忆的重合或其潜藏于本身之外的另一解释来诠释图像的意义，呈现城市深厚的文化意蕴。本案例中呈现给受众的符号并非孤立存在，其表意也并非依托于符号的叠加效应，而是通过整合多种符号模式，形成一个统一"多模态"整体，进而构建起城市的特色内涵与独特理念，明确城市形象。具体而言，本案例的各符号及其表意功能包括以下几点：

首先，作为视觉线索的银杏。《在成都，待久了，便会爱上》系列海报共定格

了9个生活场景，而各海报中均包含视觉元素——银杏。在内容表意上，银杏是成都的城市象征：每逢初冬，成片的金色银杏会成为成都独有的一道风景，因此早在1983年成都市第九届人民代表大会常务委员会上，银杏树就被正式命名为成都市市树，加之成都市民喜好赏银杏，此后该树便成为成都的代名词之一。而在形式上，视觉线索实现了多情境的有效统筹：9个共时不同地的生活场景由银杏串联起来，既生动描绘不同的生活侧面，又共同体现惬意的生活氛围，具有聚合式的传播效能。

其次，象征"家"的食物符号。深入每张海报具体的符号选取来分析，本案例中含有丰富的食物元素：香肠、羊肉汤、豌豆尖等，均为具有识别性的地方元素。基于认识论，人的认知依循从感觉到知觉再到理性的顺序。感觉是纯感官上的反馈。知觉是思维通过感觉而对对象的认知，食物是一个能用感官感受到的实体化的物品，作为实体的食物是与味觉器官直接相关的，而品尝食物作为人们的日常体验，又具有经验识别的基本条件。因此，人们能够经由感觉到知觉，认识到这种食物，且在接触到该抽象符号时，快速回溯与之相关的味觉体验，进而将其转译为与地域相关的信息。

在食物图像的基础上，海报中的文字信息又将其进一步锚固为"家"的象征。在图像表意中，语言信息是对图像信息的"锚固"，能够抑制图像所指的自由性[①]。以本案例中的首张海报为例，作为图像符号的香肠能够基于"联想"的认知逻辑，暗指年关将至、家人团聚，而海报中的语言信息"家家户户一挂，儿孙便要回家了"直接点明全家团圆的意涵。从更深广的文化语境来看，受到"民以食为天"观念影响，象征着"家"的食物符号又具有一种共情性，能够引发受众情感的共振。

最后，代表闲散城市文化的"玩乐"。除食物符号外，《在成都，待久了，便会爱上》系列海报中还存在品茶、遛鸟、阅读、赏锦江等能代表休闲城市生活的符号，与这些图像信息适配的语言信息通常指向一种生活态度："停下来""何事慌张，慢慢长大""请风儿陪你玩"……恰如《通典》所云："巴蜀之人少愁苦，而轻

---

① 张伟：《辞格与语境——图像修辞的现代图式及其意指逻辑》，《社会科学》2020年第8期，第171-181页。

易荡佚。"[①] 如果说中原文化强调"仓廪实而知礼节，衣食足而知荣辱"，那么在蜀地百姓的精神世界里则普遍流淌着一种期盼与乐观情绪，洋溢着一种有别于中原文化圈严肃历史感的"乐天精神"。

此外，这些生活场景中成都市民通常是被隐去的，或是以模糊的背影、侧影等出现，以期展现的事实上是画幅之外的更宏大的成都市民生活图景。受众通过海报窥见市井生活的局部一角，发现普遍、共通、人性的经验，想象这座城市浪漫、宽厚、舒缓、幽默的生活状态。最后惊堂木一拍，使受众从中抽离，在物质与精神、真实与想象、抽象与具象、主体性与客体性统一存在的空间之中，对这座城市产生认同与记忆。

三、视觉传播：表现形式契合主题

本案例的海报是一种视觉传播，以图形、影像、文字、色彩等为信息载体，以"看"作为传播与接受方式，实现传播价值，完成传播功能。视觉图像不同于纯文字，在直观、生动的场景展现上具有优势，但由于其表意有赖于经验识别，因此不利于意义的深度阐释。基于视觉传播的特征，《在成都，待久了，便会爱上》系列海报选取了恰切的表现形式。

一方面，视觉传播营造的临场感更易调动受众共情。数字化视觉媒介的形态特征可以引起受众视觉、听觉、触觉、感知、想象的共鸣，《在成都，待久了，便会爱上》系列海报选取色彩鲜艳的鸟笼、热气蒸腾的羊肉汤、动感十足的落叶瞬间等，彰显出摄影记者极力挖掘和呈现媒介语言的视觉表现力，唤起受众身体上的亲近感、触摸感、温度感，继而向受众提供多维情感投射。此外，银杏在不同海报中分别作为背景、前景、遮挡、点缀元素等出现，使得受众在接受图像表意的同时，还能通过视觉设计获得审美体验。

另一方面，图像表意的不确定性增加了传受双方的互动性。宏观地讲，视觉图像文化开辟了人类存在的新样态，启发我们重新思考如何看待世界这一根本性问

[①] 杜佑撰：《通典》卷一七六，王文锦等点校，中华书局1988年版，第4638页。

题[①]。可见，视觉传播是一种双向的信息传播，受众在解码过程中会受个体经验的影响创造出不同的意义解读，因此传播意图的实现不是终极的，它常常伴随着受众对当下生活和存在的个体思考。《在成都，待久了，便会爱上》系列海报以小切口展现了成都市民的生活场景，受众在看到这些图像之后，会回顾自己的生活，留言说"今天在滨江路看到好多白鹭停在树上""好想找个机会去成都闲逛"。个体对生活的把控、对自身存在的理解，在视觉传播的过程中得以凝聚。

成都大学传媒研究中心副研究员夏迪鑫认为，对日常生活特色的适当截取是打开新闻生产内容边界的有益尝试，红星新闻对成都城市生活细节的捕捉，便是通过软新闻调动读者共情的一种手段。《在成都，待久了，便会爱上》系列海报以成都市银杏树为视觉线索，借用9个属于成都冬天的生活场景展现出成都生活的烟火味。作为平行主题的九宫格海报，该系列以竖版风景照配笔触色块加文案的整齐形式，将品茶、喝汤、灌香肠等生活场景重新整合，尤其是海报中以第二人称出现的对话体文案，能够迅速拉近读者与作品之间的情感距离，并将此情此景中的"烟火味"顺畅地传递进"凡人心"。此外，海报左下角的时间、地点脚注还提供了一种同时不同地的共享时空，尽管背景图是同一天内对城市不同地区风貌的记录，却仍能共同体现闲适、惬意与舒展的生活氛围，这也是九宫格海报的聚合式传播效能所在。

(彭可诣)

四、延伸案例

《成都商报》：《来了！正式进入冲刺阶段！成都人扎起》

[①] 金元浦：《视觉图像文化及其当代问题域》，《学术月刊》2007年第5期，第9—12、19页。

后　记

　　走近"红星新闻",源于2020年8月,第二季"红星新闻高校评论新秀挑战赛"(视频评论专场)在线上启幕。我作为导师和评委,历时一个月在线参加了"红星评论训练营"交流活动与比赛作品评审。能够在红星新闻的平台上与来自全国各地的高校学子就新媒体语境下的评论写作对话、互动,于我而言,是难得的学习机会和实训教学的延伸。这样的"以赛促教",真是课堂外有益的教学实战效果验证的尝试。彼时通过电脑感受到的"红星新闻"的"媒体教学势能"就使我在心中萌生起进一步加强产学研深度协作并探索新时代高素质新闻人才培养的合作期待。

　　走进"红星新闻",是2022年3月15日下午。经过前期文献阅读和系列准备,我与学院刘娜副教授、骆世查副研究员、2021级新闻学博士生张诗萌一行4人赴红星新闻参访调研,与成都传媒集团副总编辑,时任成都商报社(红星新闻)党委书记、总编辑李少军老师及成都商报社(红星新闻)党委委员、编委尹向东老师就媒体融合案例库建设座谈。当我将"红星新闻"典型报道例析纳入四川大学研究生专业学位案例课程建设项目规划介绍后,立即得到了两位媒体负责老师的积极回应与支持。座谈会上,李少军老师高兴地说:"2022年时值红星新闻五周年,明天将在成都金沙遗址博物馆遗迹馆正式启动红星新闻'同行向未来'五周年影像展,你们来得巧,欢迎学界和我们多对话、多交流,共同促发展。"这一时间上的巧合令我们喜出望外,没想到一年前的合作期待与构想会在红星新闻五岁生日之际水到渠成。参访座谈后的第二天,即2022年3月16日,我看到了红星新闻五周年的相关活动报道,结合3月15日我们在红星视频、红星采编部、总编室等部门的走访调

转型中的守正与创新
——"红星新闻"典型案例解析

研,我们深刻感受到了其作为媒体融合背景下构建新型主流媒体的代表性。它立足成都,深耕内容,紧跟时代,关切天下,至今六年来的发展不仅浓缩了中国城市媒体转型升级的轨迹,也体现了我国构建新型主流媒体进程中对守正创新的生动践行。这与我主持的四川大学研究生专业学位案例课程建设项目"新闻采写实践与讨论案例库"及主编出版的"媒体融合案例丛书"的目标定位高度契合,尤其是梳理其发展六年来的报道范例,既是为红星新闻再出发提供深度审视的专业参照,更是为新闻传播学的学子们及新闻爱好者、相关研究者的研读提供来自一线的鲜活的经验材料,由此而促进的业界与学界的教学互动、融合互促也将有效拓展全媒体人才培养的案例研习范畴。

接下来的案例共建,我们以红星新闻的报道速度全面而高效地展开。沿循之前两本已经出版的"媒体融合案例丛书"——《县级融媒体优秀传播案例评析——以四川省为例》《文新互鉴,融创特色——四川大学文学与新闻学院微信公众号运营实例解析》的编著规范,根据红星新闻的定位与运行实效,我们双方经过多次研讨,突出了红星新闻诞生以来的重大主题报道、特色报道、公共服务报道以及可视化海报等类别的选例,在正确的舆论导向与社会效益第一的原则下,坚持内容立基、技术赋能、多维认可并重的价值引导;全书共七章,分别以"主题策划""重大新闻""深度调查""社会民生""特别聚焦""公共服务""海报设计"类别呈现26个典型案例,每个案例设置"案例简介""创作札记""专业评析""延伸案例"板块,旨在详细展现报道及策划的来由,有助于读者了解新闻生产方式和专业评价生成的动因,而非简单地展示"做新闻"。我们试图提供的就是更广阔的发展生态下的信息处理方式以及思考如何跟社会、受众发生更有效的多元连接,这样的媒体个案的实例分享,有利于形构洞悉当下新闻与社会互动方式、功用及细微调适的非课堂教学的更自主和开放式的学习路径之一。作为高校教学教育机构,这是我们走向生活、走入媒体、面向未来的一种专业自觉和文化使命。

感谢成都传媒集团红星新闻给予的支持、协助与转化的共识成果。我以为这是学界与媒体面向社会、面对读者的坦诚沟通。对此集体智慧的结晶,我代表本书的编著团队向四川省委宣传部共建四川大学新闻学院所搭建的鼓励教学创新与产学研互动平台致谢,"部校共建"机制为我们拓新全媒体新闻人才培养营建了可为环境,

后　记

创造了有利条件。感谢学院对新闻传播学科发展始终如一的大力支持与科学导航，让我们在"走出去，请进来"的开门办学中不断总结与改进。作为本书的主编，我代表学院向成都传媒集团副总编辑李少军老师和本书副主编之一——成都商报社（红星新闻）党委委员、编委尹向东老师和他带领的参编团队老师们表达敬意和谢意，我们从选例到写作，从修改到统稿，都体现了红星速度与红星责任，你们以实际言行示范新闻人应该具备的综合素养，展现了关心与支持新闻教育的公益心志。他们是蓝婧、刘杜鹃、袁明才、郭广宇、谢佳君、叶燕、周霖、赵倩、李端阳、巫梦琦、唐倩、郑然、徐缓、杨诗雨、缪睿哲、邓学海、黎谨睿、王涵、赵瑜、尹曙光、汪垠涛、刘木木、王效、袁野、费成鸿、马天帅、杨灵、吴钦、俞瑶、吴丹若、强亚铣、潘俊文、邵洲波、蒋麟、杨灵、罗丹妮、严雨程、姚永忠、罗敏、王超、江龙、杨佩雯、胡敏娟、赵欢、彭志强、蒋超（排名不分先后），感谢你们在忙碌的工作之余总结实践，为我们讲述新闻背后的故事，分享专业思悟。

本书的案例评析工作，由学院 2018 级至 2023 级研究生与 2018 级本科生团队完成。他们当中有的已经毕业成为高校新闻院系的教师，有的是学院新闻传播专业的在读硕士生、博士生，他们是：夏迪鑫、杨钰琳、高敏、吴海琳、雷思远、李梓涵、郑秋、王薇、林丽、胡昕炜、张旭、张诗萌、周于七、曹馨予、梁兴源、高冉、吴含、王卓颖、郭筱雨、蒲可意、孙振博、董源、罗睿雪、魏梓慧、田雪韵、赵婧轩、彭可诣。需要说明的是，个别案例经过综合考量进行了调整，虽未呈现于本书，但我们依然对成都商报社（红星新闻）的范旭、王雅林、罗天、韦星、王卓然及学院的吴永翠、梁昊晨的编写参与表示由衷的感谢。于同学们而言，参与其中既是学以致用的成效验证，也是贴近新闻实务前沿的深刻体验，通过这些鲜活的案例的学习、研读与分析，媒介融合的生动图景在理论学习的转化中饱满起来、具化起来，你们的收获岂止于参编。感谢我指导的 2021 级博士生张诗萌、2022 级博士生郑秋，她们作为本书的副主编带领 2023 级博士生王薇，认真履职，细心服务，分担了许多精细的编务工作，也在其中得到锻炼与成长。同时，作为新时代的青年人和生力军，你们以敏锐的感知与专业的追问，为本书贡献了智慧。感谢成都商报社（红星新闻）编委办的安利平老师，无论是线上还是线下，工作日还是休息日，她的高效协调与细致周到的提示都让编写工作得以有序推进，并充满协作的暖意。

转型中的守正与创新
——"红星新闻"典型案例解析

感谢四川大学出版社的责任编辑罗永平女士,她是我主编的这套丛书的支持者、合作者,总是在耐心听取各类意见和建议中不厌其烦优化质量,赋予编辑工作贴心的温情。

2023年,恰逢我国媒体融合发展十周年。红星新闻在这十年间的发展是快速和有特色的缩影,如同我国各地很多代表性的新型主流媒体的构建,它们以自己的奋进与求索见证了我国媒体之于中国式现代化发展的功效,尤其是对于人的先进文化的价值引领与认同塑造,发挥着潜移默化的成风化人的文化沁润作用。我以为这也是媒体在深度融合中迈向研究型智库建设的必然与具备的潜力,而我们学界正好可以做好其中的教学革新的社会连接。历时一年多的编写与对话互动,虽然工作内容不同,方法路径各有侧重,但都体现和践行了互学互鉴,这样的合作内蕴着创新人才培养的合力与活力。

回望我国媒体融合发展的历程,变迁深刻,成效显著。媒体、技术、人文正经历结构化的调适,社会因之而迈向科技向善的媒介化、数字化新阶段。所谓媒介融合转型中的守正与创新,我以为就是以人为本的价值创造及文化引领,红星新闻的专业实践、社会服务既体现了媒体的价值追求和文化品格,也落脚于读者的接受与社会的评价。而这些典型案例及解析作为实践的证明,是具有可持续性探研和可沟通、可优化的"教"与"学"的良好基础的,此即媒介化学习可以实现的普慧中的人才培养的多元路径。也因此,我作为新闻教育工作者,祈愿该书可以让更多对媒介变迁有洞察、新闻业务创新有思考、信息生态塑造有责任的"有志者"以此开启更广泛的对话与协作,也期待并坚信有更多的新闻创意不断涌现,让我们的社会发展受益于新闻信息之真、善、美。

在此协同探进的丰收之秋,期待这本小书能作为面向未来的新闻文化的可读物、悦读物,以媒为介,连通心声,供各界有志趣者参阅指正。

操 慧

2023年11月1日